Jost Reischmann

Weiterbildungs-Evaluation

Jost Reischmann

Weiterbildungs-Evaluation

Lernerfolge messbar machen

ziel

Grundlagen der Weiterbildung

Herausgegeben von
RA Jörg E. Feuchthofen
Prof. Dr. Michael Jagenlauf MA
Prof. Dr. Arnim Kaiser

Die Reihe Grundlagen der Weiterbildung bietet Raum für

- Theorien, die das berufliche Handeln anregen und vertiefen.
- praktische Grundlagen und Tools.
- Ausarbeitungen, die konkurrierende Theorien, Praxen, Modelle und Ansätze gedanklich und empirisch weiterführen.

Bibliografische Information Der Deutschen Bibliothek
Die Deutsche Bibliothek verzeichnet diese Publikation in der Deutschen Nationalbibliografie; detaillierte bibliografische Daten sind im Internet über http://dnb.ddb.de abrufbar.

ISBN-10: 3-937 210-50-4
ISBN-13: 978-3-937 210-50-6

Verlag	ZIEL – Zentrum für interdisziplinäres erfahrungsorientiertes Lernen GmbH Neuburger Straße 77, 86167 Augsburg, www.ziel-verlag.de 2. Auflage 2006
Grafik und Layoutgestaltung	Natalie Blei, ***alex media GbR*** Zeuggasse 7, 86150 Augsburg
Druck und buchbinderische Verarbeitung	Kessler Verlagsdruckerei Michael-Schäffer-Straße 1 86399 Bobingen

Vorwort

Liebe Leserin, lieber Leser,

bitte erlauben Sie, dass ich Sie in diesem Buch direkt anspreche. Denn dies ist ein Lehrbuch; es fällt mir dadurch leichter, Sie beim Schreiben als Leser (auch wenn in diesem Buch zumeist nur die männliche Form verwendet wird, soll dies unsere Leserinnen nicht abwerten; dies dient lediglich der sprachlichen Einfachheit) und Lerner im Auge zu behalten. Unter didaktischem Auswahlgesichtspunkt muss jedes Lehrbuch im Blick auf seine Leser Entscheidungen darüber treffen, was und wie viel – aber auch: wie wenig – es ihnen zumuten kann.

Dieses Buch wendet sich an Personen, die in der Erwachsenenbildung / Weiterbildung tätig sind und sich und / oder anderen Information und Bewertung über Erreichtes und Nichterreichtes ihrer Arbeit verschaffen wollen. Es erfordert keine weiteren spezifischen Voraussetzungen. Natürlich erleichtert es das Bearbeiten, wenn Sie einschlägiges Vorwissen mitbringen, etwa im Bereich Forschungsmethoden, wie in sozialwissenschaftlichen Studiengängen enthalten. Der hier ausgewählte Stoff hat etwa den Umfang, wie er im Studium in einem Semester erarbeitet werden soll.

Absicht dieses Buches ist es, Grundlagenwissen und -können zu vermitteln. Dabei wurde besonderer Wert darauf gelegt, den Anwendungsbereich Erwachsenenbildung / Weiterbildung und die dort anliegenden Fragen und Probleme zu thematisieren. Der Schwerpunkt dieses Buches liegt bei den Standardverfahren und -inhalten, in die es einführen will und auf denen aufgebaut werden kann. Deshalb wurde beispielsweise bei den quantitativen Forschungsmethoden auf deskriptive Statistik und Probabilistik verzichtet; hierzu muss auf andere Literatur verwiesen werden. Und auch viele andere Bereiche, die andernorts ganze Bücher füllen – etwa zu Forschungsmethoden und Instrumenten – können hier nur auf wenigen Seiten dargestellt werden.

Die Diskussion um Evaluation im Bildungsbereich hatte in der Vergangenheit unterschiedliche Konjunkturen. In den 70er Jahren erfolgte im Bildungsbereich eine erste intensive Beschäftigung mit Evaluation (z. B. *Wulf* 1972, der die wichtigsten Beiträge der amerikanischen und englischen Evaluationsliteratur der Jahre 1967 bis 1972 zusammenstellte) – die empirische Wende in der Pädagogik und die damit erhofften Möglichkeiten zur rationalen Steuerung von Unterrichtsprozessen legten dies nahe. Hintergrund waren damals in den USA und durchaus ähnlich in Deutschland eine optimistische Bildungspolitik und Pädagogik, die finanziell und konzeptionell in heute kaum mehr nachvollziehbarer Aufbruchstimmung Innovationen im Bildungsbereich umgesetzt hatten und weiterhin umzusetzen gewillt waren. Es war damals Konsens, dass Bildung einen öffentlichen und politischen Wert hat, den es für eine an einer besseren Zukunft orientierte Gesellschaft zu fördern galt – auch finanziell. So formulierte *Wulff*: »Das entscheidende Anliegen bestand darin, herauszufinden, inwieweit die unter großem Kostenaufwand durchgeführten Projekte zu einer tatsächlichen Verbesserung der Curricula und darüber hinaus der Schulwirklichkeit führen« (1972, S. 10).

In den 80er Jahren war das Thema Evaluation in Theorie und Praxis wenig gefragt. Erst in den 90er Jahren begann wieder eine zum Teil hektische Hochkonjunktur der Evaluation, die sich auch in einer großen Zahl von Publikationen niederschlägt. Vieles wurde unter dem »neuen« Zauberwort »Evaluation« erwartet, vieles gefordert; in Gesetzen wurde und wird Evaluation festgeschrieben, obwohl Experten warnten, dass noch keine überzeugenden Konzepte, Methoden oder gar Instrumente dafür vorlägen (z.B. *Süllwold* 1997). Solche Warnungen änderten wenig an dem mit Macht vorgetragenen »Wunsch« nach Evaluation. Damit zeigen sich das Umfeld und die Motive für Evaluation heute gerade im (Weiter-) Bildungsbereich anders als in den 70er Jahren: Es geht oft weniger um Entscheidungshilfe zur Investition oder zu einer geduldigen Qualitätsverbesserung, vielmehr funktionalisiert Evaluation sich oft zur Handhabe zur Kostenreduktion, zur misstrauischen Kontrolle, zur Bestrafung oder Konkurrenz. Evaluation erweist sich damit als keineswegs neutrales Verfahren, sondern dient Interessen. Schon 1972 hatte *Wulff* darauf hingewiesen, »dass das ›Konzept der Evaluation‹ in hohem Maße ideologieanfällig ist« (S. 11).

Dieser heutige Kontext, soweit er pädagogische oder andragogische Argumente wenig gelten lässt gegenüber Kostenrechnen, Machtdurchsetzung oder simplifizierendem Technologiedenken, hat mich als Autor verschiedentlich zögern lassen, dieses Lehrbuch zu veröffentlichen. Andererseits erscheint es im Weiterbildungsbereich gerade in der heutigen Entwicklungsphase wichtig und hilfreich, sich unter andragogischer Perspektive der Wirkungen unseres Bildungshandelns zu vergewissern. Deshalb möchte dieses Lehrbuch Evaluationsdenken und -handeln anregen, das über Instrumente, Daten und Methoden die zentrale andragogische Frage nicht aus den Augen verliert: Zu wessen Nutzen führen wir Evaluation durch?

Ziel dieses Buches ist es, den Leser in die Lage zu versetzen, in diesem Sinne selbst Evaluationsvorhaben zu verwirklichen – sicherlich zunächst in begrenztem Umfang. So geht es nicht nur darum, Wissen zu vermitteln, sondern auch um das »Machen« von Evaluation: Sie sollen die Kompetenz erwerben, Evaluationsvorhaben zu planen, durchzuführen und kritisch zu reflektieren. Deshalb enthält dieses Buch auch immer wieder Anwendungsaufgaben und die Anregung, das Gelernte in die Praxis umzusetzen. »Machen« setzt aber auch »Wollen«, setzt Motivation voraus. Nun sind solche Bücher über Forschungsmethoden zumeist wenig motivierend. Ich hoffe es gelingt mir dennoch, Ihnen auch Spaß an Evaluation zu vermitteln und zu zeigen, dass Evaluation ein spannendes, herausforderndes und lohnendes Feld ist, das hilft, unser Tun in der Erwachsenenbildung/Weiterbildung besser zu verstehen und zu gestalten.

Bamberg, Sommer 2002

Jost Reischmann

Zum Autor

Dr. rer. soc. habil. *Jost Reischmann*, geb. 1943, Professor für Andragogik an der Universität Bamberg. Nach Lehrerstudium und -tätigkeit Zweitstudium in Pädagogik, Psychologie und Soziologie. Promotion über Unterrichtsevaluation. Wissenschaftlicher Assistent in Pädagogischer Psychologie; dann Leiter des Zeitungskollegs am Deutschen Institut für Fernstudien. Akademischer Oberrat am Arbeitsbereich Erwachsenenbildung/ Weiterbildung der Universität Tübingen. Habilitation 1989. »President« der International Society for Comparative Adult Education ISCAE, Mitglied der International Adult and Continuing Education Hall of Fame.

Arbeitsschwerpunkte: Theorie, Didaktik, Methodik der Erwachsenenbildung, Berufliche Weiterbildung Offenes Lernen, International Vergleichende Erwachsenenbildung, Evaluation.

Ca. 150 Fachpublikationen, darunter »Unterrichtskontrolle durch Tests« (Klinkhardt-Verlag 1974), »Leichter lernen – leicht gemacht« (Klinkhardt-Verlag 1993), »Adult Education in West Germany in Case Studies« (Lang-Verlag 1988), »Offenes Lernen von Erwachsenen« (Klinkhardt-Verlag 1988), »Erwachsenenbildung im Kontext« (Klinkhardt-Verlag 1991, Mitherausgeber), »Generationen« (Klinkhardt-Verlag 1999, Herausgeber), »Comparative Adult Aducation« (Slovenian Institute for Adult Education 1999, Mitherausgeber).

Anschrift des Autors:
Prof. Dr. Jost Reischmann,
Universität Bamberg, Lehrstuhl Andragogik
Markusplatz 3
96047 Bamberg
jost.reischmann@ppp.uni-bamberg.de

Kapitelübersicht

Inhalt

Teil III: Das Machen – Planung und Durchführung von Evaluationsuntersuchungen

Teil I:
Die Einführung

Ziele von Teil I (Kapitel 1–3)

Dieser erste Teil soll in das Thema »Evaluation« einführen, Grundkenntnisse vermitteln und insbesondere Ihren Mut stärken, sich mit diesem Thema zu beschäftigen – nicht nur auf dem Papier dieses Buches, sondern auch in der Praxis.

Wichtigstes Ziel dieses ersten Teils ist, Sie »bei der Stange zu halten«. Das Schlimmste, was passieren könnte, wäre, dass Sie abgeschreckt dieses Buch und Thema zur Seite legen. Das Ziel »bei der Stange halten« würde in Idealform bedeuten, dass Sie nach dem Bearbeiten dieses Kapitels gleich Lust haben, in einem Ihrer Praxisfelder Evaluation zu betreiben, mehr noch: dass Sie nicht nur Lust haben, sondern es auch tun. Ein eher laues Ergebnis wäre es, wenn Sie alles hier Aufgeschriebene wiederholen können, es aber nicht in Praxishandeln umsetzen.

Als Ergebnis dieses ersten Teils sollen Sie

- ▶ definieren, was »Evaluation« meint, ____ ____
- ▶ Evaluation abgrenzen einerseits gegen Forschung, andererseits gegen didaktische Rückmeldeformen wie Seminarkritik, Rückblick, Nachbereitung, ____ ____
- ▶ zentrale Funktionen von Evaluation nennen: Wozu dient Evaluation? ____ ____
- ▶ ein halbes Dutzend Indikatoren aufzählen, die als Kriterien zur Evaluation herangezogen werden können, ____ ____
- ▶ erklären, was mit »Indikatorenschaukel« gemeint ist, ____ ____
- ▶ drei Klein-Evaluationsformen kennen, ____ ____
- ▶ einen Kursbeurteilungsbogen kennen, ____ ____
- ▶ die Methode »Breitenevaluation« einsetzen, ____ ____
- ▶ erklären, wie unterschiedliche Formen von Evaluation mit unterschiedlichen Vorstellungen vom Lernen zusammenhängen. ____ ____

Eine ganze Menge für 70 Seiten? Überlegen Sie vor dem Weiterlesen jetzt zunächst, was Sie zu jedem dieser Punkte bereits wissen – versuchen Sie eine Ist-Stand-Schätzung aufzustellen. Und tragen Sie auf der ersten Linie nach jedem Punkt eine Prozentzahl ein: Bei wie viel Prozent, glauben Sie, liegt Ihr Ist-Wert?

1. Evaluation – was das (nicht) ist und wozu sie nützt

1.1 Zum Begriff

Wie bei jedem vieldiskutierten Begriff finden sich auch bei »Evaluation« unterschiedliche Definitionen. So wird bei Durchsicht der Definitionen der letzten dreißig Jahre die »schillernde Vielfalt der mit dem Begriff ‚Evaluation' assoziierten Vorstellungen« (*Wottawa/Thierau* 1998, S. 13) konstatiert, es wird festgestellt: »Aktuelle Evaluationsbegriffe sind vielschichtig« (*Balzer/Frey/Nenniger* 1999, S. 393), und zusammengefasst: »Evaluation umfasst … eine Vielzahl von Bedeutungsfacetten und Vorgehensweisen, und in der Literatur finden sich zahlreiche, zum Teil sehr unterschiedliche Vorstellungen und Beschreibungen« (*Mittag/Hager* 2000, S. 103). Zu dieser schillernden Vielfalt beigetragen haben neben anderem die unterschiedlichen Wurzeln der Evaluationsforschung; *Rost* (2000, S. 129) nennt die Curriculumevaluation, die Evaluation sozialer Programme, die Evaluation therapeutischer Maßnahmen und die Evaluation im Kontext von Betrieben und Organisationen. Insbesondere beim Bezug auf englischsprachige Quellen trägt zur Unklarheit auch bei, dass »Evaluation« bzw. »to evaluate« in der englischen Umgangssprache nicht nur Fachtermini sind, sondern zunächst und vor allem schlicht und ohne besonderen Anspruch »Bewertung« bzw. »bewerten« meinen; dies hat bei deutschen Übersetzungen manchmal Missverständnisse hervorgerufen.

Betrachtet man weniger die Worte und Formulierungen der Evaluationsdefinitionen, sondern die darin angesprochenen Elemente, Aufgaben und Funktionen von Evaluation, dann lassen sich jedoch durchaus eine Reihe von Gemeinsamkeiten identifizieren. Als pädagogischer/andragogischer Fachbegriff im Deutschen wie im Englischen enthält der Begriff »Evaluation« im Wesentlichen drei Elemente, die sich in den meisten Evaluationsdefinitionen finden; diese werden in folgender Definition zusammengefasst.

Definition

Evaluation meint

1. das methodische Erfassen und
2. das begründete Bewerten von Prozessen und Ergebnissen zum
3. besseren Verstehen und Gestalten einer Praxis-Maßnahme im Bildungsbereich durch Wirkungskontrolle, Steuerung und Reflexion.

Diese Definition soll diesem Lehrbuch zu Grunde liegen.

1.1.1 »Erfassen« = methodisch organisiert + dokumentiert (Definitionselement 1a + b)

Der Fachbegriff »Evaluation« enthält zunächst das **Erfassen von Prozessen und Ergebnissen**. »Erfassen« bedeutet dabei eine explizite Handlung, die (a) **methodisch organisiert** und damit überprüfbar ist und deren Ergebnis (b) festgehalten – **dokumentiert** – wird (»schwarz auf weiß«).

a) Für das, was man erfasst, wird die Bezeichnung »Daten« verwendet. Dies können Zahlen oder Worte sein; Bilder, Fotos, Artefakte u.ä. werden, wenn sie als Datengrundlage dienen, vor der Weiterverarbeitung in Zahlen und Worte »übersetzt«. Zum Erfassen der Daten verwendet man Instrumente: Fragebögen, Interviews, Tests, Checklisten, Beobachtungslisten. Die Spanne der Methoden der Datenerhebung reicht von strengen Forschungsdesigns mit Kontrollgruppen, Randomisierung, standardisierten Tests und Signifikanztests in der Tradition quantitativer Unterrichtsforschung bis zu qualitativ-naturalistischen Fallstudien in der Tradition responsiver Evaluation (vgl. *Beywl* 1998). *Widmer* (2000, S. 80) fasst die Diskussion mit dem Stichwort »Methodenpluralismus« zusammen. Charakteristisch für das methodisch organisierte Erfassen ist, dass man hinterher weiß, wie die Daten zustande kamen. »Einige Teilnehmer wurden befragt ...« erfüllt dieses Kriterium nicht. »Jeder fünfte Teilnehmer gemäß alphabetischer Reihenfolge wurde befragt; unmittelbar im Anschluss wurde jeweils ein Gedächtnisprotokoll angefertigt ...« erfüllt dieses Kriterium.

   Die Bedingung, dass Evaluation methodisch erhobene Daten voraussetzt, findet sich übereinstimmend sowohl in der älteren als auch in der jüngsten Diskussion. Gelegentlich wird zwischen Evaluation (methodisch weicher) und Evaluationsforschung (methodisch strenger) unterschieden (z.B. *Suchmann* 1967, *Mittag/Hager* 2000), gelegentlich werden die Begriffe synonym verwendet (z.B. *Stockmann* 2000). Da es im Gegensatz zur englischen Sprache keinen umgangssprachlichen Konkurrenzbegriff gibt, soll hier für den deutschen Fachbegriff »Evaluation« die strengere Position vertreten werden, dass die methodische Erhebung von Daten unabdingbares Element von Evaluation ist.

   »Es wurde mit Betroffenen gesprochen ...« oder »Beim Besuch der Einrichtung konnte der Eindruck gewonnen werden ...« – solche vagen Formulierungen zeigen, dass überhaupt keine Daten (= methodisch organisiert) erhoben wurden; alles, was nachfolgt, kann nicht mehr beanspruchen, Evaluation zu sein. Für allgemeine wertende Aussagen ohne systematische Datenbasis sollte nach diesem Verständnis der Begriff »Evaluation« nicht verwendet werden (sondern eben »Meinung«, »Bewertung« ..., oder »Visitation«, »Hospitation«, »Kontrollbesuch«, »Mitarbeiterbeurteilung«, »Rückmeldung« ...).

b) Seltener wird explizit auf die Notwendigkeit der Dokumentation, Aufbereitung, Darstellung und Verfügbarkeit der Instrumente und Daten hingewiesen (zumeist unter dem Stichwort »Berichtlegung«, z. B. *Wottawa/Thierau* 2000, S. 159, *Balzer/Frei/Nenniger* 1999, S. 399), wohl weil dies Forschern selbstverständlich erscheint. Für Evaluationen, die zumeist nah bei und mit den Betroffenen und Beteiligten erarbeitet werden, ist eine solche »at-hand«-Verfügbarkeit der Instrumente und Daten unabdingbar, um das Gefühl von Willkür oder subjektiver Interpretation zu vermeiden und um immer klarzumachen: Evaluation ist ein datenbasiertes Verfahren!

Ausschlusskriterien

Wenn keine Dokumentation vorliegt, wenn Aussagen nicht mit zugänglichen Daten begründet werden können, dann sollte – so wird hier vorgeschlagen – nicht von Evaluation gesprochen werden.

Übungsaufgabe 1*

Kreuzen Sie an, ob bei folgenden Maßnahmen die Kriterien »methodisch organisiert« und/oder »Ergebnis dokumentiert« erfüllt ist:

	methodisch organisiert	Ergebnis dokumentiert
a) Am Ende eines Kurses redet man miteinander über den Kurs.	❍	❍
b) Man tauscht Meinungen über die Stärken und Schwächen eines Volkshochschulprogramms aus.	❍	❍
c) Ein »Fragebogen zur Kursbewertung« wurde ausgefüllt und liegt unausgewertet im Schrank.	❍	❍

* Die Lösungen der Übungsaufgaben finden Sie im Anhang.

	methodisch organisiert	Ergebnis dokumentiert
d) Am Kursende schreiben alle Teilnehmer Moderationskärtchen zur Frage »Was hat der Kurs mir gebracht (grüne Kärtchen), was hat mir gefehlt (rote Kärtchen)?« Diese werden an der Pinwand systematisch geordnet und mit den Teilnehmern, dem Kursleiter und dem Leiter des Tagungshauses besprochen. Danach wandern sie in den Papierkorb.	❍	❍

Anstelle der hier gewählten Bezeichnung »Erfassen« wird in anderen Definitionen manchmal die Bezeichnung »Messung« verwendet. »Messung« bedeutet, dass Beobachtungen auf einer »mehr – weniger«-Skala angeordnet werden. Dies wäre eine strenge Auslegung des Evaluationsbegriffes, denn es gibt auch andere hilfreiche Formen, mit denen Prozesse und Ergebnisse erfasst und dokumentiert werden können.

1.1.2 »Bewerten« = Vergleich Ist- / Soll-Wert + Begründung Soll-Wert (Definitionselement 2a + b)

»Evaluation« enthält als Zweites das **Bewerten von Prozessen und Ergebnissen** auf der Grundlage der erhobenen Daten. Wird »Evaluation« als Fachbegriff verwendet, dann ist dieses »Bewerten« etwas anderes als »seine subjektive Meinung äußern«: Man vergleicht die erhobenen Daten (»Ist-Wert«) mit dem, was man sich gewünscht hat (»Soll-Wert«). Dieser Soll-Wert sollte möglichst vorher, spätestens im Verlauf der Evaluations-Untersuchung durch Beschreibungen, Erläuterungen und Begründungen so nachvollziehbar gemacht werden, dass auch für einen Außenstehenden verständlich wird, warum welche Kriterien zu einem bestimmten Urteil führen. Der Maßstab muss also explizit begründet werden und kann damit überprüft, kritisiert und korrigiert werden.

Dieses »Bewerten« als zweites Element der Evaluationsdefinition wird als eine der problematischsten Anforderungen an Evaluation diskutiert. *Wottawa / Thierau* warnen: »Leider sind die Fragen der Zielsetzung in vielen Evaluationsprojekten die größte Schwachstelle« (1999, S. 83). Einhellig ist die Position, dass die Sammlung von Daten allein noch keine Evaluation ist. So formulieren *Thorndike / Hagen* bereits in einem in mehreren Auflagen erschienenen frühen Standardwerk: »It can not be too much emphasised that measurement at best provides only information, not judgment« (*Thorndike / Hagen* 1964, S. 13) Und: »The term ‚evaluation' … includes more definitely the aspect of valuing – of saying what is desirable and good« (a. a. O.

S. 27). Um »bewerten« zu können, muss unumgänglich entscheiden werden, was als Kriterium für »Erfolg/Nichterfolg« angesehen wird. Sind die generellen Zielsetzungen und Beurteilungsdimensionen formuliert, dann müssen Bewertungskriterien expliziert werden; *Wottawa/Thierau* (1998, S. 83ff.) unterscheiden zwischen Zielexplikation, Bewertungsprozess und Bewertungs- und Entscheidungshilfen. *Mittag/Hager* (2000, S. 109) bezeichnen die »Formulierung und Präzisierung solcher Ist-Soll- oder Wird-Soll-Diskrepanzen« als Arbeitsschritt der Zielbestimmung. Zur Formulierung solcher Ist- und Soll-Werte werden zumeist Operationalisierungsstrategien nach *Mager* (1969, 1973 – siehe Kap. 9) eingesetzt (z.B. *Wottawa/Thierau* 1998, S. 92, *Mittag/Hager* 2000, S. 109, *Mittag/Jerusalem* 1997, S. 600).

Ein zentrales Evaluationsproblem ist die Frage: Wer definiert Kriterien und Maßstäbe? Zum Teil wird auf den Auftraggeber verwiesen, der solche Soll-Werte vorgebe (»Wenn nicht 80% der Teilnehmer die Prüfung bestehen, wechseln wir den Weiterbildungs-Anbieter«), zum Teil auf die Kompetenz des Evaluators (»Nur der Evaluator hat die Fachkompetenz und Neutralität« – z.B. *Scriven* 1972, S. 72, *Balzer/Frey/Nenniger* 1999, S. 398), zum Teil gesteht man das Urteil den Befragten selbst zu (»Wenn alle Studenten die Vorlesungen unterhaltend, abwechslungsreich und leicht einschätzen, dann haben wir eine gute Hochschule«!?). Manchmal ist der Ist-Soll-Wert-Vergleich banal-einfach (»Wer ist der billigste Anbieter?«), manchmal erfordert er eine aufwendige Zielanalyse (»Wer ist der beste Anbieter?«); und manchmal geschieht der für traditionelle Forschung undenkbare Horror, dass sich im Evaluationsprozess das Objekt und seine Bewertung verändert: »Ein zunächst gewähltes Thema kann auch einfach verschwinden und an seiner Stelle kann ein anderes erscheinen. Oder die Breite und Weite seiner Bezüge verändern sich. Es kann sich als Teilproblem eines viel umfassenderen Zusammenhangs herausstellen ...« (*Kleining* 1982, S. 233). Das »Aufdecken von Anliegen und Konfliktthemen« (vgl. *Beywl* 1998, S. 230, S. 152), das Formulieren der Ziele und das Herausfinden der »eigentlichen Ziele« wird zunehmend als spezifische, oft schwierige und konfliktträchtige Aufgabe im Evaluationsprozess gesehen. Aber: Ohne solch explizite, dokumentierte Bewertungskriterien und Bewertungsmaßstäbe (kurz: Soll-Wert) ist eine »Evaluation« keine Evaluation!

Nach dem hier vertretenen Verständnis von Evaluation lässt sich damit ein weiteres **Ausschlusskriterium** formulieren: Exploration im Sinne von »mal nachschauen, was es im Untersuchungsfeld so alles gibt« – ist (noch) nicht Evaluation – auch wenn dabei riesige, netzbasierte Datenerhebungssysteme benutzt werden (»Jeder Student/Mitarbeiter kann jederzeit über unser Intranet seine Meinung zu ... abgeben«). Wenn nur beschrieben wird (»So ist es ...«) ohne dass Evaluatoren versuchen, begründet zu bewerten (»Was wir gefunden haben, ist gemessen an den explizierten Erwartungen/Vorgaben ... gut/schlecht!«), dann sollte nicht von Evaluation gesprochen werden (sondern eben von »Exploration«, »Untersuchung«, »Studie« o. ä.). Dies trifft auch auf den Fall zu, dass die gesammelten Daten selbst schon Wertungen enthalten: Eine Aussage wie »Ein Drittel der Befragten kreuzt die beiden linken Kästchen einer Likert-Skala an, beurteilt also die Vorlesung von Prof. X negativ« ist lediglich die Zusammenstellung von Daten, noch keine Evaluation. Nach diesem Verständnis muss der Evaluator auf Grund dieser Daten und der explizierten Bewertungskriterien und -maßstäbe dann selbst eine Bewertung vornehmen.

Dieses strenge Ausschlusskriterium findet sicherlich nicht allgemeine Zustimmung. In der Praxis hat es sich zu sehr eingebürgert, auch die Zusammenstellung wertender, erfolg- oder problemaufzählender Aussagen als »Evaluation« zu bezeichnen. Deshalb wurde oben auch im Konjunktiv formuliert: In diesen Fällen »... ‚sollte' nicht von Evaluation gesprochen werden«. Dennoch sei dieses Kriterium allen Evaluatoren dringend ans Herz gelegt: Es sollte **ihre** Aufgabe sein, auf Grund expliziter Kriterien wertende Aussagen zu machen! Die auf unklaren Kriterien beruhenden wertenden Aussagen von Befragten sind eine Informationsquelle, aber bedürfen dann der evaluatorischen Reflexion.

Übungsaufgabe 2:

Kreuzen Sie an, ob bei folgenden Maßnahmen das Kriterium »Vergleich Ist-/Soll-Wert« und/oder »Soll-Wert begründet« erfüllt ist:

	Vergleich Ist-/Soll-Wert	Soll-Wert begründet
a) Jemand blättert ein Programm betrieblicher Weiterbildung durch und meint, »es sei so nicht ausreichend«.	❍	❍
b) In einem von allen Teilnehmern am Kursende ausgefüllten Fragebogen wird auf einer Skala von 1 bis 5 der Lernerfolg mit dem Durchschnittswert 2,2 angegeben, das Kursklima mit 2,8.	❍	❍

	Vergleich Ist-/Soll-Wert	Soll-Wert begründet
c) Anhand der Teilnehmerstatistik des Bildungswerks seines Kreises meint ein Pfarrer, 15 % »unter 25-Jährige« seien viel zu wenig, das müssten mindestens 30 % sein – und erklärt seiner verdutzen Bildungswerkleiterin, sie hätte erheblich das Ziel verfehlt.	❍	❍

1.1.3 »Didaktische Funktion Praxisbezug« = Kontrolle + Steuerung + Reflexion (Definitionselement 3a + b + c)

Evaluation ist in der Pädagogik/Andragogik (und auch anderswo) kein Selbstzweck, sondern hat eine ***didaktische*** **Funktion**: Praxis soll eingeschätzt, verstanden und verbessert werden. Evaluation soll

a) zeigen, was abgelaufene Maßnahmen bewirkt haben: Das ist der »Blick zurück« und die **Kontrollfunktion**. Und Evaluation soll

b) helfen, kommende Maßnahmen besser zu gestalten: Das ist der »Blick nach vorn« und die didaktische **Steuerungsfunktion** von Evaluation. Außerdem hilft Evaluation,

c) Bildungsmaßnahmen zu reflektieren **(Reflexionsfunktion)** und zu verstehen.

Aber: Alles gleichzeitig ist meist nicht möglich. Deshalb ist es wichtig, sich bei Evaluationsmaßnahmen von vornherein klar zu machen, was man erreichen will: Rechtfertigung nach außen oder Ergebnisdokumentation oder Korrektur von Bildungsmaßnahmen oder Schwachstellenanalyse oder Verstehen von Problemen oder ... Nur vor diesem didaktischen Hintergrund kann hilfreich entschieden werden, welche Daten man sammeln muss, wie diese Daten ausgewertet, aufbereitet und dokumentiert werden, auf Grund welcher Überlegungen und Erwartungen welche Soll-Werte formuliert werden und anhand welcher Indikatoren wie bewertet wird. Tut man dies nicht vorab, dann landet man leicht bei Daten, von denen man nicht weiß, wozu sie gut sind, und bei Bewertungen, die weh tun, aber nicht weiterhelfen.

Auch dieses dritte Element der vorgeschlagenen Definition – Evaluation erfüllt in einer konkreten Situation eine konkrete Funktion zum Verstehen und Verbessern einer konkreten Bildungsmaßnahme – findet sich vielfältig in der Literatur. In der frühen Diskussion formuliert *Stake* (1972, S. 112):

»Evaluation sollte ihre Aufgabe darin sehen, Daten für Entscheidungen zu sammeln ...«, *Cronbach* (1972, S. 41) sieht als »Ziel, Entscheidungen über ein Curriculum zu fällen«, und nach *Stufflebeam* (1972, S. 125) sollen damit »Informationen für Entscheidungsprozesse zur Verfügung gestellt werden«. *Scriven* (1986, S. 21) fordert: »Evaluation should be benefit-orientated, not explanation-orientated«. Auch in jüngster Zeit wird dieser Gegenstandsbezug betont, etwa wenn das *Joint Committee* (1999, S. 25) Evaluation als die »systematische Untersuchung der Verwendbarkeit oder Güte eines Gegenstandes« definiert, oder wenn nach *Balzer/Frey/Nenniger* (1999, S. 399) zu Evaluation eine »Nutzenbezogenheit« in Hinblick auf einen bestimmten Gegenstand gehört.

Dieser Bezug auf ein konkretes Evaluationsobjekt hat für die Arbeit eines Evaluators eine selten beschriebene, doch schnell spürbare Praxiskonsequenz: Alle Betroffenen und Beteiligten wollen möglichst schnell (Teil-, Vor-) Ergebnisse sehen. Während bei Forschungsprojekten schon einmal ein paar Jährchen ins Land gehen können, bevor die Ergebnisse vorliegen, will man in einer Evaluation am liebsten gestern wissen, wie bestimmte Dinge ankommen und was man besser tun oder lassen sollte. Auf diese an sich erfreuliche Verwertungs-Ungeduld sollten sich Evaluatoren bei ihrer Zeit- und Methodenplanung einstellen. Eine Evaluation, deren Ergebnisse erst vorliegen, wenn niemand mehr am Ergebnis interessiert ist, verfehlt ihr eigentliches Ziel: das bessere Verstehen und Gestalten einer Praxismaßnahme.

Die Forderung, dass Evaluation praxisnützlich sein soll, und die seit ca. dreißig Jahren anwachsende Erfahrung mit Evaluationen machen zunehmend bewusst, dass dieser Praxisbezug den Nutz- und Erkenntniswert von Evaluationen begrenzt. So fasst *Lee* in ihren »conclusions« über »Theories of Evaluation« zusammen: »One of the intriguing recent changes is the increasing recognition that definitive evaluation studies will often be quite limited in scope, and that specific evaluation findings are always time-limited in their usefulness, and not likely not to be easily generalized to other settings. As Scriven puts it (1991), ›... yours is not the task of determining truth for the ages, but the best possible advice at the time it is needed.‹« (*Lee* 2000, S. 161). In der Abhängigkeit vom individuellen Projekt- und Zeit-Kontext liegt zugleich Stärke und Schwäche von Evaluation.

Die Orientierung auf ein konkretes Praxisobjekt hin bedeutet nicht notwendig, dass das untersuchte Objekt selbst verbessert wird: Auch eine abschließende, »summative« Evaluation, in der Entscheidungen fallen wie »Programm wird unverändert fortgesetzt bzw. eingestellt«, ist Evaluation. Entscheidend ist, dass man eine nutzenbezogene Erkenntnis über ein bestimmtes konkretes Objekt gewinnen will; man will wissen, was das konkrete Programm X bewirkt, nicht, was alle Programme mit Elementen vom Typus X ganz allgemein bewirken.

Ausschlusskriterium

Damit lässt sich auch hier ausschließend abgrenzen: Geht es in einer Untersuchung um allgemeine Erkenntnisse ohne direkte Konsequenzen für oder über einen bestimmten untersuchten Gegenstand, dann handelt es sich nicht um Evaluation.

Übungsaufgabe 3

Prüfen Sie, welche der drei Elemente »methodisch erfasst (= ME)«, »begründet bewertet (= BB)« und »Praxisbezug (= PB)« Sie in folgenden Evaluationsdefinitionen identifizieren können. Schreiben Sie die Kürzel ME, BB und PB an die entsprechenden Textstellen.

a) »Im Allgemeinen bedeutet Evaluation die Gewinnung von Informationen durch formale Mittel wie Kriterien, Messungen und statistische Verfahren mit dem Ziel, eine rationale Grundlage für das Fällen von Urteilen in Entscheidungssituationen zu erhalten« (*Stufflebeam* 1972, S. 124).

b) Evaluation ist »die systematische Anwendung von Verfahren der Sozialforschung mit dem Ziel, die Konzeptualisierung und das Design, die Implementation und die Nützlichkeit sozialer Interventionsprogramme einzuschätzen« (*Rossi/Freedman* 1982, S. 20).

c) »We define evaluation as a process for describing an evaluand and judging its merit and worth« (*Guba/Lincoln* 1981, S. 303).

d) »Evaluation zielt auf die Verbesserung gesellschaftlicher Praxis, indem sie Programme, Maßnahmenbündel oder Materialien systematisch, d.h. methodisch angeleitet und an Gütekriterien überprüfbar, beschreibt und bewertet« (*Beywl* 1998, S. 1).

Auf **zwei Besonderheiten der hier vorgeschlagenen Definition** sei hingewiesen:

1. Evaluieren kann man Prozesse und Ergebnisse. Bei Prozessen lautet die Frage: »So wie das abläuft, ist das gut?« Bei Ergebnissen lautet die Frage: »Ist das, was am Ende herauskam, gut?«

2. In der Definition wird mit der Formulierung »Prozesse und Ergebnisse im Bildungsbereich« bewusst ein umfassenderer Anspruch formuliert; »Lern- oder Bildungsprozesse« wäre zu eng. Denn Evaluation bezieht sich nicht nur auf die mikrodidaktische Ebene, also das Erfassen, Bewerten und Gestalten dessen, was und wie Teilnehmer in Erwachsenenbildungsveranstaltungen lernen (was für diejenigen unter unseren Lesern von Interesse ist, die ihre Lehrveranstaltungen evaluieren wollen). Evaluieren kann man auch auf makrodidaktischer Ebene, also auf Weiterbildung bezogene Programme, Ziele, Zeit- und Kostenpläne, politische Entscheidungen, Standorte, Ausstattung ..., also auch das ganze »Drumherum«, das über Erfolg und Misserfolg von Weiterbildungs-Angeboten entscheidet (was für Leser von Interesse ist, die für organisatorisch-planerische Entscheidungen zuständig sind).

Evaluation als »politische« Tätigkeit

Die Festlegung, dass Evaluation sich auf konkrete Bildungspraxis richtet, hat Konsequenzen, die manchen Evaluator und manches Evaluationsprojekt in erhebliche Schwierigkeiten stürzte. Will Evaluation Entscheidungen vorbereiten, Aussagen über Verwendbarkeit oder Güte eines Gegenstandes machen, nutzenbezogene Informationen liefern, die für die evaluierte Bildungsmaßnahme praktische Konsequenzen haben, dann sieht sich Evaluation unausweichlich mit den Interessen der Betroffenen und Beteiligten, mit deren Machtstrukturen und deren Einflussnahme konfrontiert. Evaluation mischt sich ein, denn sie will/soll Folgen haben. Begründungszusammenhang und Verwendungszusammenhang können in diesem Verständnis nicht voneinander isoliert betrachtet werden. Dies mag erklären, warum Evaluateure, die sich als »neutrale Untersucher«, »objektive Forscher« oder »selbstlose Helfer« verstanden und die parteiische Strukturierung ihres Untersuchungsfelds nicht hinreichend berücksichtigten, sich plötzlich mit einem Geflecht aus Anfeindungen, Boykott, Nicht-Unterstützung, Einflussversuchen und Folgenlosigkeit konfrontiert sahen, welche die Evaluation und ihre Ergebnisse obsolet machten.

Mit der Praxis- und Nutzenbezogenheit greift Evaluation einerseits in vorhandene Systeme ein, wird andererseits von den vorhandenen Akteuren und Strukturen beeinflusst. Evaluation spielt sich deshalb immer in einem »politischen« Kontext ab (vgl. dazu ausführlich *Beywl* 1998, S. 134ff., S. 203ff., *Patton* 1997, S. 341ff.). *Patton*, der konsequent eine »Utilization-Focused Evaluation« fordert und entwickelt, bietet eine freche Beschreibung der Unausweichlichkeit der politischen Dimension im Evaluationsprozess:

»Evaluation is NOT political under the following conditions:

– No one cares about the program.

– No one knows about the program.

– No money is at stake.

– No power or authority is at stake.

– And, no one in the program, making decisions about the program, or otherwise involved in, knowledgeable about, or attached to the program, is sexually active.« (Patton 1997, S. 352)

Gegenüber Forschung, die in höherem Maße zweckfrei sein kann, steht Evaluation immer in einem Spannungsfeld von Interessen; *Beywl* (2001, S. 151) spricht bezeichnend von »Konflikt als Regelfall der Evaluationspraxis«. »Deshalb kommt es sehr darauf an, wer eine Evaluation in Auftrag gibt, wer sie durchführt, welche Ziele von wem damit verfolgt werden, welche Vorgehensweisen gewählt und welche Methoden angewendet werden« (*Stockmann* 2000, S. 12). Es sei Evaluatoren dringend empfohlen, diese »Verflechtungen und Konflikte zwischen Auftraggebern, Evaluatoren, Entscheidern, Programmbetroffenen und Programmmitarbeitern – seien dies nun Individuen oder Organisationen« (*Beywl* 1998, S. 134) – bereits am Ausgangspunkt ihre Planung in Betracht zu ziehen – und zwar nicht als lästige Störvariable, sondern als zentrale Herausforderung einer Evaluation, die Wirkungen hervorbringen will.

1.1.4 Ausschlusskriterien und Abgrenzungen

Ein Begriff hat nur dann Trennschärfe, wenn auch klar ist, was er nicht einschließt. Eine Reihe von Ausschlusskriterien wurden bereits genannt:

- Evaluation setzt die methodische Sammlung und zugängliche Dokumentation von Daten voraus.
- Evaluation macht wertende Aussagen auf der Grundlage begründeter Soll-Wert- oder Zielbeschreibungen.
- Evaluation zielt auf das Verstehen, Bewerten und Verbessern konkreter Praxismaßnahmen.

Fehlt eines dieser Elemente, dann sollte nach dem hier vorgeschlagenen Verständnis nicht von Evaluation gesprochen werden.

Evaluation lässt sich damit auch **abgrenzen gegen Forschung**: Forschung sucht nach allgemeinen Erkenntnissen (»Welche Farben haben bei Weiterbildungsprogrammen den besten Aufmerksamkeitswert?«), Evaluation untersucht und bewertet einen speziellen und realen Fall (»Lohnt sich der höhere Druckpreis für einen Vierfarbdruck unseres Programms?«). Forschungsfragen sind zumeist allgemeiner gestellt, sind theorieorientiert und sollen über den untersuchten Fall hinaus generelle Aussagen ermöglichen (»Wie gut ist die Lehre an deutschen Hochschulen?«). Forschung hat damit immer das Problem der Repräsentativität (»Lässt sich von der untersuchten Stichprobe auf die Grundgesamtheit schließen?«). Mit der Untersuchung eines einzigen Fachbereiches würde sich ein Forscher, der allgemein eine Aussage über Hochschullehre machen will, lächerlich machen. Anders in der Evaluation. Evaluation ist praxisorientiert-bescheidener: In einer Evaluation sind wir zufrieden, wenn wir die Lehre an dem einen, uns interessierenden Fachbereich einschätzen können. Die Forderung nach praxisbezogenem Nutzen stellt damit einen gewichtigen Unterschied zwischen Evaluation und Forschung dar: »The primary and essential difference between evaluation and fundamental research concerns utilization ... An evaluation is supposed to be used in immediate or future debate and decision-making on the problem or intervention at hand. This is not all the case with fundamental research. Fundamental researchers have no specific application in mind« (*Vedung* 2000, S. 110).

Ein weiterer klarer Unterschied zwischen Forschung und Evaluation wird darin gesehen, dass Evaluation unumgänglich (begründete) Wertungen, Beurteilungen beinhalten muss: »Während sich Grundlagenforschung weitgehend normativer Urteile enthalten kann, wird bei einer Evaluation immer eine Bewertung verlangt, sie ist Teil des Forschungsauftrags« (*Stockmann* 2000, S. 12). Forschung dagegen kann ein Ergebnis darstellen (»So ist es: ...«), und die Entscheidung über Art und Ausmaß der Nutzung dem überlassen, der etwas damit anfangen möchte.

Evaluation und Forschung gemeinsam ist das Bemühen um intersubjektive Überprüfbarkeit (»methodisch«): Auch Außenstehende sollen den Bewertungsprozess nachvollziehen können. Für beide gelten (zusammenfassend *Stockmann* 2000, S. 12) »die grundlegenden Regeln für die Sammlung valider und relevanter Daten«.

Bereits in der Frühdiskussion um Evaluation wird auf die notwendige Unterscheidung zwischen Evaluation und Forschung und auf die Probleme beim Ineinanderfließen hingewiesen. So warnt *Glass*: »So wird manches Projekt der pädagogischen Forschung unzulänglich durchgeführt, weil man es Evaluation nennt; doch weit mehr Evaluationsuntersuchungen sind nutzlos, weil sie als pädagogische Grundlagenforschung behandelt werden« (*Glass* 1972, S. 168). Nach *Glass* besteht ein zentraler Unterschied darin,

»dass pädagogische Evaluation den **Wert**, pädagogische Forschung dagegen die wissenschaftliche **Wahrheit** einer Sache einzuschätzen versucht« (ebd. S. 169, Hervorhebung im Original). Auch neuere Ansätze betonen diese Unterscheidung. Ausführlich diskutiert *Beywl* (1998, S. 127–134) die Entwicklung »von der Logik der Forschung hin zu einer Logik der Evaluation« und arbeitet dabei sowohl Unterschiede als auch Gemeinsamkeiten heraus. *Rost* (2000, S. 131) vertritt die Position, »dass sich die wesentlichen Unterschiede zwischen Grundlagen- und Evaluationsforschung aus der Unterschiedlichkeit ihres jeweiligen Untersuchungsgegenstandes ergeben«. Für die angemessene Planung und den angemessenen Ablauf einer Untersuchung ist es damit unabdingbar, dass sich Untersucher klar sind, ob sie Evaluation oder Forschung betreiben wollen. Eine (unklare) Mischung schadet zumeist in beide Richtungen.

Abgrenzung gegen »Rückblick«

Evaluation lässt sich auf der anderen Seite abgrenzen gegen didaktische Rückmeldeformen wie »Seminarrückblick«, »Seminarkritik«, »Nachbereitung«, »Feed-Back«, »Manöverkritik« u.ä.: Diese Formen stehen zumeist am Seminar-Ende. *Jagenlauf* beschreibt dies folgendermaßen:

> *»In der klassischen Manöverkritik steht der Aussprache nur wenig Zeit zur Verfügung, im Normalfalle die letzte Stunde oder die letzte halbe Stunde vor Ende der Veranstaltung: Der Kursleiter eröffnet die Aussprache, bittet um schonungslose Kritik. Nur wenige Teilnehmer melden sich; ehe auch die zurückhaltenderen Teilnehmer ihre Bemerkungen einbringen können, wird die Aussprache abgeschlossen. Irgendwelche Konsequenzen können nicht gezogen werden, da die Veranstaltung in der bisherigen Form nicht weitergeführt wird. Der Kursleiter bedankt sich für die Anregungen, obwohl sie – scheinbar – nutzlos sind« (Jagenlauf 1982, S. 4).*

Diese didaktische Rückmeldeform unterscheidet sich von Evaluation sowohl dadurch, dass der Zugriff nicht methodisch erfolgt als auch keine »Daten« dokumentiert werden. Man weiß schon bald nicht mehr, was eigentlich gefragt war und was gesagt wurde und ob dies lediglich durch einen Wortführer erfolgte oder die Meinung aller war. Solche »rückblickende Beurteilungen« sind also weniger explizit-methodisch als dies für Evaluation verlangt wird, und ihnen fehlt das Bemühen um eine intersubjektive Überprüfbarkeit.

Allerdings: Didaktisch bedeutsam sind auch solche einfachen Rückmeldeformen, wenn sie didaktische Kontroll- und Steuerungsfunktion erfüllen.

Auch wenn die am Ende einer Sitzung gestellte Fragen »Was kam heute nicht rüber? Was muss morgen nochmals bearbeitet werden?« keine Evaluation darstellen (weil sie nicht explizit-methodisch angelegt sind und weder die Daten noch die Bewertungskriterien dokumentieren), so sind sie dennoch wichtig für die Steuerung des Lernprozesses. Aufwendige Evaluationsverfahren wie Fragebogen- oder Interviewtechniken wären hier überzogen.

Solche rückblickenden Beurteilungen ohne Evaluationsanspruch sind auch bei makrodidaktisch-bildungsorganisatorischen Maßnahmen wichtig, z. B.: Am Halbjahresende äußert in der Kursleiterbesprechung jeder seine Meinung darüber, ob die Raumverteilung angemessen war. Das ist noch keine Evaluation, selbst wenn daraus wichtige Konsequenzen für das nächste Halbjahr gezogen werden: Es fehlt sowohl die nachvollziehbare Datenerfassung (»methodisch«) als auch die später nachlesbare Dokumentation; auch die Kriterien für die Entscheidung bleiben spontan-subjektiv. Dies ist keine Abwertung: Für die Steuerung ständig verbesserter Bildungsarbeit sind auch und gerade solche mit leichter Hand durchgeführten rück- und vorausblickenden Kleinbewertungen unabdingbar.

Übungsaufgabe 4:

Versuchen Sie, die in diesem Teil 1.1 genannten Definitionselemente in folgende Mind-Map einzutragen (Mind-Maps sind gezeichnete Strukturen, in die man die entscheidenden Stichworte einträgt; sie erlauben einen schnellen Überblick und wirken merkfördernd). Tragen Sie zunächst ein, was Ihnen spontan im Gedächtnis geblieben ist bzw. was Sie bereits wussten; lesen Sie dann im Text nach und füllen Sie evtl. Leerstellen.

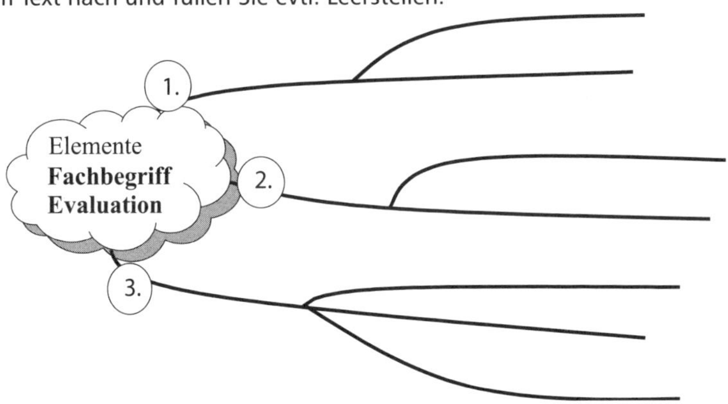

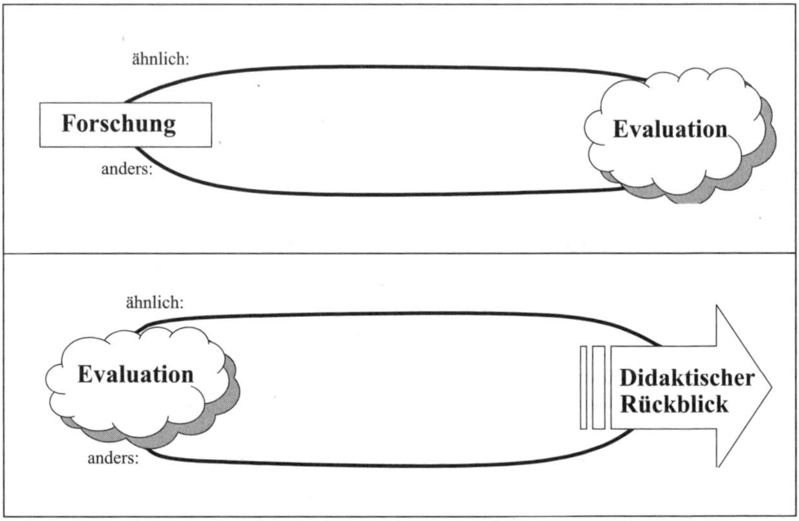

1.2 Wozu Evaluation?

Übungsaufgabe 5

Schreiben Sie drei Gründe auf, warum Sie keine Lust hätten, dass Ihre Arbeit in der Weiterbildung evaluiert würde:

1. ....

2. ....

3. ....

Übungsaufgabe 6

Schreiben Sie drei Vorteile auf, die Sie sich von einer Evaluation Ihrer Arbeit in der Weiterbildung erhoffen würden:

1. ....

2. ....

3. ....

Stichworte wie »Kontrolle«, »Bewertung« oder »Erfolgsmessung« lösen auch bei Erwachsenen oft alte Schulängste mit der Erinnerung an Fremdbeurteilung, Zensierung, Zeugnisse und Versagen, erlittene Ungerechtigkeit, demütigende Strafen und Konflikte aus. Niemand (Teilnehmer / Kursleiter / Programm-Macher ...) mag es, wenn seine eigene Leistung evaluiert wird. Dies mag ein Grund dafür sein, warum solche Ergebniskontrollen in der Erwachsenenbildung freiwillig so selten durchgeführt werden.

Bei einer Befragung von Kursleitern mit der obigen Frage, warum jemand keine Lust hätte, dass seine / ihre Weiterbildungsarbeit evaluiert würde, wurden spontan folgende **Gründe** genannt:

> *Der am meisten genannte Grund ist* ***Angst vor einem schlechten Ergebnis,*** *dicht gefolgt von* ***Angst vor Kritik*** *(z. B. »Ich werde hinterfragt«, »Angst vor Zerpflücktwerden«). Und eine dritte Angst wird genannt:* ***Angst vor Konsequenzen*** *(z. B. »Der Mist wird öffentlich«, »mehr Vorbereitung«, »keine Weiterbeschäftigung«). Befürchtet wird ein* ***fremder Maßstab*** *(z. B. »Evaluierer hat andere Ansprüche als ich«, »Wer bekommt das Ergebnis zu sehen?«) und* ***zu viel Arbeitsaufwand.*** *Es wurde auch darauf verwiesen, dass Evaluation im Kurs stört (z. B. »Evaluation beeinträchtigt Teilnehmer / Kursgeschehen«). Schließlich gab es grundsätzliche Zweifel: Evaluation* ***nutzt nichts*** *und* ***ist unnötig*** *(z. B. »Ich brauch das nicht! Ich bin gut!!«). Auch wurden Zweifel angemeldet: »Geht das denn? (Seidenmalkurs)«*

Vergleichen Sie mit den von Ihnen in Übungsaufgabe 5 genannten Gründen – haben Sie ähnlich oder anders argumentiert?

Information über Erreichtes und Nichterreichtes muss nicht Sortier- und Disziplinierungsfunktion haben. Bereits Anfang der 70er Jahre wurde in der Schulpädagogik darauf hingewiesen, dass Information über Erreichtes und Nichterreichtes Voraussetzung ist, pädagogische Ideen auf ihre Tragfähigkeit zu überprüfen und Maßnahmen gezielt zu verbessern (z. B. *Ingenkamp* 1971, *Reischmann* 1974). Mit dem 1972 erschienenen Sammelband »Evaluation« führte *Christoph Wulf* diesen Fachbegriff für die breite Diskussion weiter, insbesondere indem er die auch heute noch grundlegende und lesenswerte amerikanische Diskussion zugänglich machte. Eine höchst lesenswerte Zusammenfassung der amerikanischen Entwicklungsgeschichte der Evaluation findet sich bei *Beywl* (1998, S. 14–43). Auf dem Prüfstand steht bei der Evaluation die pädagogisch / andragogische Maßnahme (»erfolgreicher Kurs«, »zielgruppengemäße Werbung«, »bedarfsgerechte Planung« ...), nicht der Teilnehmer, Kursleiter, Planer.

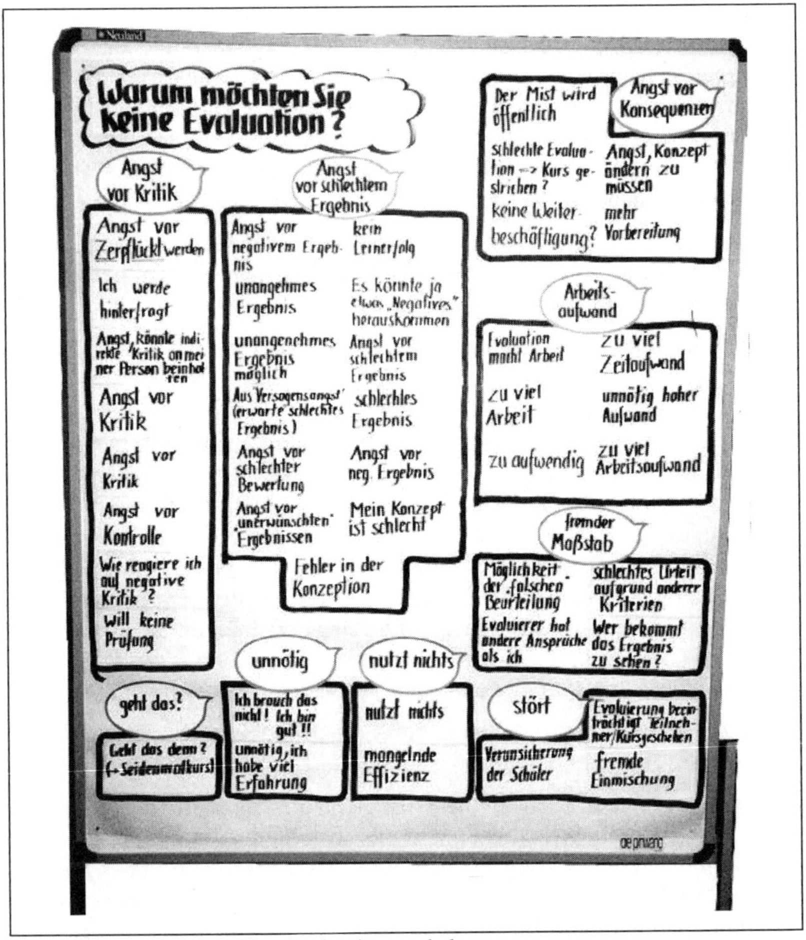

Abb. 1: Einwände gegenüber Evaluationsvorhaben

Dahinter steht ein Regelkreismodell: Eine Maßnahme wird geplant und durchgeführt, die Ergebnisse werden kontrolliert und mit den daraus gewonnenen Einsichten die verbesserte Fortsetzung oder nächste Maßnahme geplant. Ohne eine Ergebniskontrolle bliebe offen, ob die Maßnahme die gewünschten Wirkungen bringt, und ob / wie / wo Korrekturen nötig sind.

Bei einer Befragung von Kursleitern, welche Vorteile sie sich von einer Evaluation der Arbeit in der Weiterbildung erhoffen würden, wurden folgende Gründe genannt:

Am meisten erwartet werden ***Verbesserungsvorschläge*** *(z. B. »besserer Lernerfolg«, »Verbesserung des Kurses«, »Anhaltspunkte, um den Kurs besser zu gestalten«). Die formative Chance (formativ/summativ wird gleich erklärt) der Evaluation steht hierbei im Vordergrund. Auf die summative Funktion verweisen Begründungen, die sich von Evaluation* ***Lob oder Anerkennung*** *versprechen (z. B. »Alle sehen, wie gut ich bin«, »Auf diesem Wege positives Feed-back erhalten«, »meine gute Arbeit öffentlich machen«), verbunden mit dem Vorteil, dass eine* ***höhere Objektivität*** *der Beurteilung gegeben ist (»objektivere Ergebnisse bei Fremdevaluation«, »dokumentierte Ergebnissicherung«). Zu diesen summativen Argumenten gehört auch die* ***Rückmeldefunktion*** *(»Wissen darüber, ob mein Kurs ankommt!«, »Wissen um Stärken und Schwächen des Programms«). Schließlich wird auch genannt, dass Evaluation* ***didaktische Reflexionshilfe*** *ist (z. B. »Möglichkeit, meine Arbeit zu hinterfragen«, »Erkennen eingeschliffener Fehler«) und damit* ***»neue Anregungen, neue Ideen«*** *bringen kann.*

Vergleichen Sie mit den von Ihnen in Übungsaufgabe 6 genannten Gründen – überschneiden sich Ihre Erwartungen mit den hier genannten?

Evaluation kann aus zwei bzw. drei grundsätzlich unterschiedlichen Motiven durchgeführt werden (vgl. *Scriven* 1972, S. 62):

Summative Funktion

- Entweder wird damit am Ende einer Maßnahme der Erfolg aufsummiert, gewissermaßen als Ergebnis, Schluss-Strich und Endurteil, auf das nichts mehr folgt: »Das wurde (nicht) geleistet. Und deshalb war der Kurs/der Teilnehmer/der Kursleiter (nicht) gut.« Dies wird als summative Evaluation bezeichnet; sie dient »zum besseren **Verständnis** und zur besseren **Verwendung** des Programms« (*Scriven* 1972, S. 62. Hervorhebung im Original).

Formative Funktion

- Oder die Messung dient im Lernprozess als Informationsquelle für die effektive Formung des Weiterlernens: »Hier stehen wir jetzt. Das bedeutet, dass folgende Maßnahmen ergriffen werden müssen, um möglichst viele Teilnehmer möglichst weit zu fördern ...«. Dies wird als formative Evaluation bezeichnet.

Reflexive Funktion

- Neben diesen beiden direkten Absichten gibt es eine eher indirekte: Evaluation ist in didaktischer Hinsicht auch eine Denk- oder Reflexionshilfe. Unabhängig davon, ob man formativ oder summativ zu mehr oder weniger bemerkenswerten Ergebnissen kommt, hilft Evaluation, didaktische Maßnahmen aus einem ungewöhnlichen Winkel zu betrachten. Dies öffnet die Augen für didaktische Zusammenhänge, die man anders kaum in den Blick bekommt.

Die Überprüfung, ob Maßnahmen in der Weiterbildung den ihnen zugedachten Erfolg haben, ist sowohl für den Lerner, den Kursleiter und Organisator als auch für die Weiterbildungs-Institutionen und die Öffentlichkeit von Interesse:

- Den **Lernern** wird der Erfolg rückgemeldet bzw. es werden Hinweise zur Weiterarbeit gegeben.
- Der **Kursleiter** bzw. der **Organisator / Veranstalter** kann didaktische Entscheidungen begründet fällen.
- Der **Institution** und **Öffentlichkeit** gegenüber kann gerechtfertigt werden, wozu bestimmte Investitionen gemacht werden.
- Außerdem werden für **Wissenschaft** und **Forschung** Datengrundlagen und Instrumente geschaffen.

Verzichtet man auf Erfolgskontrollen, dann ergeben sich sowohl praktische als auch theoretische Gefahren:

- Für die **Praxis** fehlt ein Maßstab, an dem und mit dem Bildungsangebote verbessert und weiterentwickelt werden; außerdem wird, wer nicht nachweist, was seine Tätigkeit bringt, in weniger bildungsfreundlichen Zeiten Schwierigkeiten haben, sein Angebot zu rechtfertigen.
- **Theorien** bleiben ohne empirische Kontrolle kaum mehr als wohlklingende und wohlmeinende Überzeugungen; Erwachsenenpädagogik bzw. Andragogik als Wissenschaft von der Bildung Erwachsener tut sich damit schwer, den Geruch der intuitiven Kunst loszuwerden.

Übungsaufgabe 7

Welche Gründe erscheinen Ihnen besonders einleuchtend für die Durchführung von Evaluation in der Weiterbildung?

....

....

....

Vergleichen Sie mit Ihrer Auflistung oben (warum keine Lust / was erhoffen). Hat sich etwas geändert? Ja? Dann herzlichen Glückwunsch! Nein? Schön, dann sind Sie schon mit gutem Vorwissen eingestiegen!

1.3 Was evaluieren? – Vermeiden Sie die »Indikatorenschaukel«!

Evaluieren kann man alles mögliche, z. B.:

- Programme: Ist unser Programm ansprechend? Haben wir genügend und die richtigen Computerkurse?
- Teilnahme: Wie viele TeilnehmerInnen kommen, wie viele sollten kommen?
- Kurserfolg: Sind unsere TeilnehmerInnen zufrieden? Lernen sie etwas in der Veranstaltung?
- Zielgruppenerreichung: Kommen die »richtigen« Leute in unser Bildungsprogramm?
- Inhalte: Bieten wir das an, was wir anbieten wollen / sollen / müssen?
- Kosten: Welche direkten / indirekten Kosten entstehen durch Angebot X? Sind diese vertretbar?
- Nutzen: Senkt die Schulung X den Ausschuss in der Produktion? Wie viele Arbeitslose werden nach unserer Qualifizierungsmaßnahme vermittelt? Wie ist diese Vermittlungsquote zu bewerten?
- Schwachstellen: Welche Probleme gefährden die Qualität unserer Angebote?

Gewarnt werden muss vor allumfassenden Fragestellungen. »Ist unsere Mensa gut?« ist keine evaluierbare Fragestellung! Denn was heißt »gut« für wen? Ist damit schmackhaftes Essen gemeint (nach wessen Geschmack)? Oder große Portionen? Oder möglichst billig – und meint das billig im Einkauf für das Studentenwerk oder billig im Verkauf für den Studenten? Oder Rauchverbot (was halten die Raucher davon?)? Oder vitaminreich? Oder Parkplätze? Oder ein Mix aus alledem? Und wer fängt mit dieser Mix-Aussage dann was an?

Evaluatoren sollten sich nicht auf vage und globale Evaluationsaufgaben einlassen, die alles und jedes erfragen möchten! »Ist unser Programm gut?« – »Sind unsere Kursleiter Ihr Geld wert?« – »Sind unsere Teilnehmer hinterher bessere Demokraten?« – dies sind Anfangsanfragen, die erheblich enger gefasst werden müssen, ehe sie einer Evaluation zugeführt werden können. Solch vage und globale Anfangsanfragen sind notwendige Startpunkte und damit ein erster Schritt zur Evaluation. Man muss aber noch eine ganze Weile am Schreibtisch weiterfragen und weiterdenken, bevor daraus eine evaluierbare Fragestellung wird.

Eine ausführliche Darstellung, wie man gewünschte Ergebnisse möglichst präzise und überprüfbar formuliert, wird Kapitel 9 anbieten. Hier soll schon vorab darauf hingewiesen werden, dass es entscheidend wichtig ist, **vorher und schriftlich festzulegen, was evaluiert werden soll**, welche Wirkung bzw. welches Ergebnis der evaluierten Maßnahme interessiert und welche Indikatoren als Kriterium herangezogen werden sollen. Insbesondere wenn man einen Auftraggeber hat, dem man über die Evaluation berichten möchte / muss, dann empfiehlt es sich, vorher und schriftlich (!) gemeinsam abzuklären, welche erwarteten Wirkungen bzw. Ergebnisse sich hinter den Anfangsfragen verstecken (dies wird zumeist unter dem Stichwort »Kontrakt« diskutiert – z. B. zusammenfassend *Vedung* 2000, S. 113f.). Dabei sollte man sich auch einigen, ob die ausgewählten Kriterien / Indikatoren auch wirklich das beschreiben, was als Erfolg akzeptiert wird. Bei diesem Abklären der Ziele und Kriterien werden zu Beginn eines Evaluationsprozesses in einem ersten Schritt zumeist anfangs eher vage Zielbeschreibungen formuliert. Zur Vorbereitung (und dann natürlich erst recht zur Durchführung) einer Evaluation braucht man dann aber auch den zweiten Schritt der Präzisierung der erwarteten Wirkungen und den dritten Schritt der Einigung auf Indikatoren, aus denen man auf den Erfolg schließt.

Drei Schritte zur Präzisierung

In dieser Hinsicht ist Evaluation der Forschung ähnlich: Bevor die eigentliche Untersuchung beginnt, legt man fest,

1. was man untersuchen will (Zielbeschreibung),
2. was man als erwünschte oder befürchtete Wirkungen feststellen will und
3. welches die Kriterien und Indikatoren sind, die man erfassen kann und an denen man den Erfolg messen will (wobei man sowohl bei Forschung als auch bei Evaluation durchaus ein offenes Auge und Ohr dafür hat, wenn sich im Verlauf der Arbeit neue Erkenntnisse ergeben, die eine Änderung / Korrektur / Ergänzung der vorgefertigten Untersuchung erfordern).

Kriterien und Indikatoren

Zu dieser Vorab-Klärung gehört also auch die Festlegung, woran man erkennt, ob das gewünschte Ergebnis erreicht wurde. Kriterien und Indikatoren können z. B. Teilnehmerzahlen sein oder Kursthemen, Leistungs- oder Einstellungsergebnisse, Klima-Fragebogen, Zufriedenheitsschätzungen, produzierte Werkstücke oder Ausschusszahlen, Krankheitstage, Durchführungskosten, geschätzter Schaden bei Nicht-Schulung ...

Diese drei Schritte zunehmender Präzisierung der Evaluationsabsicht könnten im konkreten Fall so aussehen:

Beispiel

Ein Kursleiter fragt sich: »Ist mein Kurs gut?« Diese im ersten Schritt formulierte Beschreibung des Untersuchungsziels (»Ziel ist, etwas über meinen Kurs zu erfahren«) ist noch vage-allumfassend. Im zweiten Schritt präzisiert er deshalb, indem er als erwünschte Wirkung beschreibt: »Möglichst viele Teilnehmer sollen aktiv sein!« Als Indikator, ob diese erreicht ist oder nicht, formuliert er (dritter Schritt): »Der Kursleiter beansprucht weniger als 50 % der Redezeit, zwei Drittel der Teilnehmer sagen etwas pro Stunde.« An diesen Indikatoren kann er nun erfassen und bewerten (erkennen Sie – siehe 1.1 – die Definitionselemente von »Evaluation«?), ob sein Kurs »gut« ist.

Nun kann man natürlich einwenden, dass die Redezeit nicht der entscheidende Indikator für einen »guten Kurs« ist! Genau darum geht es: Mit der Aufgabe, vorher und schriftlich festzulegen, was als Erfolg oder »Soll-Wert« akzeptiert würde, zwingt man die an der Evaluation Beteiligten zur Reflexion und Offenlegung der eigentlichen Ziele und Erwartungen. Zu diesem Zeitpunkt kann man in der Planung einer Evaluation durchaus noch andere Kriterien und Indikatoren vereinbaren – oder sich entscheiden, dass für dieses Mal die Ziele, Kriterien und Indikatoren akzeptabel sind und bei einer späteren Evaluation dann eben anderes untersucht werden soll.

Warnung: Indikatorenschaukel!

Wenn vorher kein Konsens über die als Erfolg geltenden Wirkungen und Indikatoren geschaffen wird, dann landet man hinterher schnell in der »Indikatorenschaukel«: Der Evaluator hat A untersucht, aber – so wird ihm vorgehalten – B wäre doch viel wichtiger gewesen. Denn »Wirkung von Weiterbildung« kann vieles sein:

- dass ein Programm angeboten und auch besucht wird, (Aber kommen auch die »richtigen« Leute? Und genug? Und was wäre »genug«?)
- dass die Teilnehmer ein Angebot gut und hilfreich finden und wiederkommen, (Aber haben sie wirklich etwas gelernt, oder pflegen sie nur ihre sozialen Beziehung?)
- dass der Ausschuss in der Produktion sinkt, (Aber das ist doch keine Menschenbildung!)
- dass jemand sich in seinem Leben bereichert fühlt, (Aber dafür lassen sich doch keine öffentlichen Subventionen rechtfertigen!)

Werden Weiterbildungs-Wirkungen festgestellt, dann ist es ein leichtes Spiel, zu reklamieren, dass man doch ganz andere Indikatoren hätte heranziehen müssen. Mit dieser Indikatorenschaukel kann jede Wirkung ad absurdum geführt werden. Sichern Sie sich ab, indem Sie vorher und schriftlich festhalten: Was wird als Erfolgskriterien für den untersuchten Gegenstandsbereich akzeptiert?

Spätestens an dieser Stelle werden Evaluatoren ausführlich Erfahrung sammeln mit dem Power-Play der Betroffenen und Beteiligten, das oben unter dem Stichwort »Evaluation als politische Tätigkeit« angekündigt wurde. Das »Joint Committee ...« empfiehlt in seinen Standards (D2 Politische Tragfähigkeit): »Evaluationen sollten mit Voraussicht auf die unterschiedlichen Positionen der verschiedenen Interessengruppen geplant und durchgeführt werden, um deren Kooperation zu erreichen und um mögliche Versuche irgendeiner dieser Gruppen zu vermeiden, die Evaluationsaktivitäten einzuschränken oder die Ergebnisse zu verzerren respektive zu missbrauchen« (*Joint Committee ...* 1999, S. 95). Geduldiges Zuhören, sensibles Agieren, Bereitschaft, in mehreren Überarbeitungen Ziele aufzustellen, zu revidieren, zu erklären und erklären zu lassen und zwischen den Betroffenen zu vermitteln entscheiden bereits an dieser Stelle über die Durchführbarkeit und Nützlichkeit der Evaluation.

Übungsaufgabe 8

Dieser Text zeigte an einem Beispiel drei Schritte, durch die Sie vorher und schriftlich präzisieren, was Sie evaluieren wollen. Suchen Sie je ein Beispiel aus Ihrem eigenen Weiterbildungsbereich!

1. Ebene »Zielbeschreibung«: Was/welcher Bereich soll evaluiert werden? Textbeispiel: Ist mein Kurs gut?

   Ihr Beispiel Zielbeschreibung: ....

2. Ebene »erwartete Ergebnisse, Wirkungen«: Welche Wirkungen oder Ergebnisse würde man akzeptieren, um den in 1. beschriebenen Sachverhalt angemessen zu überprüfen?
   Textbeispiel: Teilnehmer sind aktiv.

   Als Erfolg akzeptierte Wirkung(en) Ihrer Zielbeschreibung: ....

3. Ebene »Indikatoren«: Auf welche Indikatoren, an denen man die Wirkung ablesen kann, kann man sich einigen?
   Textbeispiel: Kursleiter beansprucht weniger als 50% Redezeit, zwei Drittel der Teilnehmer sagen etwas pro Stunde ...

   Indikatoren für Ihr Beispiel: ....

Meistens stellt man nach dieser den Evaluationsrahmen klärenden Vorarbeit zwei Dinge fest:

1. Eine Reihe der Evaluationsfragen sind bereits durch den Versuch einer treffenden Formulierung und genaueren Eingrenzung klarer geworden. Man erkennt, dass manche Fragen unlösbar, andere längst beantwortet sind, wieder andere zu komplex sind und deshalb in eine Reihe einfacherer Fragen zerlegt werden müssen. Das Bemühen um Evaluation nutzt also schon ehe man anfängt zu evaluieren. Dies ist die in 1.2 beschriebene Denk- oder Reflexionshilfe der Evaluation.

   Empfehlung:

   Halten Sie diesen Klärungsprozess in Protokollen wenigstens in Stichworten fest. Sie verfügen damit bereits über Unterlagen für den späteren Evaluationsbericht.

   Sie können auf diese Weise zeigen, von wo man ausgegangen ist und was der Startpunkt der Überlegungen war (»Vorher-Nachher-Vergleich«). Meist hat man das nämlich schnell vergessen und merkt damit nicht mehr, welchen Erkenntnisgewinn man von diesem Nullpunkt aus bereits erarbeitet hat.

2. Im Prozess der Erarbeitung der Evaluationsfrage wird man in der Regel deutlich bescheidener in der Fragestellung. Global-vage Fragen werden konkretisiert und präzisiert und damit beantwortbar gemacht – um den Preis, dass sie enger geworden sind.

1.4 Zusammenfassung

Versuchen Sie, dieses erste Kapitel anhand folgender Fragen zusammenzufassen. Die Lösungen finden Sie auf den angegebenen Seiten dieses Buches:

Übungsaufgabe 9:

a. Definieren Sie »Evaluation« (S. 18):
   Evaluation meint

   1. ....

   und 2. ....

   zum 3. ....

b. Was ist bei »Forschung« und »Evaluation« ähnlich, was ist unterschiedlich? (S. 28f.)

   ähnlich: ....

   anders: ....

c. Worin ähneln sich »Evaluation« und »Seminarrückblick«, worin unter scheiden sie sich? (S. 30f.)

   ähnlich: ....

   anders: ....

d. Wozu dient Evaluation? (S. 35)

   1.: ....

   2.: ....

   3.: ....

e. Zählen Sie ein halbes Dutzend Indikatoren auf, die man als Kriterien zur Evaluation heranziehen kann! (S. 37)

   ....

   ....

   ....

   ....

   ....

   ....

f. Was meint »Indikatorenschaukel?« (S. 37)

....

....

Damit sind wir am Ende von Kapitel 1 angelangt. Gehen Sie jetzt noch einmal zu den »Zielen von Teil I« auf S. 17. Tragen Sie bei den ersten fünf Zielen (mit diesen befasste sich Kapitel 1) auf der zweiten Linie eine geschätzte Prozentzahl ein, wo Sie jetzt stehen.

Und als Schlussüberlegung: War das Erarbeiten der Zusammenfassungsaufgaben und die Schätzung Ihrer Punktzahl eine »Evaluation Ihres Lernerfolgs?«

2. Wie man es macht – probieren Sie selbst!

Machen lernt man durch Machen. Über eine Handlungskompetenz, wie zum Beispiel »eine Evaluation durchführen« kann man lange lesen, reflektieren, viel erklären und noch mehr kritisch hinterfragen: Aber ob Sie diese Kompetenz beherrschen, werden Sie erst dann wissen, wenn Sie es ausprobiert haben. Und auch was Evaluation bringt und was sie nicht bringt, lässt sich dann erheblich besser einschätzen, als wenn man nur darüber nachdenkt. Aus diesem Grunde gehen wir jetzt von der theoretischen Vorrede weg zum Ausprobieren, zum »Machen«.

Mit diesem Voranstellen der konkreten Handlung und des praktischen Erprobens vor die vertiefte theoretische Auseinandersetzung folgen wir alten und neuen pädagogischen Konzepten: Schon *Comenius* verweist in seiner Didactica Magna 1645 darauf, dass man Denkwege konkret gegangen sein muss, bevor man abstrakte und formale abkürzende Wege gehen kann: »Sooft als möglich ziehe man die sinnliche Wahrnehmung zu, damit alles sich leichter einprägt«. *Pestalozzi* formuliert, dass »Anschauung das Fundament jeder Erkenntnis« ist. Der Symbolische Interaktionismus (*George Herbert Mead*) verweist darauf, dass die Fähigkeit der Interaktion mittels Symbolen die konkrete Interaktionserfahrung voraussetzt. Und Piaget hat gezeigt, welche Bedeutung die konkrete Operation für den späteren Aufbau von formalen Operationen hat. Deshalb werden in diesem Kapitel vor weiteren theoretischen Überlegungen ausgewählte Beispiele für Evaluationshandeln vorgestellt. Die Beispiele wurden einerseits als Aufforderung zur Umsetzung in die Praxis ausgewählt, andererseits kann man besser über etwas nachdenken, was man vorher auch konkret erprobt hat.

Bei der konkreten Durchführung werden Sie bald merken, dass der Teufel im Detail steckt. Sie werden auch merken, dass Sie sich oft für das weniger Schlechte entscheiden müssen, weil Sie, wenn Sie alles optimal machen wollen, nie zum Handeln kommen. Nur der Theoretiker kann alles richtig und optimal, weil er es nicht machen, sondern nur mit schönen Worten beschreiben muss. Sie werden bei diesen Erprobungen auch merken, dass man sich bei beschränkten Mitteln und begrenzter Zeit auf einen Hauptzweck konzentrieren muss; darin liegen auch die Grenzen der Verwertbarkeit jeder Evaluation.

All dies kann man nur durch praktische Erfahrung erwerben. Es genügt also nicht, die folgenden Beispiele durchzulesen und durchzudenken; versuchen Sie, den einen oder anderen der folgenden Vorschläge in der

Praxis **auszuprobieren**. Auf diesem Weg nähern wir uns dem Ziel dieses Lehrbuchs: Dass Sie Evaluation »machen«. Und dass Sie beschreiben können, wo die Schwächen dieses Machens liegen, und inwieweit diese Schwächen die Aussagekraft der Ergebnisse einschränken.

Auf eine fast durchgehende Schwäche der folgenden Beispiele soll vorab hingewiesen werden: Zwar werden Daten einigermaßen methodisch gesammelt und dokumentiert, aber die Bewertung erfolgt oft leichtgewichtig-situativ-undokumentiert. Hier scheint der größte Lernbedarf zu liegen.

Die Beispiele 2.1 bis 2.3 beschreiben Evaluationsvorhaben auf mikrodidaktischer Ebene, also in Bezug auf die unmittelbare Kursdurchführung, die Beispiele 2.4 bis 2.6 auf makrodidaktischer Ebene, also der organisatorischen Planung und Kontrolle.

2.1 Drei Kurzformen zur Kursevaluation

2.1.1 Qualitative Bewertung von Kurselementen durch Kartenabfrage

Intention: Sie wollen am Kursende oder einem Zwischenabschnitt schnell Rückmeldung über die Beurteilung bestimmter Kurselemente (z. B. Dozent, Inhalt, Klima).

Adressaten der Evaluation: Teilnehmer, Kursleiter, Auftraggeber.

Zeitaufwand: 10 Minuten zur Durchführung, 20–30 Minuten zur Besprechung.

Voraussetzungen: keine. Geeignet bis ca. 12 Teilnehmer.

Material: Pinnwand, Kärtchen, dicke Filzschreiber.

Durchführung: Am Kursende (ca. 40 Minuten vor Schluss) teilen Sie rote und grüne Kärtchen aus und stellen eine Pinnwand zur Verfügung, auf der ein großer Kreis in drei Segmente aufgeteilt ist. Überschrift: »Wie fanden Sie ...«. In den drei Kreissegmenten steht »Dozent«, »Inhalt«, »Klima« (oder auch »Praxisbezug«, »Methode« – was Sie eben erfassen möchten). Bitten Sie die Teilnehmer, jeder möge einzeln auf grüne Kärtchen positive, auf rote Kärtchen kritische Aussagen zu jedem der drei Segmente schreiben (pro Karte nur eine inhaltliche Aussage, groß schreiben, dass von allen lesbar) und auf dem jeweiligen Segment anpinnen. Zeit zum Schreiben und Anpinnen 10 Minuten.

Lassen Sie die Teilnehmer dann interpretieren, was herausgekommen ist (z.B. rot/grün-Verteilung, wo häufen sich Aussagen ...). Gemeinsam überlegen, was dies für jeden (nicht nur den Kursleiter) bedeutet, für Kursfortsetzung (formativ) oder zukünftige Kurse. Nicht verteidigen, erläutern, abwehren, sondern als Feedback einfach stehen lassen. Und nicht nur das Negative anschauen, sondern sich auch über das Positive gemeinsam freuen!

Didaktische Reflexion: Hat auch die Funktion eines Abschlussrituals.

Dokumentation: Foto der Pinwand oder (insbesondere wenn zu klein geschrieben) Karten abschreiben.

Kommentar: Ein eher leichtgewichtiges Verfahren, aber schnell und ohne Vorbereitung anwendbar. Problem ist die Theorielosigkeit: Man weiß eigentlich nicht, warum man etwas wissen möchte und was man überhaupt herausbekommen will – es fehlt ein Soll-Wert, an dem man sich orientieren könnte. Lediglich bei der Auswahl der drei »Segmenttitel« müsste man sich überlegen, welche man auswählt, aber noch nicht einmal das ist notwendig. Deshalb bleiben solche Verfahren in der Regel blass: Wenn man sich vorher keine Gedanken darüber macht, was man wissen will, weiß man hinterher meist nicht, was man eigentlich weiß, und wozu das nützt. Dennoch: Erproben Sie diese Form; mit den dokumentierten Aussagen können Sie später mit einiger Plausibilität zeigen, dass bestimmte Ziele (nicht) erreicht wurden und dass bestimmte Kritik (nicht) geäußert wurde.

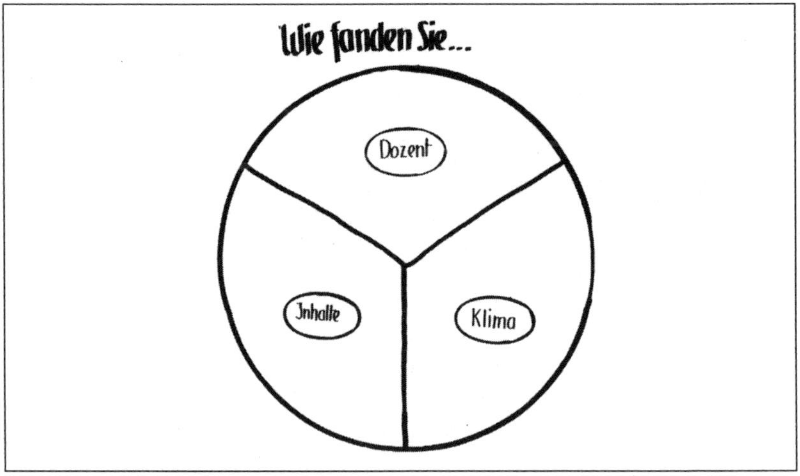

Abb.2: Kartenabfrage als qualitative Kursevaluation

Allerdings: Das Foto von der Pinwand ist lediglich eine Sammlung von Aussagen, eine Dokumentation von Daten, noch keine Kursevaluation. Für eine Evaluation müsste auch noch eine wertende Beurteilung darüber geschrieben werden, was dieses Foto bzw. diese Daten bedeuten: Mit welcher Plausibilität zeigen sie, dass bestimmte Ziele (nicht) erreicht wurden und dass bestimmte Kritik (nicht) geäußert wurde (richtig: das ist die gleiche Formulierung wie oben. Aber: jetzt handelt es sich nicht um eine spontan-flüchtige Meinungsäußerung, sondern um eine begründete und dokumentierte Bewertung, bei der auch argumentiert wurde, warum ein bestimmter Soll-Wert als Maßstab genommen wurde). »Hier sind die Daten, mach Dir selbst Deinen Reim!« ist keine Evaluation.

2.1.2 Quantitative summative »Thermometer«-Rückmeldung

Intention: Sie wollen am Ende eines Seminars eine schnelle und einfache Rückmeldung darüber, welche Ziele die Teilnehmer in welchem Ausmaß glauben erreicht zu haben.

Adressaten der Evaluation: Teilnehmer, Kursleiter, Institution.

Zeitaufwand: Durchführung am Kursende 5 Minuten, dazu kommt das Auswertungsgespräch.

Voraussetzung: Sie haben am Kursanfang die Ziele Ihres Kurses definiert.

Material: Die Ziele werden auf Karten geschrieben, unter jede Karte ein »Thermometer« (mit dickem Filzstift auf Papierstreifen gemalt, siehe Abbildung 3) geklebt. Für jeden Teilnehmer so viele Klebepunkte wie Zielkarten.

Durchführung: Die Ziele samt Thermometer werden an der Wand befestigt, jeder Teilnehmer erhält Klebepunkte entsprechend der Anzahl der Ziele. Anweisung: *»Wir sind am Ende dieses Kurses angelangt. Die Ziele, die in diesem Kurs erreicht werden sollten, sehen Sie an der Wand. Sie sollen mit einem Klebepunkt markieren, inwieweit Sie glauben, jedes dieser Teilziele erreicht zu haben: Wenn Sie glauben, es voll zu beherrschen, dann kleben Sie Ihren Punkt ganz oben, wenn Sie glauben, es halb zu beherrschen, in der Mitte usw.«*

Auswertung: Unmittelbar mit den Teilnehmern, die interpretieren, was ihnen die gepunkteten Thermometer sagen.

Dokumentation: Da die Thermometer zu sperrig sind, um sie direkt zu dokumentieren, ist es am einfachsten, sie zu fotografieren. Am besten verwendet man helle Karten / Streifen und dunkle Klebepunkte. Diese Fotos lassen sich – beispielsweise für ein Fotoprotokoll – am Kopierer für die Teilnehmer vervielfältigen. Oder verkleinern Sie die Karten / Streifen über den Kopierer. Man kann die Klebepunkte auch in Prozentzahlen umrechnen und damit Mittelwerte bilden; dabei geht aber die unmittelbare Anschaulichkeit vor allem der Streuung verloren.

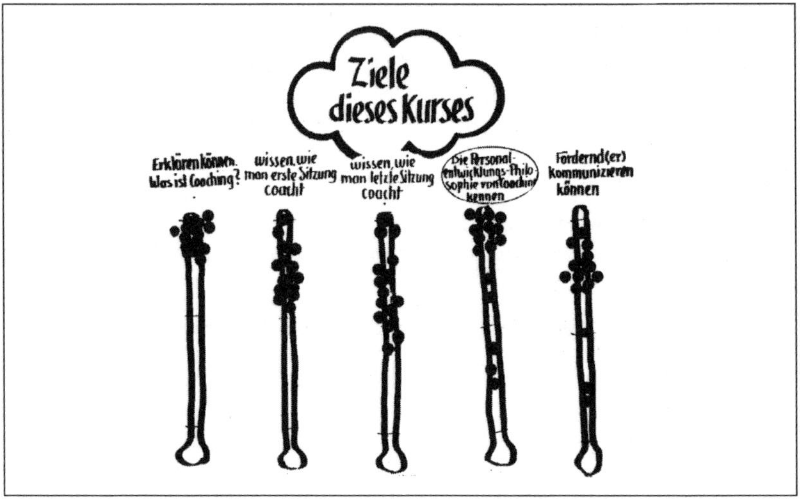

Abb.3: Thermometerauswertung

Kommentar: Hauptschwäche dieses Verfahrens ist, dass man nicht weiß, was die Teilnehmer tatsächlich können, sondern lediglich, was die Teilnehmer glauben, zu können. Geprüft wird bei diesem Verfahren also nicht Leistung, sondern Meinung. Auch der Soll-Wert (oberes Ende des Thermometers) bleibt ungewiss: Ist der Soll-Anspruch die Kompetenz, über die man nach höchster Perfektion verfügt, oder das, was man nach einer zeitlich begrenzten Schulung realistischerweise erwarten kann? Für die Teilnehmer und den Kursleiter wird diese Einschätzung um so treffender, je eindeutiger die Ziele formuliert sind (»Erklärt XY« ist eindeutiger einzuschätzen als »Beherrscht XY«).

Ein Vorteil dieses Verfahrens ist die wenig aufwändige und schnelle Durchführung sowie die sofortige Verfügbarkeit der Auswertung. Die Vorgabe mehrerer Teilziele erlaubt eine differenziertere Diskussion sowohl im Kurs als auch gegenüber der Institution; hier können sich in der Besprechung auch formative Aspekte ergeben (»Wer macht was, um noch Lücken zu füllen?«). Dient diese Auswertung der summativen Darstellung gegenüber der Institution, dann gelten die genannten Einwände ebenfalls. Allerdings: Bevor man diese Ergebnisse als wertlos abtut, weil sie nur Teilnehmermeinung und nicht nachweisbare Ergebnisse erfassen, muss man plausible Gründe anführen, warum man den Teilnehmern die Fähigkeit zu einer angemessenen Einschätzung abspricht. Sind die Zielformulierungen für den Teilnehmerkreis eindeutig beurteilbar, dann fängt dies eine Menge der Einwände gegen diese Verfahren ab.

Dieses Verfahren fordert die **didaktische Reflexion** über die Formulierung der Teilziele heraus: Unabhängig vom Ergebnis der Evaluation zwingt dieses Verfahren dazu, sich vorher zu überlegen, was die Teilziele im Einzelnen sind. Dies Wissen um die zu erreichenden Ziele fördert in der Regel eine zielorientierte Arbeit im Kurs. Und wenn diese ganzen Überlegungen dann auch noch schriftlich dokumentiert sind (wieder: die Thermometer und Klebepunkte sind lediglich Daten, nicht Evaluation), dann nähern wir uns auch mit diesem Verfahren einer »Evaluation«.

2.1.3 Leistungsprüfung mit »Tests«: Was wird gekonnt?

Intention: In einem Kurs sollte ein bestimmtes Wissen oder Können vermittelt werden; in der Evaluation soll nun festgestellt werden, ob die Teilnehmer dieses Wissen oder Können auch beherrschen.

Adressaten: Teilnehmer, Kursleiter, Institution, Öffentlichkeit.

Zeitaufwand: je nach Umfang und Komplexität der Aufgaben hoch.

Voraussetzungen: Sie können Aufgaben formulieren, welche die entscheidenden Fähigkeiten erkennen lassen (dies wird in Kapitel 10 ausführlich behandelt werden).

Material: je nach geprüfter Leistung Aufgabenblätter oder reales Material.

Durchführung: formativ nach Stoffabschnitt, summativ am Kursende.

Beispiel: Sie führen eine »Einführung in den Computer« durch. Sie listen vor Beginn für sich auf, was zu einem bestimmten Zeitpunkt beherrscht werden muss, z. B. eine Diskette formatieren, Subdirectories anlegen, Dateien kopieren ... Damit formulieren Sie ein Aufgabenblatt, das jeder Teilnehmer gegen Kursende in prüfungsähnlicher Form abarbeiten muss, z. B.:

Aufgabenblatt

Abschlusstest »Einführung in den Computer«

1. Sie legen eine fabrikneue Diskette ins Laufwerk; sie lässt sich nicht beschreiben, Fehler wird angezeigt. Was ist die naheliegendste Ursache?

   ....

2. Formatieren Sie die beiliegende Diskette!
3. Legen Sie darauf ein Unterverzeichnis »SPIELE« an!
4. Suchen Sie auf der Festplatte die Datei »SCHACH.EXE«! Wie lautet der komplette Pfadname?

   ....

5. Kopieren Sie die Datei »SCHACH.EXE« in das Unterverzeichnis »SPIELE«.

Übungsaufgabe 10

Erkennen Sie die zwei Konstruktionsfehler in diesem Aufgabenblatt (obwohl das erst Thema von Kapitel 10.3.1 sein wird)?

Jeder Teilnehmer markiert auf seinem Aufgabenblatt, ob er die Aufgabe ohne fremde Hilfe sicher gelöst hat; ist das der Fall, dann hakt er diese Aufgabe auch an der Wandtafel ab. Auf diese Weise wird sichtbar, was beherrscht wird, und was im Kurs Nacharbeit benötigt.

Didaktische Reflexion: Diese Evaluationsform hat in der Regel den höchsten didaktischen Wert, trägt also am meisten dazu bei, Lernerfolg zu steigern. Wenn Sie solche zu erreichenden beschreibbaren Fähigkeiten vor Kursbeginn bei Ihrer Vorbereitung ausformulieren, zielbewusst darauf hinarbeiten und auch den Teilnehmern zu Beginn diese »Prüfungs«-Kriterien mitteilen (sie also nicht etwa zum Kursende mit einer »Klassenarbeit« überfallen), dann führt dieses »zielorientierte Lernen« zumeist zu hohen Erfolgsquoten, insbesondere, wenn Sie abschnittsweise (also formativ) vorgehen. Die »Prüfung« ist dabei kein an das Lernen unnütz angehängtes Ritual, sondern ist ein Lern- und Übungsangebot für die Teilnehmer, sich noch einmal des Lernerfolges zu vergewissern und an die Anforderungen »nachher« zu denken.

Dokumentation: Auf einem Aufgabenblatt wird eingetragen, wie viel Teilnehmer pro Aufgabe erfolgreich waren. Natürlich werden auch die Aufgaben dokumentiert.

Probleme:

- Aufgabenformulierung ist arbeitsaufwändig.
- Nur bestimmte Inhalte lassen sich in solche Aufgabenformen bringen.
- Prüfungsängste der Teilnehmer (ernstnehmen!), beispielsweise wenn der Prüfungsstoff so umfangreich oder vielfältig ist, dass eine für die Teilnehmer vorhersehbare Prüfung nicht möglich ist.
- Muss für jeden Inhalt neu gemacht werden.

Kommentar: Überzeugend, um erreichte Fertigkeiten nach außen darzustellen, aber auch, weil mit den Aufgaben und einem evtl. Maßstab ein Soll-Wert definiert ist (»Diese Aufgaben müssen zu 80% gelöst werden«). Oft aber scheut man sich, solche »einfachen« Fertigkeiten als Soll-Wert zu formulieren und abzuprüfen. Auch bleibt der Einwand, von den vielfältig möglichen Aufgaben seien nur wenige ausgewählt, und man müsste eigentlich viel mehr verschiedene Inhalte prüfen. Lassen Sie sich dadurch nicht entmutigen! Fangen Sie mit einigen wenigen zu beherrschenden Fertigkeiten an: Die Erfahrung wächst mit der Übung.

2.2 Der »Kursbeurteilungsbogen KBB« – ein quantitatives Standardinstrument

2.2.1 Kurzübersicht

Intention: Sie wollen am Ende eines Seminars eine schnelle und einfache Rückmeldung darüber, wie die Teilnehmer den Kurs in verschiedenen Dimensionen einschätzen. Diese Einschätzung soll methodisch möglichst zuverlässig sein, evtl. auch vergleichbar mit anderen Kursen.

Adressaten der Evaluation: Teilnehmer, Kursleiter, Institution.

Zeitaufwand: Durchführung am Kursende ca. 15 Minuten, ca. 1 Minute pro Teilnehmer für die Auswertung.

Voraussetzung: Sie müssen einen MS-DOS-Computer haben und in der Lage sein, ein Programm zu starten. Dann können Sie dieses Instrument in fast jedem Kurs und ohne didaktische Vorbereitung einsetzen. Der Kursbeurteilungsbogen wurde für Kurse konstruiert, die mindestens einen Tag oder drei 90-Minuten-Sitzungen lang sind. Für Einzelveranstaltungen, Vorträge oder Informationsveranstaltungen ist er nicht geeignet.

Material: Fragebogen (die Kopiervorlage des Fragebogens KBB finden Sie in diesem Kapitel bzw. unter www.ziel-verlag.de/gdw), Computerauswertungsprogramm sowie MS-DOS-Computer; eine Demo-Version des Auswertungsprogramms, mit der sich maximal 9 Personen auswerten lassen, liegt zum Download für Sie unter www.ziel-verlag.de/gdw bereit.

Hinweis für Ungeduldige und Neugierige

Falls Sie gerade einen Kurs abschließen (oder ein Freund oder Kollege), dann nutzen Sie gleich die Gelegenheit zum Ausprobieren – hier über die Feinheiten und Hintergründe weiterlesen können Sie auch noch später: Kopieren Sie die entsprechende Anzahl Fragebogen, lassen Sie sie in einem Kurs einsetzen, laden Sie sich anschließend das Auswertungsprogramm unter www.ziel-verlag.de/gdw herunter und starten Sie das Programm DEMOKBB. Lassen Sie sich vom Programm führen, es ist weitgehend selbsterklärend. Wenn Sie mehr als 9 Personen auswerten wollen (das ist die Grenze der beigelegten Demo-Version), können Sie die Teilnehmer unterteilen (z. B. Männer / Frauen) und in zwei Arbeitsgängen auswerten.

Didaktische Reflexion: Mit seinen Dimensionen und Fragen weist der Kursbeurteilungsbogen – noch bevor er überhaupt eingesetzt ist – die Kursleiter auf Aspekte hin, an denen sie ihre praktische Arbeit, ihr Selbstverständnis und ihre eigenen Intentionen prüfen können. Zum Beispiel: In diesem Kursbeurteilungsbogen wird davon ausgegangen, dass der vermittelte Stoff nicht das Einzige ist, was zählt. Sondern es wird auch das Kursklima als eine Subdimension von Kursqualität verstanden. Dies fordert den Kursleiter heraus, sich zu überlegen, ob er dies auch so sehen mag oder nicht. Ebenso können einzelne Fragen aus dem Fragebogen den Kursleiter zur Reflexion anregen: Ist »In der Gruppe gibt es jetzt ein herzliches Gefühl der Zusammengehörigkeit« oder »Die Teilnehmer wurden ermutigt, eigene Fragen und Erfahrungen in den Kurs einzubringen«, etwas, was ich für diesen Kurs oder für zukünftige Kurse beabsichtige? Ist dies für mich als Kursleiter etwas, was angestrebt wurde, angestrebt werden soll?

Der Kursbeurteilungsbogen will in diesem Sinne gleichermaßen zur Reflexion (besser verstehen) als auch zu Handlungskonsequenzen (besser machen) anregen und Neugierde und Bereitschaft fördern, die eigene Arbeit zu überprüfen und daraus zu lernen. Der Kursbeurteilungsbogen will also nicht nur zu einer nachträglichen Kontrolle beitragen, sondern will auch anregen, den vorausgehenden Bildungsprozess zu verändern.

Der Kursbeurteilungsbogen KBB erfasst die Dimensionen:

- Stoffbeherrschung,
- Lernbereitschaft,
- Lernunterstützung und
- Klima.

Da die Fragen sich nicht auf bestimmte Kursinhalte beziehen, kann der Kursbeurteilungsbogen vielseitig eingesetzt werden; er erlaubt damit Vergleiche auch zwischen inhaltlich verschiedenen Kursen.

Der Kursbeurteilungsbogen besteht aus 39 Schätzfragen zum Ankreuzen. Die Durchführung dauert ca. 10–15 Minuten. Die Auswertung erfolgt über ein Computerprogramm. Die Messqualität wurde in ca. 40 Kursen geprüft und gesichert.

2.2.2 Wozu der Kursbeurteilungsbogen konstruiert wurde – Einsatzmöglichkeiten

Der Kursbeurteilungsbogen wurde mit der Absicht konstruiert, Kurse zu überprüfen (summativ) und zu verbessern (formativ).

1. Der Kursbeurteilungsbogen ist ein Angebot für Kursleiter, die sich selbst Rückmeldung über den eigenen Kurs verschaffen wollen. Kursleiter können den Kursbeurteilungsbogen zur Kontrolle und Selbstreflexion ihrer Arbeit einsetzen und als Anlass zum Gespräch mit den Teilnehmern über eine bestmögliche gemeinsame Kursgestaltung (Selbstevaluation) nehmen. Absicht des Kursbeurteilungsbogens in diesem Sinne ist: Nachdenken – Miteinander-Sprechen – Bessermachen.
2. Institutionen können dieses Instrument im Rahmen von Verbesserungsmaßnahmen ihres Kursangebotes einsetzen. Voraussetzung dieser Fremdevaluation durch Bereichsleiter, Bildungsreferenten oder pädagogische Mitarbeiter ist, dass bei dieser Anwendung auch das interpretierende Gespräch mit den Kursleitern stattfindet. Wird der Kursbeurteilungsbogen nicht vom Kursleiter selbst eingesetzt, sondern von Vorgesetzten, Bildungsreferenten oder Untersuchern, dann wäre es schlechter Stil, wenn der Kursleiter nicht über Art, Absicht und Ergebnis informiert würde. Und vor allem: Keine Befragung hinter dem Rücken des Kursleiters!
3. Schließlich kann der Kursbeurteilungsbogen als wissenschaftliches Instrument in Vergleichsgruppen/Kontrolldesigns in der Forschung eingesetzt werden.

2.2.3 Die Inhalte des Kursbeurteilungsbogens

Im Kursbeurteilungsbogen wurde ein »guter Kurs« mit vier Dimensionen umschrieben. Zwei Dimensionen beschreiben »Produkte« (**»Outcomes«**), also **Ergebnisse**, die sich durch den Kurs einstellen:

1. **Stoffbeherrschung**: Selbstverständliche Erwartung an einen guten Kurs ist, dass die Teilnehmer die im Kurs zu vermittelnden Inhalte am Ende beherrschen. Stoffbeherrschung wird aus drei unterschiedlichen Subdimensionen zusammengesetzt:
   - Aus der **subjektiven Einschätzung des Erfolgs**, d.h. ob der Teilnehmer nach seinem eigenen Maßstab mit dem Gelernten zufrieden ist (Frage 13, 21, 25).
   - Fünf weitere Aussagen fragen unterschiedlich scharf nach der Einschätzung des **objektiven Lernerfolgs,** d.h. Erfolg wird gemessen am äußeren Maßstab, also »was eigentlich hätte gelernt werden müssen« Frage 1, 9, 17, 29, 37).
   - Zwei Aussagen fragen, ob die Stoffbeherrschung auch bis zur **praktischen Anwendung** reicht (Frage 5, 33).
2. **Lernbereitschaft, Lernfähigkeit**: Ein guter Kurs muss die Bereitschaft und die Fähigkeit steigern, auch später wieder gern und erfolgreich an Weiterbildung teilzunehmen. Mit dieser Dimension wird danach gefragt, ob der Teilnehmer über den unmittelbaren Stoff des Kurses hinaus Wirkungen, »Outcomes«, aus dem Kurs mitnimmt, die sich positiv auf sein zukünftiges Lernen auswirken.
   - Dazu gehört zunächst ein **allgemeines positives Gefühl gegenüber Weiterbildung** (Frage 27, 11, 19, 35).
   - Gefragt wird auch nach **Konsequenzen** aus der Kurserfahrung (Frage 7, 31).
   - Schließlich enthält diese Dimension noch Fragen zur Förderung des **»Lernens des Lernen«** (»Methodenkompetenz« – Frage 23, 3, 15):

   Zwei weitere Dimensionen beschreiben Qualitäten der im Kurs ablaufenden Prozesse:
3. **Lernunterstützung**: In einem guten Kurs wird der Lernprozess von den Teilnehmern als leicht, schnell, angenehm und vom Kursleiter unterstützt wahrgenommen.
   - Zunächst wird gefragt, ob der Kurs **allgemein als lernunterstützend** erlebt wurde (Frage 14, 10).

- Sodann wird nach verschieden **methodischen Gestaltungselementen** und damit indirekt nach der methodisch-didaktischen Gestaltungskompetenz des Kursleiters gefragt (Frage 18, 38, 34, 2).
- Als lernunterstützend werden weiterhin Maßnahmen zur Teilnehmerorientierung und das Herstellen des **Bezugs zum Lerner** abgefragt (Fragen 6, 22, 26, 30).

4. **Klima**: In einem guten Kurs herrscht ein Klima gegenseitiger Achtung, partnerschaftlichen Helfens, entspannten Humors und persönlicher Echtheit.
    - Ein Teil der Klima-Aussagen fragt allgemein nach der **emotionalen Getöntheit** des Lernprozesses (Frage 16, 24, 32, 36).
    - Ein zweiter Teil fragt nach Art und **Qualität der sozialen Interaktion** im Kurs. Dieser Perspektive wird besondere Bedeutung für das Kursklima zugemessen (Frage 4, 8, 12, 20, 28, 39).

2.2.4 Grenzen

Der Kursbeurteilungsbogen ist eine Schätzskala: Teilnehmer geben ihren subjektiven Eindruck vom Kurs wieder; erhoben wird Meinung, nicht Leistung. Diese subjektive Einschätzung wird durch vielerlei Faktoren beeinflusst. Der Kursbeurteilungsbogen misst deshalb nicht auf einer absoluten Skala; eine Durchschnittsbeurteilung von 3,0 bedeutet nicht unbedingt, dass dieser Kurs schlechter war als ein Kurs mit der Durchschnittsbeurteilung 2,5 – vielleicht hatten die Teilnehmer nur strengere Erwartungen. Der Gesamtdurchschnitt, das Ergebnis in den vier Dimensionen oder bei jeder einzelnen Aufgabe bedarf grundsätzlich der Interpretation.

Der Kursbeurteilungsbogen kann auch missverstanden werden als Instrument, Kursleiter zu be- oder zu verurteilen. Ob ein Kurs gelingt, hängt sicherlich auch vom Kursleiter ab. Deshalb gibt es im Kursbeurteilungsbogen Aussagen, die stärker dem Handeln des Kursleiters zugeordnet werden können (insbesondere in der Dimension »Lern-Unterstützung«). Aber andere Variablen, die der Kursleiter nur bedingt oder gar nicht beeinflussen kann, spielen für das Gelingen eines Kurses genauso eine Rolle: der äußere Rahmen (wie Ort, Zeit Raum), der Stoff (Schwierigkeit, Umfang) und insbesondere die Teilnehmer, die mit ihrem Vorwissen und Mitmachen, ihrem Lerninteresse und ihren Launen mitentscheiden, ob ein Kurs ein Erfolg wird. All dies geht in die Schätzung im Fragebogen ein. Deshalb heißt er auch »Kursbeurteilungsbogen« und nicht »Kursleiterbeurteilungsbogen«.

2.2.5 Kopiervorlage Kursbeurteilungsbogen

▶ www.ziel-verlag.de/gdw

In diesem Bogen bitten wir Sie um Ihre persönlichen Erfahrungen und Eindrücke aus dem gerade abgeschlossenen Kurs.

Geben Sie hier eine 5-stellige Kennung (Buchstaben und/oder Zahlen) ein, wenn Sie Ihren Fragebogen nach der Auswertung wieder identifizieren wollen: ☐☐☐☐☐

Bitte beurteilen Sie alle Aussagen. Wenn Sie sich einmal schwer entscheiden können, dann markieren Sie bitte, was am ehesten zutrifft. Es gibt immer 5 Abstufungen:

		trifft ganz und gar zu	trifft überwiegend zu	teils/teils	trifft überwiegend nicht zu	trifft gar nicht zu	
Beispiel: Ich hatte Vorkenntnisse im Stoff.	ja	☐	☐	☐	☐	☐	nein
1 Für mich hat sich dieser Kurs gelohnt.	ja	☐	☐	☐	☐	☐	nein
2 Das Lernen wäre mir leichter gefallen, wenn manches anschaulicher gewesen wäre.	ja	☐	☐	☐	☐	☐	nein
3 Der Kurs hat mich in die Lage versetzt, mir den Stoff selbständig weiter zu erarbeiten.	ja	☐	☐	☐	☐	☐	nein
4 Im Kurs war ein gemeinsames Bemühen spürbar, sich gegenseitig zu helfen.	ja	☐	☐	☐	☐	☐	nein
5 Es fällt mir noch schwer, das Gelernte praktisch anzuwenden.	ja	☐	☐	☐	☐	☐	nein
6 Alle TeilnehmerInnen wurden zur aktiven Mitarbeit motiviert.	ja	☐	☐	☐	☐	☐	nein
7 Durch den Kurs angeregt habe ich mich noch zusätzlich mit dem Thema beschäftigt.	ja	☐	☐	☐	☐	☐	nein
8 Ich kann jetzt erheblich mehr TeilnehmerInnen mit ihrem Namen ansprechen als am Anfang.	ja	☐	☐	☐	☐	☐	nein
9 Durch den Kurs habe ich ein umfangreiches und sicheres Wissen erworben.	ja	☐	☐	☐	☐	☐	nein
10 Um mitzukommen, musste man sich immer sehr konzentrieren.	ja	☐	☐	☐	☐	☐	nein
11 Es würde mir Spaß machen, mit diesem Kurs intensiv weiterzumachen.	ja	☐	☐	☐	☐	☐	nein
12 Wir TeilnehmerInnen konnten an der Gestaltung des Kurses mitwirken.	ja	☐	☐	☐	☐	☐	nein

13	Ich beherrsche jetzt die Inhalte dieses Kurses.	ja ☐-☐-☐-☐-☐ nein
14	Der Kurs war so angelegt, dass erfolgreiches Lernen leicht fiel.	ja ☐-☐-☐-☐-☐ nein
15	Im Kurs habe ich Seminarmaterial, Bücher oder andere Hilfsmittel kennen gelernt, mit denen ich mir bei Bedarf selbst weiterhelfen kann.	ja ☐-☐-☐-☐-☐ nein
16	In der Gruppe gibt es jetzt ein herzliches Gefühl der Zusammengehörigkeit.	ja ☐-☐-☐-☐-☐ nein
17	Beim durchgenommenen Stoff habe ich noch Lücken.	ja ☐-☐-☐-☐-☐ nein
18	Der Kursverlauf war interessant und lebendig gestaltet.	ja ☐-☐-☐-☐-☐ nein
19	Dieser Kurs hat mein Selbstvertrauen gestärkt, dass ich erfolgreich lernen kann.	ja ☐-☐-☐-☐-☐ nein
20	In den Sitzungen wurde immer wieder miteinander über den Kurs (z. B. Ablauf, Inhalte, Bewertung) gesprochen.	ja ☐-☐-☐-☐-☐ nein
21	Ich bekam genügend Kenntnisse vermittelt.	ja ☐-☐-☐-☐-☐ nein
22	Die TeilnehmerInnen wurden ermutigt, eigene Fragen und Erfahrungen in den Kurs einzubringen.	ja ☐-☐-☐-☐-☐ nein
23	Ich habe in diesem Kurs Ratschläge erhalten, die mein Lernen in Zukunft leichter machen.	ja ☐-☐-☐-☐-☐ nein
24	Das Klima im Kurs war eher unangenehm.	ja ☐-☐-☐-☐-☐ nein
25	Ich fühle mich jetzt im behandelten Stoff sicher.	ja ☐-☐-☐-☐-☐ nein
26	Der Kursleiter/die Kurskeiterin konnte zuhören und auf Teilnehmer-Argumente eingehen.	ja ☐-☐-☐-☐-☐ nein
27	Dieser Kurs machte Lust, bald wieder an Weiterbildung teilzunehmen.	ja ☐-☐-☐-☐-☐ nein
28	Ich habe die anderen TeilnehmerInnen auch als Mensch kennengelernt.	ja ☐-☐-☐-☐-☐ nein
29	Wenn am Kursende eine Prüfung wäre, würde ich sicher eine gute Note bekommen.	ja ☐-☐-☐-☐-☐ nein

30	Der Nutzen des Stoffs wurde immer wieder an Problemstellungen der TeilnehmerInnen deutlich gemacht.	ja ☐–☐–☐–☐–☐ nein
31	Ich werde anderen unbedingt empfehlen, an diesem Kurs teilzunehmen, wenn er wiederholt wird.	ja ☐–☐–☐–☐–☐ nein
32	Es gab genügend Anlässe, miteinander herzlich zu lachen.	ja ☐–☐–☐–☐–☐ nein
33	Dieser Kurs hat mir für meine Praxis viel gebracht.	ja ☐–☐–☐–☐–☐ nein
34	Manche Inhalte hätten besser erklärt werden müssen.	ja ☐–☐–☐–☐–☐ nein
35	Ich bin voll zufrieden mit dem, was ich aus dem Kurs mitnehme.	ja ☐–☐–☐–☐–☐ nein
36	Es fiel schwer, sich im Kurs zu Wort zu melden.	ja ☐–☐–☐–☐–☐ nein
37	Ich könnte die Kursinhalte jetzt auch jemand anderem beibringen.	ja ☐–☐–☐–☐–☐ nein
38	Jede Sitzung war klar und übersichtlich gegliedert.	ja ☐–☐–☐–☐–☐ nein
39	Der Umgang miteinander war immer partnerschaftlich.	ja ☐–☐–☐–☐–☐ nein

Vielen Dank für das Ausfüllen des Fragebogens! Vieles lässt sich in einem Fragebogen dieser Form nicht mitteilen. Deshalb wäre es hilfreich, wenn Sie uns weitere Kommentare und Hinweise zum Kurs geben können:

....

....

....

....

....

....

....

....

2.2.6 Zur Anwendung

Als **Anwendungszeitpunkt** empfiehlt sich das Ende eines Kurses oder eines Zwischenabschnitts. Da auch die Teilnehmer neugierig auf die Ergebnisse sind und sich im Anschluss an die Auswertung zumeist fruchtbare Gespräche mit den Teilnehmern ergeben, empfiehlt sich ein so früher Zeitpunkt (zum Beispiel vor der letzten Kaffeepause), dass die Auswertung noch vor Ende des Kurses durchgeführt, kopiert und mit allen besprochen werden kann. Wenn Sie mit den Programmen vertraut sind, brauchen Sie für die Eingabe / Auswertung pro Teilnehmer ca. eine Minute; bei 15 Teilnehmern können die Ergebnisse also nach ca. 20 Minuten vorliegen.

Kopieren Sie genügend Fragebogen für die Teilnehmer (auf Vorder- und Rückseite eines Blattes; damit vermeiden Sie Hälften, die nicht einander zugeordnet werden können). Die Zeit für das Ausfüllen beträgt 10–15 Minuten.

2.2.7 Zur Auswertung

Für die Eingabe und Auswertung des Kursbeurteilungsbogens laden Sie bitte das Programm demokbb.exe von der Intetnetseite www.ziel-verlag.de/gdw herunter. Es kann sowohl unter DOS als auch unter Windows gestartet werden. Das Programm erklärt sich weitgehend selbst und wird schnell beherrscht. Außerdem steht eine Beispielsdatei mit dem Namen beispiel.kbb zum Download bereit. Zur Übung und Demonstration kann diese Datei geladen (wenn gefragt wird: »Alte Datei laden?«) und damit das Programm erprobt werden.

Jede der 39 Fragen wird mit den Zahlen 1 bis 5 kodiert: 1, wenn im Fragebogen das linke Kästchen angekreuzt ist …

1	2	3	4	5

Ausgelassene Fragen werden mit einem Minuszeichen markiert, Tippfehler mit der »Pfeil-Links-Taste« oder der »Pfeil-Rechts-Taste« angefahren und überschrieben.

2.2.8 Der Computerausdruck

Das Programm listet nach »Auswertung« zunächst die Datei auf. Danach werden die Werte jedes Teilnehmers und der Gesamtgruppe in den Subdimensionen angegeben.

Dann werden die einzelnen Aufgaben aufgeführt. Im Einzelnen wird ausgegeben:

Häufigkeit: Für jedes Antwortkästchen wird angegeben, wie oft es angekreuzt wurde.

Mittelwert: Hier wird der Mittelwert (arithmetischer Mittelwert »M«) der Antworten errechnet.

Achtung: Einige Aufgaben sind negativ gestellt (durch * gekennzeichnet), eine gute Beurteilung ist hier rechts. Während Sie sonst eine Zensurenskala heranziehen können (1 = sehr gut, 5 = mangelhaft), ist bei diesen Aufgaben »5« die beste Beurteilung.

Streuung: Die Streuung (»s«) ist ein Wert dafür, wie stark die Werte auseinanderliegen. Haben alle Befragten einheitlich geantwortet (was Sie auch bei »Häufigkeit« ablesen können), dann ist die Streuung klein; wenn sie über 1,0 liegt, dann sind sich Ihre Teilnehmer bei dieser Frage recht uneinig.

2.2.9 Zur Interpretation

Auch bei diesem Instrument und den damit erzielten Werten stellt sich wieder die Frage nach dem Soll-Wert – die KBB-Ergebnisse sind nur verlässlich erhobene Daten. Der KBB selbst gibt keine Soll-Werte vor. Auf welcher Grundlage kann man ein bestimmtes Ergebnis als »gut« oder »schlecht« bezeichnen?

Eine erste Möglichkeit besteht darin, einfach die Bewertungen der Befragten zu übernehmen: wenn diese einen Mittelwert von 2,1 erteilen, dann spricht dies für eine hohe Zufriedenheit der Teilnehmer. Bei diesem Verfahren wird also den Teilnehmern selbst zugestanden, dass sie ein angemessenes »gut/schlecht«-Urteil fällen können. Allerdings sollte eine solche Entscheidung nicht implizit-unausgesprochen erfolgen, sondern man sollte explizit begründen, warum und in welcher Hinsicht dieser »Zufriedenheitsindex« zur Bewertung angemessen ist.

Eine zweite Möglichkeit besteht darin, dass der Kursleiter die Bewertung der Daten vornimmt. Es gibt Themen, Gruppen oder Randbedingungen, da ist man schon froh (und erfolgreich!), wenn man einen Durchschnitt von 3,0 erreicht. Keines meiner Statistik- oder Evaluationsseminare hat jemals die Durchschnittwerte meiner Seminare »Lebendig Präsentieren« oder »Aktivierende Unterrichtsmethoden« erreicht, dasselbe Seminar wird mit 14 Teilnehmern immer 0,5 Punkte besser bewertet als mit 25 Teilnehmern.

Und bei manchem Seminar, das in einer oder mehreren Dimensionen mit 1,9 bewertet wird, weiß ich, dass diese Bewertung mehr gegen die sonstige Seminarerfahrung der Teilnehmer spricht als dass es selbst so glorios gewesen sei. Solche Vergleiche und Abwägungen mit anderen Zielgruppen, Inhalten, Rahmenbedingungen kann der Teilnehmer nicht vornehmen; hierzu bedarf es der Expertise des Kursleiters oder der Fachbereichsleitung. Für eine angemessene Bewertung müssen solche Argumente ebenfalls dokumentiert und diskutiert werden. Bei einer Selbstevaluation sieht man leider eine solche Berichts- oder Dokumentationspflicht oft nicht so eng.

Um die Teilnehmer- und die Lehrenden-Perspektive zusammenzubringen, werden im Evaluationssystem der University of Phoenix grundsätzlich sowohl den Studierenden als auch dem Seminarleiter eigene Bewertungsfragebogen ausgeteilt. Zur Bewertung und für Konsequenzen werden beide herangezogen. Vielleicht müsste man zum KBB auch einen zusätzlichen Kursleiterfragebogen konstruieren!?

Ein Vorteil des KBB liegt in der differenzierten Aussage von vier Dimensionen. Jedoch wird die Zusammenfassung in einem gemeinsamen Mittelwert wieder problematisch: Ein Seminar mit bester Stimmung aber miesem Ergebnis erhält möglicherweise den gleichen Mittelwert wie ein Seminar mit gutem Leistungsergebnis aber anstrengend-konzentriertem Verlauf. Wäre es Ihnen bei einer Blinddarmoperation gleichgültig, welches 2,3-Seminar Ihr Operateur besucht hätte?

Zumeist tendiert man dazu, ein solches Rückmeldeinstrument nur danach auszuwerten, wo negative Aussagen auf Schwächen schließen lassen. Dies führt zum unerfreulichen Eindruck, dass man beim Lernen immer nach Kritik suchen muss und dass vor allem das nicht Erreichte von Interesse ist. Deshalb: Freuen Sie sich miteinander auch an dem, was zur gemeinsamen Zufriedenheit erreicht wurde. Denn auch von dem, was erfolgreich war, kann man lernen, wie man es das nächste Mal (wieder) gut macht!

Dokumentation: Ein solches quantitatives Standardinstrument eignet sich ganz besonders für die einfache Dokumentation: Es genügt, die drei Seiten der Auswertung aufzuheben.

Aber: In dieser einfachen und handlichen, zahlenmäßigen Ergebniszusammenfassung liegt auch eine Gefahr: Zahlen, die am Ende eines Tests oder Fragebogens herauskommen, haben eine gefährliche Magie: Sie suggerieren, ein komplexes Problem ließe sich einfach auf eine Zahlenskala reduzieren. Dabei ist das Entscheidende, wie die Zahlen interpretiert und wozu sie verwendet werden. Und diese Interpretation muss die Rahmenbedingungen mitbedenken, unter denen die Zahlen zu Stande kamen.

2.3 Breitenevaluation – ein qualitatives Erhebungsinstrument

2.3.1 Kurzübersicht

Intention: Sie wollen erfassen, was Teilnehmer als Kursergebnisse sehen – und zwar auch über das hinaus, was Sie als Kursleiter intendiert haben, und über die von Ihnen vorhersehbaren Effekte hinaus.

Adressaten der Evaluation: Kursleiter, Organisator, Öffentlichkeit.

Zeitaufwand: ca. 20 Minuten am Kursende zur Durchführung; allerdings erfordert die Auswertung mehr Zeitaufwand, insbesondere wenn die Befragten-Zahl größer ist.

Voraussetzungen: keine.

Material: pro Teilnehmer ein Antwort-Bogen (siehe Kopiervorlage) oder Moderationskärtchen plus Pinwände.

Durchführung: am Kursende.

Allgemeine Vorüberlegungen: Bildungsmaßnahmen haben vielfältige Wirkungen. Solche Breitenwirkungen werden in traditionellen Wirkungsuntersuchungen zumeist kaum berücksichtigt: Einzelne vorher festgelegte Kriterien werden abgefragt. Das, was man als Fragebogen-Konstrukteur nicht vorbedacht und als Frage formuliert hat, wird auch nicht erfasst. Damit aber bleiben wichtige Wirkungen unsichtbar. Denn was sonst noch im Guten wie im Bösen gelernt wird, bleibt unberücksichtigt.

Definition

Mit **»Breitenevaluation«** bezeichnen wir ein Verfahren, bei dem gefragt wird:

a) nach intendierten Wirkungen (Wissen, Können, Einstellungen) der Weiterbildungsmaßnahme,

b) nach sonstigen, begleitenden, nicht vom Programm versprochenen Kenntnissen / Fertigkeiten, sowie

c) nach Einsichten über sich, den Lernstoff und andere.

Dieses Verfahren (*Long* 1990) entstand auf dem Hintergrund der Beobachtung, dass Teilnehmer in Auswertungsgesprächen immer wieder Effekte berichten, die über die unmittelbare Absicht der Lehrveranstaltung (= intendierte Wirkungen) hinausgehen, dennoch ursächlich durch diese gewonnen wurden. Berichtet wird der Erwerb von Wissen und Fertigkeiten, die nicht vom Programm versprochen waren und nur mittelbar mit den beabsichtigten Kurswirkungen zusammenhängen, z. B.: »Zuerst hat mich geärgert, dass das Computerhandbuch in englisch war, aber so habe ich meine Sprachkenntnisse aktualisiert!« – »Ich kenne durch den Buchhaltungskurs jetzt auch die Kollegen unserer Außenstellen.« – »Ich kann jetzt eine Literaturliste anfertigen.« – »Das Gelernte kann ich auch in anderen Bereichen einsetzen.« Berichtet werden aber auch neue Einsichten und Einstellungsänderungen über sich, den Lernstoff und andere, die über Kenntnisse und Fertigkeiten hinausgehen, z. B.: »Ich hätte nicht gedacht, dass mir Lernen so viel Spaß machen könnte.« – »Es hat mich getröstet, dass andere ähnliche Probleme haben.«

Technisch kann dieses Verfahren sowohl durch Fragebogen realisiert werden (siehe Fragebogen-Vorlage in diesem Kapitel) als auch durch Sammeln auf Moderationskärtchen (mit Fotoprotokoll), zumeist verbunden mit einem Auswertungsgespräch. Ein solches Auswertungsgespräch hat den Vorteil, dass die Befragten dabei auf die drei Ergebnisebenen hingeführt werden können. Erfahrungsgemäß braucht es einige Hilfen, bis Teilnehmer verstehen, was gemeint ist; dann aber werden Ergebnisse erkannt und formuliert, die erstaunliche Nebenwirkungen zeigen. Von einer nur mündlichen Besprechung sei abgeraten: Es fehlt die Dokumentation, mit der eine solche Ergebnissicherung dann auch nach außen nachgewiesen wird.

Diese Breitenanalyse macht die subjektive Komplexität von Lernwirkungen sichtbar. Der Lernende selbst beschreibt und bewertet gemäß seiner individuellen Situation die von ihm wahrgenommenen Wirkungen – mit dem Nachteil, dass dies je nach Reflexionsfähigkeit mehr oder weniger fundiert ist. Vorteil ist, dass damit der aus Teilnehmersicht gesehene subjektive Erfolg sowie Wirkungsketten und Wirkungsbreiten dokumentierbar werden, die anders kaum erfasst werden und die in einer vorausgehenden operationalen Zieldefinition nicht in den Blick kamen; oft zur Überraschung des Untersuchers selbst.

Didaktische Reflexion: Dieses Verfahren schärft den Blick für intendierte Ergebnisse und für verdeckt oder nebenher laufende Geschehnisse. Es macht bewusst, wie unterschiedlich Menschen Weiterbildungsangebote nutzen und welche persönlichkeitsbeeinflussenden Wirkungen Bildungsangebote haben.

2.3.2 Kopiervorlage Breitenevaluation

Breiten-Evaluation zum Kurs ....

Wir sind am Ende unseres Kurses angelangt. Dies ist ein guter Zeitpunkt, zurückzublicken und zu überlegen, was Sie durch diesen Kurs gelernt haben. Bitte versuchen Sie, das, was sich zwischen Anfang und Ende unseres Kurses bei Ihnen verändert hat, mit folgenden drei Fragen zu beschreiben:

1. Welches Wissen und Können hinsichtlich der Kursziele haben Sie erworben?

   ....

   ....

   ....

   ....

   ....

   ....

2. Welches Wissen und Können haben Sie zusätzlich zu den versprochenen Kurszielen erworben?

   ....

   ....

   ....

   ....

   ....

   ....

3. Haben Sie im Kurs Einsichten oder Einstellungen über Sie selbst, andere Teilnehmer, den Stoff, gewonnen?

   ....

   ....

   ....

   ....

   ....

   ....

   ....

   ....

Dokumentation: Bei Moderationskärtchen geschieht dies durch Fotoprotokoll. Bei Fragebogen genügt es bei kleinen Gruppen (10–15 Personen) und kurzen Texten (pro Person max. eine Seite), diese Fragebogen zu kopieren und den Betroffenen zur Verfügung zu stellen. Übersichtlicher und lesbarer wird das natürlich, wenn die Aussagen schriftlich zusammengestellt werden (in der Regel durch Abschreiben der Aussagen, dabei zuerst alle Aussagen zu »intendierten«, dann zu »begleitenden« Wirkungen, dann zu »Einsichten«). Diese Rohdaten werden dann durch einen analysierenden Bericht erschlossen.

Probleme: 1. Manchmal fällt es schwer, den Teilnehmern den Unterschied klar zu machen zwischen versprochenen Kursergebnissen, zusätzlich erworbenem Wissen oder Können und allgemeinen Einsichten. 2. Die zusammenfassende Auswertung im analysierenden Bericht kann dem unerfahrenen Auswerter Probleme machen. Ein Verfahren hierzu werden Sie in Kapitel 11 kennen lernen. Aber warten Sie nicht so lange: Das Verfahren ist bei kleinen Gruppen (10–15 Personen, Text je ca. 1 Seite) durch komplettes Kopieren aller Stellungnahmen und Verteilen an die Betroffenen noch hinreichend übersichtlich.

Kommentar: Das Interessante an diesem Verfahren ist, dass bei den begleitenden Wirkungen und den erfragten Einsichten kein Soll-Wert vorab definiert wird. Hier wird also nicht ein Vergleich mit einem Soll-Wert durchgeführt, sondern die unterschiedlichen beschriebenen Wirkungen dokumentiert und interpretiert. Gerade das Überraschende, nicht Erwartete ist dabei von Interesse. Ist das schon Evaluation? Oder doch nur eine Vorstufe, auf der man dann entweder a) ein den genannten Problemen entsprechendes Instrument konstruiert oder b) einen wertenden Bericht schreibt mit dem Thema: Was uns die Aussagen der Teilnehmer zur Beurteilung des Kurses sagen?

2.4 Ablaufevaluation

Intention: Der Verlauf eines Projekts soll nach innen (für die Beteiligten) und/oder nach außen (Institution, Öffentlichkeit) in seiner Entwicklung und seinen erhofften Ergebnissen vorgestellt und beurteilt werden. Es geht also (noch) nicht um die Ergebnisse (»Outcomes«), die ein Projekt zeigen soll, sondern um die Beurteilung der abgelaufenen Maßnahme auf makrodidaktischer Ebene.

Adressaten der Evaluation: Zumeist dient dieser Evaluationstyp dazu, der durchführenden Institution und/oder Öffentlichkeit zu zeigen, was (nicht) geleistet wurde. Auch wird er eingesetzt, um ein Projekt für die Projektleitung und die Mitarbeiter selbstkritisch zu überprüfen. Damit wird für die Projektmitarbeiter in Erinnerung gerufen, was geschafft wurde und was nicht.

Zeitaufwand: Zunächst gering, indem die Aktivitäten begleitend dokumentiert werden. Die Abfassung des Schlussberichts ist zeitaufwändiger. Wichtig ist, von Anfang an zu sammeln, was geschieht – später lassen sich die Informationen nicht mehr oder nur sehr zeitaufwändig zurückholen.

Durchführung: Schritt 1: »expected outcomes«

Ab Projektanfang werden alle beabsichtigten Ergebnisse (»expected outcomes« =»objectives« – Soll-Werte) des Projektes möglichst konkret aufgeschrieben: Was soll erreicht werden? Damit sind nicht nur die »großen« Intentionen gemeint (»möchten Erfahrung in der Altenarbeit sammeln«, »wollen den Tagesablauf im Altenheim mit Hilfe von Bildungsangeboten und kulturellen Veranstaltungen mitgestalten«), sondern es sollen auch ganz konkrete Schritte festgehalten werden (»Zusammenarbeit mit anderen Bildungsträgern, pro Woche ein Programmangebot, persönliche Kontakte mit den SeniorInnen z.B. auf Spaziergängen«). Beabsichtigte »Outcomes« – auch Dinge, die zunächst vielleicht zu simpel erscheinen (»Zu Punkt 1.3. und 1.9. liegen Teilberichte vor«, »Aktuelle Anschläge am Schwarzen Brett des Bürgerstiftes«, »Räume für Treffen inkl. Kaffee sichern«) – sollten zunächst großzügig gesammelt werden. Solche Listen beabsichtigter Ergebnisse lassen sich in Projektsitzungen auch gut als Brainstorming sammeln. Je genauer Aufschriebe (mit Datumsangabe) darüber gesammelt werden, was erreicht werden soll, desto leichter kann man später beurteilen, bis zu welchem Grad die einzelnen Intentionen erreicht wurden und wo im Verlaufe des Projektes die Ziele vor- oder zurückgesteckt wurden. Diese Liste mit Teilergebnissen lässt sich zunehmend nach Prioritäten ordnen (unbedingt zu erreichende Hauptwirkungen – gerne mitgenommene Nebenergebnisse) sowie hierarchisch gliedern (Übergeordnet-Allgemeines lässt sich untergliedern in mehrere speziellere Teilziele).

Diese Liste mit beabsichtigten Ergebnissen braucht nicht gleich am Anfang komplett zu sein; sie wächst, präzisiert und konkretisiert sich im Laufe des Projektes (deshalb beginnt der vorige Absatz nicht mit dem Wort »Am« sondern mit »Ab«). Wichtig ist nur, dass man gleich in solchen Outcomes-Kategorien denkt und diese auch schriftlich dokumentiert.

Denn: Die Durchführung dieser Art von Entwicklungsevaluation hängt davon ab, dass man solche Soll-Werte von Anfang an kontinuierlich explizit formuliert und festhält. Selbstverständlich weiß man zu diesem Zeitpunkt viele Details noch nicht, möglicherweise will man manches absichtlich noch für nicht vorhersehbare Entwicklungen offen halten. Doch dieses allmähliche Klären und Entwickeln gerät als Projektergebnis außer Blick, wenn der Ausgangspunkt nicht schriftlich fixiert wurde – wenn man nicht festhält, wie »naiv« man in das Projekt gegangen ist. Dieses zunehmende Präzisieren und Ergänzen der Soll-Wert-Liste wird kontinuierlich fortgesetzt.

Durchführung: Schritt 2: »databased description«

Gleichzeitig werden ab Projektbeginn Daten gesammelt, die zeigen, in welcher Weise die formulierten (Teil-) Ergebnisse (nicht) erreicht wurden. Sitzungsprotokolle, Anwesenheitslisten, Kontakte mit Außenpartnern, produzierte Materialien sind gute Rohdaten, aus denen ein Teil des Entwicklungsverlaufs dokumentiert werden kann. »Mit der Heimleitung fand eine gute Zusammenarbeit statt« ist eine Aussage, die sich im späteren Bericht zwar gut liest, für den gutmeinenden wie den kritischen Leser viele Vermutungen offen lässt; überzeugender ist, wenn man sagen kann: »In den ersten acht Wochen fanden insgesamt sieben Sitzungen statt, bei denen jeweils die Vertreter der Heimleitung, der Bewohner und der Projektgruppe anwesend waren. Dabei einigte man sich auf folgende Vorgehensweise: X, Y, Z (siehe Sitzungsprotokolle). Aus Sicht der Projektmitarbeiter kann damit folgendes als erreicht gelten: ... Noch problematisch zu sehen ist ... Ähnliche Bedenken äußerte die Heimleitung (›...‹), während die Vertreter der Bewohner ...«. Eine solche »databased description« wirkt begründeter und damit nachvollziehbarer und glaubhafter.

Oft müssen solche Daten aber auch gesondert und intentional erhoben werden. Auch wenn man bei manchem noch nicht so recht weiß, ob es für den Evaluationsplan bedeutsam ist, sollte man vorsichtshalber Dinge so festhalten, dass man sie später wieder greifen kann. Deshalb sollte man in einem **Projekttagebuch** festhalten: Wer macht wann wie lange einen Spaziergang mit welchen Senioren wohin? Denn die Aussage im Projektbericht »Ganz besonders schätzen die Senioren die von uns organisierten Spaziergänge« lässt viele Vermutungen offen, überzeugender ist:

> *»In den Monaten Mai/Juni wurden insgesamt acht Spaziergänge angeboten mit insgesamt 81 Teilnehmern (Minimum 5, Maximum 18). Die Dauer war zwischen einer und drei Stunden (letztere mit*

ca. einer Stunde Kaffeeaufenthalt). Besonders beliebt war ..., weniger bewährt hat sich ...« (erkennen Sie auch hier die »databased description«?).

Manchmal merkt man erst nachträglich, dass bestimmte Maßnahmen auf zunehmende Resonanz stoßen, andere sich nicht bewähren: Dann ist es hilfreich, Daten »im Überschuss« festgehalten zu haben, mit denen man sich solche Effekte nachträglich erklären kann: Lag es am Wetter, dem Wanderziel, der Ankündigung, dem Wanderführer? Selbstverständlich sind in diesem Zusammenhang auch systematische Befragungen (Fragebogen, Interviews) möglich, aber auch Gelegenheitsaussagen sind verwertbar. Solche Datenerhebungen können als Selbstevaluation erfolgen, aber auch durch Außenstehende als Fremdevaluation.

Bei umfangreicheren Projekten empfiehlt es sich, diese in Abschnitte zu zerlegen und jeweils am Ende eines Abschnitts die Planung mit dem Erreichten zu vergleichen. Auf diese Weise werden die formativen Möglichkeiten genutzt.

Durchführung: Schritt 3: Beurteilung

Nach Schritt 1 (Formulieren einer Liste von Soll-Werten) und Schritt 2 (datenbegründete Beschreibung des Erreichten) kommen wir damit zu Schritt 3 der Evaluation: dem Vergleichen, Bewerten und Reflektieren. Relativ einfach ist das dort, wo erwünschte Ergebnisse klar beschrieben und erreicht oder nicht erreicht wurden. Dieses Erreichte bzw. nicht Erreichte wird schriftlich im Evaluationsbericht konstatiert; damit kann auch eine Beurteilung der Maßnahme erfolgen (»Wie geplant fand pro Woche mindestens eine kulturelle Veranstaltung im Altenheim statt. Dieses Ziel konnte damit erfüllt werden«). Bei nicht Erreichtem wird man nach Ursachen suchen und Verbesserungsvorschläge formulieren oder seine Ziele nochmals daraufhin überprüfen, ob das überhaupt ein erreichbares und gewünschtes Ziel war.

Und hier wird dieser dritte Schritt dann erst richtig interessant: Man hat im Projektverlauf hinzugelernt, man sieht und wertet Dinge anders als zu Beginn, man ist gescheiter geworden. Dies sollte man im Evaluationsbericht nicht verbergen, sondern auch solche Veränderungen reflektieren (z. B.: »Zwar fanden die kulturellen Veranstaltungen wie geplant statt, doch zeigte sich ein nicht vorhergesehenes Problem: Es entstand eine Konsumhaltung, die gerade nicht beabsichtigt war. Deshalb wurde in der Folge die Konzeption geändert ...«). Man sollte sich nicht scheuen, solche Änderungen auf Grund neuer und besserer Einsicht zu dokumentieren: Gerade darum wird eine Evaluation durchgeführt! Widerstehen sollte man auch der Versuchung, die ursprünglichen Ziele einfach neu so zu formulieren, dass sie zu den neuen Erkenntnissen passen. Damit vergeudet man die Möglichkeit zu zeigen, dass Evaluation etwas verändert hat. Es würde ein glatt-langweiliger Bericht entstehen, dessen »Ich-hab-das-alles-von-Anfang-an-gewusst!« wenig überzeugt. Andragogische Professionalität zeigt sich nicht darin, dass man alles am Anfang weiß, sondern dass man in der Lage ist, aus der Komplexität der andragogischen Praxis hinzuzulernen und diese immer aufs Neue geistig und theoretisch zu durchdringen.

Didaktische Reflexion: Indem man sich zwingt, in der Projektplanung und während der Projektdurchführung nicht nur geplante Tätigkeiten zu beschreiben (»Wir wollen dieses und jenes tun«), sondern beabsichtigte Wirkungen, Ergebnisse, »Outcomes« zu formulieren, kommt man leichter von allgemeinen Intentionen zu konkretem Handeln. Und man sieht besser und früher, dass Schritte in die richtige Richtung gemacht werden: Die vage Richtungsangabe »einen Beitrag zur Humanisierung der Altenarbeit zu leisten« lässt sich nur schwerlich verlässlich als erreicht deklarieren; »Nach den ersten zwei Monaten (a) ein 10-seitiges Projektkonzept vorlegen, (b) ein Projektteam mit mindestens sieben verlässlichen Mitarbeitern haben, von denen jeder ein Angebot im Altenheim durchführen will, (c) mit der Heimleitung zu einem arbeitsfähigen Konsens zu kommen« – diese Outcomes lassen sich zielstrebig ansteuern und es lässt sich beurteilen, ob sie erreicht wurden. Und es lässt sich darüber diskutieren, ob damit das durchaus wichtige Richtziel »Beitrag zur Humanisierung der Altenarbeit« in Qualität und Quantität bezogen auf das im konkreten Fall Gewünschte und Mögliche hinreichend umgesetzt wurde, oder was noch zu ergänzen ist. Zumeist stellt man auf diese Weise fest, wie erfolgreich die Projektarbeit vorangeht; dieses Sehen von Ergebnissen erhöht die Freude an der Arbeit und motiviert zur Weiterarbeit.

Dieses selbstkritisch-prüfende Herangehen ist nicht nur für die Evaluation wichtig: Nach unserer Beobachtung führt dies zu einer veränderten professionellen Haltung, in der die andragogische Arbeit nicht mehr allein auf mehr oder weniger glaubhafte Bekenntnisse und Überzeugungen angewiesen ist, sondern didaktische Wirkzusammenhänge zunehmend erklärt, begründet und gestaltet werden.

Dokumentation: Evaluation ist nichts ohne Dokumentation. Für die kontinuierliche Arbeit empfiehlt sich ein Projekttagebuch (meist ein Leitzordner, in dem alle entsprechenden Materialien nach Datum geordnet sind). Am Schluss bzw. nach Teilschritten muss ein Evaluationsbericht abgefasst werden (ausführliches dazu in Kapitel 13). Meist enthält er folgende Teile:

0. Abstract mit Kurzüberblick
1. Absicht der Untersuchung
2. Projektbeschreibung (Historie) und beabsichtigte Ergebnisse
3. Die Untersuchungsmethode
4. Datengegründete Darstellung der Ergebnisse, kritische Reflexion
5. Vergleich der Absichten und des Erreichten – Bewertung
6. Schlussfolgerungen, Empfehlungen: Was haben wir gelernt? Wie geht es weiter?
7. Materialanhang.

Soll der Evaluationsbericht »draußen« gelesen werden, dann muss er knapp, gut formuliert und optisch ansprechend sein.

Probleme: Meist wird alle Arbeit in das Projekt selbst gesteckt (macht auch mehr Spaß), dabei wird die Dokumentation vernachlässigt; man glaubt, man erinnert sich später schon noch daran, wie es am Anfang war. Und zu spät stellt man fest, dass Daten nicht mehr erhebbar, Ausgangssituationen nicht mehr rekonstruierbar sind. Damit bleiben Wirkungen unsichtbar.

Kommentar: Diese Evaluationsstrategie ist besonders für die Planung und den Aufbau von Bildungsmaßnahmen geeignet. Damit können auch frühe Arbeitsphasen evaluiert werden – noch bevor der erste Teilnehmer in Sicht ist oder die Maßnahme genutzt hat.

2.5 Kosten-Nutzen-Evaluation einer Bildungsmaßnahme

Auf einer amerikanischen Erwachsenenbildungskonferenz wurde ein verblüffender Vergleich vorgestellt: Die Kosten für das Verwahren eines Strafgefangenen betragen 23.000 Dollar pro Jahr; die Flucht- und Rückfallquoten sind bekannt. Eingeladen wurde zu einem Gedankenexperiment: Würde man Straftäter mit diesem Betrag (entspricht etwa den Jahreskosten an einer guten Universität) in ein Weiterbildungsangebot einschreiben und sie blieben während dieses Jahres straffrei: Wie wäre die Rückfallquote dann?

Zu den beliebten Standardaussagen im Bildungsbereich gehört, dass man den Wert von Weiterbildung nicht in Mark und Pfennig bzw. Euro und Cent angeben kann. An dieser Aussage ist sicherlich etwas. Aber: In vielen Fällen lassen sich zumindest ein Teil der Kosten oder ein Teil des Nutzens auch in Geld-Einheiten ausdrücken. Bei Bildungsangeboten, bei denen die Kosten minimal sind und der Nutzen nicht im Ökonomischen zu suchen ist (z. B. im Hobby- oder kulturellen Bereich oder bei der politischen Bildung), macht dies zumeist wenig Sinn (stimmt das?); für einen Bauchtanzkurs ist der monetäre Nutzen zumeist schwierig festzustellen. Aber beispielsweise in der beruflichen Weiterbildung lassen sich durchaus solche geldwerten Berechnungen anstellen. So etwa bei einem Textverarbeitungskurs: Fragen Sie die Teilnehmer oder die Vorgesetzten, welche Folgen es hätte, wenn dieser Kurs nicht stattfände. Dabei ist zu beachten: Wie mehrfach betont, wird mit einer Evaluation niemals alles und jedes erfasst; man muss sich entscheiden und begründen, was einem wichtig ist, und dann hinnehmen, dass anderes unter den Tisch fällt. Evaluiert werden also immer nur Segmente, Ausschnitte der untersuchten Maßnahme – warum dann nicht einmal versuchen, Kosten und Nutzen in Geldwert zu schätzen und dabei wie bei allen Input- und Outputmessungen sich mutig zur unumgänglichen Segmenthaftigkeit zu bekennen?

Auch das obige Strafgefangenenbeispiel lässt sich als ein Stück Evaluationsarbeit verstehen:

a) Es werden Daten erfasst (aus Dokumenten entnommene Dollar-Werte), welche die Kriterien »methodisch erhoben« und »dokumentiert« erfüllen. Dagegen wäre die Aussage »Wie wir alle wissen sind die Gefängniskosten sehr hoch« eine vage Meinungsäußerung, nicht datenbegründet und daher deutlich weniger überzeugend.

b) Dieser Summe wird vergleichend ein anderer Verwendungszweck gegenübergestellt. Mit diesem Vergleich wird bewertbar(er), ob die genannte Summe und das damit Erreichte hoch oder niedrig zu bewerten sind. In dem genannten Vortrag wurde deutlich gewertet: Diese Kosten sind, gemessen an dem, was für Weiterbildung zur Verfügung steht, recht hoch. Und ebenfalls gewertet wurde der Soll-Wert: Das, was erreicht werden sollte, wird zu diesem hohen Preis nur unzureichend erreicht. Zwar wird kein expliziter Soll-Wert angegeben (»Die Rückfallquote dürfte nicht höher als X Prozent sein«); dies ist in diesem Argumentationszusammenhang auch nicht nötig: Es würde genügen, wenn Bildungsmaßnahmen zum selben Preis zumindest keine höhere Rückfallquote hätten.

c) Die gesamte Argumentation und Bewertung steht im Weiterbildungszusammenhang: Es sollte darauf hingewiesen werden, welch hoher Preis offensichtlich bezahlt wird, wenn ein erheblicher Teil der Häftlinge mangels Ausbildung keine Resozialisierungschance haben. Wir wissen: Diese Kosten müssen wir bezahlen, wenn wir weitermachen wie bisher. Was wir nicht wissen: Wenn wir die Häftlinge, die zu einem erheblichen Teil mangels Ausbildung keine Resozialisierungschance haben, durch Weiterbildung qualifizieren – wie sehen dann die Resozialisierungschancen aus?

Versucht man, im Kosten-Nutzen-Schema zu evaluieren, dann gibt es prinzipiell vier Berechnungsmöglichkeiten, die jede für sich hilfreich sein kann:

2.5.1 Die Kostenevaluation

Jedes Bildungsangebot hat eine Kostenseite: Ein Buch hat einen Kaufpreis plus evtl. Wegekosten für den Einkauf; schickt man einen Mitarbeiter zu einem Kongress, dann kostet das Kongressgebühr plus Fahrtkosten plus Hotel plus Tagesspesen plus ausgefallene Arbeitszeit; veranstaltet man einen Kurs, dann muss man einen Referenten bezahlen plus Raummiete plus anteilige Organisationskosten usw. Diese Kosten sichtbar zu machen und sie fair zu dokumentieren schafft Klarheit, vermeidet vage Fantasien und hilft, Schwachstellen und Stärken zu erkennen (= summative Funktion) und bei Bedarf Änderungen vorzunehmen (= formative Evaluation).

Manchmal ist es möglich, Vergleiche zu ziehen: Was kostet ein vergleichbares Angebot bzw. was gibt man anderswo für Vergleichbares aus? Also ein Kosten/Kosten-Vergleich. Oder: Was würde man aus welchen Gründen als »angemessen« bezeichnen? Dies wäre ein Kosten/Sollwert-Vergleich. Solche Vergleiche helfen, einen Soll-Wert zu formulieren und die aus den gesammelten und dokumentierten Daten errechneten Kosten zu beurteilen.

Für die Kostenevaluation genügt es also nicht, eine Summe zu errechnen und dem Leser dann die Beurteilung selbst zu überlassen. »Evaluation« heißt »Bewertung«: der Evaluator muss sich selbst die Mühe machen, Argumente und Aspekte für eine angemessene Bewertung anzubieten. Der Leser kann dann immer noch entscheiden, ob er dieser Argumentation und Bewertung zustimmt, oder ob er anderes in die Diskussion einbringen kann und will.

2.5.2 Die Berechnung alternativer Kosten

Oft wird übersehen, dass das Unterlassen von Bildungsmaßnahmen Kosten verursacht. Bildungsmaßnahmen sollen Schaden heilen bzw. vorbeugend Schaden gar nicht erst entstehen lassen. Wenn mir in Betrieben manchmal vorgehalten wird, man wisse eigentlich nicht, ob sich das ganze Weiterbildungswesen rechne, dann kontere ich mit dem Vorschlag, man möge das Bildungswesen doch einfach einstellen – ob man bereit sei, die sich daraus ergebenden kurz-, mittel- und langfristigen Folgen zu tragen? Dies macht bewusst, dass es keine Alternative zur Weiterbildung und den damit verbundenen Kosten gibt, bestenfalls eine bessere Steuerung und ein kontrollierter Mittel-Einsatz sind nötig. Dazu wäre ein Stück Evaluationsarbeit nötig, die ich bei dieser Gelegenheit vorschlage. Der Erfolg meines Vorschlags war bisher bescheiden; man wollte dann doch lieber die für eine Evaluation nötigen Mittel für Schulung einsetzen, auch wenn man (siehe oben) nicht wisse, ob sich das rechne. Seien Sie getröstet, wenn Ihnen ähnliches wiederfährt: Ich habe dagegen auch noch kein Rezept gefunden.

Will man eine Bildungsinvestition begründen, sollte man prüfen, ob es möglich ist, den Schaden zu beziffern, der bei Nicht-Stattfinden der Bildungsmaßnahme entsteht bzw. welche Schadenskosten bereits getragen werden oder in Zukunft zu tragen sein werden. Das obige Strafgefangenenbeispiel zeigt einen solchen Ausgang von bereits zu zahlenden Alternativkosten. Ein anderes Beispiel: Das Computer-Training für 10 Sekretariate war innerhalb einer Minute beschlossen, nachdem wir uns in drei Sekretariaten vorrechnen ließen, wie viel Sekretärinnen-Arbeitsstunden »in der letzten Woche«(!) verloren gingen, weil man meinte, irgendwann könnten die Sekretärinnen sich das auch selbst beibringen. Oder: Manchmal setzt man externe Spezialisten für teures Geld ein (und Sie müssen eben belegen, wie viel das pro Jahr war) – was würde es kosten, hausintern jemanden für die Aufgabe zu qualifizieren? Oder: Wir nehmen in der Produktion eine Ausschussquote von fünf Prozent hin – welchen Schaden bedeutet das in Euro? Könnte man durch Weiterbildung dieser Schaden um ein Drittel senken – wie viel dürfte die Weiterbildung kosten?

Manchmal erhält man bei der Frage nach zu heilendem Schaden keinen Geldbetrag genannt, sondern nicht-monetäre Gründe: Ein Abteilungsleiter sah den vordringlichst abzustellenden Schaden darin, dass er nicht mehr so oft nachts und am Wochenende wegen Kleinigkeiten angerufen werden sollte. Auch wenn in diesem Abschnitt der Schwerpunkt auf monetären Argumenten liegt, ist es sinnvoll und legitim, auch solche Schäden festzuhalten und als Kostenfaktor anzuführen.

Übungsaufgabe 11

Vergleichen Sie die Kosten für den Kauf eines Fachbuches (25,– €) mit den Kosten, die einem Studenten entstehen, wenn das Buch nicht gekauft, sondern ausgeliehen und zum Teil kopiert wird:

Kosten bei Ausleihe:	
Eine Arbeitsstunde Weg zur/von der Bibliothek (Buch ist ausgeliehen).	€
Eine Woche später nochmals vergeblich versucht (40 Minuten).	€
Ausleiher telefonisch um Rückgabe gebeten (30 Minuten + Peinlichkeit).	€
Ausgeliehen (1 Stunde Weg).	€
Teilweise kopiert (3,– € Kopierkosten, 30 Minuten).	€
Wichtiges herausschreiben (4 Stunden).	€
Nachkopieren weiterer wichtiger Seiten (1,– € Kopierkosten, 30 Minuten).	€
Buch zurückbringen (2,– € Mahngebühr, 1 Stunde).	€
Ein Semester später: Beim nächsten Referat wäre das Buch hilfreich, Kopien sind nicht auffindbar – na ja, geht auch ohne (eine Stunde Ärger und schlechtes Gewissen, Referat 10 % schlechter).	€
Bei der Vorbereitung zur Abschlussprüfung: Das Buch wäre hilfreich, Kopien sind nicht auffindbar – na ja, geht auch ohne (zwei Stunden Ärger und schlechtes Gewissen, Examen 1 % schlechter).	€
Später in der Berufspraxis: Das Buch wäre hilfreich, Kopien sind nicht auffindbar – na ja, geht auch ohne. (eine Stunde Ärger und schlechtes Gewissen, Leistung 1 % schlechter, insgesamt 10 Situationen, bis Sie sich das Buch dann doch noch kaufen).	€
Welche Schäden fallen ihnen noch ein?	€
Gesamtkosten	€

Vergleichen Sie diesen Betrag mit den Anschaffungskosten von 25,– € plus einer Stunde Wegekosten. Ziehen Sie einen bewertenden Schluss!

Sie sehen: Manchmal braucht man nicht den Nutzen zu berechnen, um den Wert von Bildungsmaßnahmen deutlich zu machen; es genügt schon, den Schaden deutlich zu machen, der entsteht, wenn man keine Bildungsmaßnahmen durchführt.

2.5.3 Die Nutzenevaluation

Wie die vorausgegangenen Evaluationsansätze lässt sich auch die Nutzenevaluation fiktiv vorab als Schätzung bei der Planung entwickeln oder aber nachträglich auf der Basis des real entstandenen Nutzens. Und auch hier ist es wichtig, sowohl kurz- als auch mittel- und langfristig zu denken: Eine Umschulung, die zunächst lediglich ein paar Stunden Nebentätigkeit abwirft, kann nach einem bestimmten Zeitraum zur Vollzeittätigkeit führen, der Kurs »Train the Trainer« führt bei einem Teil der Teilnehmer zu Positionen mit Personalverantwortung. Wenn Sie meinen, dass die Bildungsmaßnahme vielleicht zu einem Viertel zu einer Positionsverbesserung beigetragen hat, dann rechnen Sie eben auch nur ein Viertel des Nutzens.

2.5.4 Kombinierte Evaluationsformen

Natürlich ist es schön, wenn man sowohl die Kosten evaluiert, den vermiedenen Schaden erfasst und dann auch noch den Nutzen zeigen und damit ein Gesamtprojekt finanziell evaluieren kann. Doch eine solche Rundum-Erwartung schreckt durch den notwendigen Aufwand zumeist ab. Deshalb soll hier Mut gemacht werden, die Evaluation ruhig nur auf einen Bereich einzugrenzen, und zwar auf den, der sich am besten anbietet. Bei manchen Maßnahmen bietet sich eine Nutzenevaluation geradezu an, eine Kostenevaluation erscheint fast unmöglich – bei einem anderen Projekt ist es gerade umgekehrt. Wenn man erst um viele Ecken denken muss, um ein paar wenig überzeugende Zahlen zu erhalten, dann ist dies zumeist ein Hinweis, dass für dieses Gebiet diese Evaluationsform nicht angemessen ist. Lassen Sie es dann lieber sein und bearbeiten Sie Bereiche, die sich als zugänglicher anbieten.

Kommentar: Diese Formen der Kosten-Schaden-Nutzenevaluationen sind insbesondere angezeigt, wenn man planend-organisierend im Weiterbildungsbereich tätig ist. Sie sind vor allem dazu geeignet, Bildungsmaßnahmen nach außen zu begründen und zu verteidigen. In gewissem Maß sind sie auch geeignet, Schwachstellen (unnötige Kosten, wenig Nutzen) in Bildungsmaßnahmen zu erkennen. Ein Vorteil ist, dass damit auch schon in der Planungsphase – also noch bevor eine Bildungsmaßnahme überhaupt im Ernstfall erprobt werden kann – datenbegründete Argumente vorgelegt werden können.

Übungsaufgabe 12

Versuchen Sie eine private Kosten-Nutzen-Schätzung: Stellen Sie die Kosten für Ihre Arbeit mit diesem Lehrbuch zusammen. Bleiben Sie dabei auf der €-Ebene. Wenn Sie manche Posten nicht wissen, dann schätzen Sie einfach; oft ist dies der einzige Weg, um vorab überhaupt einen Wert zu erhalten. Lieber eine schlechte Schätzung als keine Ahnung haben, denn eine solche festgehaltene Schätzung lässt sich später bei besserer Einsicht korrigieren; wenn Sie eine solche Schätzung vermeiden, dann werden Sie auch später keine Angaben zur Verfügung haben.

Kosten für Erarbeiten von Lehrbuch »Weiterbildungs-Evaluation«

Buchpreis: .... ___________€

Ausgefallene Arbeitszeit durch Lesen: .... ___________€

.... ___________€

.... ___________€

Geschätzte Gesamtsumme: .... ___________€

Übungsaufgabe 13

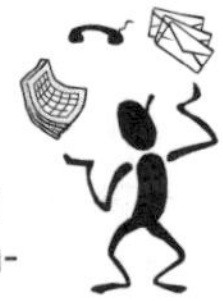

Und versuchen Sie auch zu schätzen, was Ihnen die Lektüre des Lehrbuchs »Weiterbildungs-Evaluation« finanziell pro Jahr bringen wird. Legen Sie dabei einen Amortisationszeitraum von drei Jahren zu Grunde, multiplizieren Sie also die Jahresmehreinnahmen mit drei und prüfen Sie, ob sich die Kosten in diesem Zeitraum zurückgezahlt haben. Wenn Sie bei einzelnen Posten unsicher sind, multiplizieren Sie sie einfach mit der geschätzten Wahrscheinlichkeit (50% Wahrscheinlichkeit = 50 % des Geldwerts).

Nutzen aus der Lektüre des Lehrbuchs »Weiterbildungs-Evaluation«:

Bessere berufliche Chancen: .... ___________€

Honorare für zusätzliche Evaluations-Aufträge: .... ___________€

Effizienzsteigerung: .... ___________€

Gehaltserhöhung: .... ___________€

Besseres, professionelles Gefühl bei anderen Tätigkeiten:..	___________€
Minus Schaden, der bei Nichtteilnahme eintritt, z. B.:	
....	___________€
Erwarteter Nutzen:..	___________€

Falls Sie bei dieser Geld-Rechnerei den Eindruck gewinnen, dass entscheidende Kosten oder Nutzen nicht erfasst werden, weil sie eben nicht monetär sind, dann tun Sie bitte zweierlei: (1) Werfen Sie die Flinte nicht nach einem halbherzigen Versuch ins Korn, sondern denken Sie ruhig eine Weile in Euro-Einheiten weiter: Dieses Rechnen eröffnet allmählich den Blick auf wirtschaftliche Bildungseffekte, die sonst leicht übersehen werden. (2) Schreiben Sie separat auch nicht-monetäre Kosten / Nutzen auf. Die Erfahrung zeigt: Der Ärger über eine (zu) einseitige Kosten- oder Nutzen-Formulierung in Geld-Einheiten legt einem fast wie von selbst Formulierungen von nichtmonetären Wirkungen, Effekten und Investitionen in den Mund. Nutzen Sie diesen Effekt! Auf diese Weise eröffnen Sie sich einen komplexen Blick auf Bildungsprozesse.

2.6 Vorab-Evaluation eines didaktischen Produktes

Intention: Sie wollen ein didaktisches Produkt produzieren: die Möblierung eines Seminarraumes, eine Overhead-Folie, ein Lehr-Video, ein Freizeit-Programm in einem Bildungszentrum, eine Konferenz, einen Text. Dieses Produkt sollte gleich von Anfang an möglichst gut sein – bereits der erste Einsatz darf kein Reinfall werden. Das Produkt müsste demnach bereits vor Einsatz so vorgeprüft sein, dass größere Pannen nicht eintreten können. Zunächst geht es also um formative Evaluation (Fehler ausbügeln) und danach um die summative Bewertung: Jetzt ist das Produkt so weit, dass man es besten Wissens und Gewissens einsetzen kann.

Bei einer solchen Vorab-Evaluation eines didaktischen Produktes ist es natürlich nicht möglich, zu prüfen, wie es bei den späteren Nutzern ankommen und sich in der Praxis bewähren wird – das muss in einer späteren Outcome-Evaluation erhoben werden. Was aber möglich ist, ist eine Beurteilung durch Experten und / oder potenzielle Nutzer. Dies kann Probleme verhindern helfen, die einem in der üblichen Betriebsblindheit unterlaufen.

Adressaten der Evaluation: In erster Linie der Produzent des Produktes selbst, manchmal auch Kunden, die man überzeugen möchte, dass das angebotene Produkt trotz seiner Erstmaligkeit brauchbar ist.

Zeitaufwand: Dieser ist natürlich vom Produkt abhängig, aber nicht unerheblich, da immer eine Anzahl von Aspekten zu beurteilen sind und andere Personen als Urteiler beigezogen werden müssen.

Voraussetzungen: Kriterien für die Überprüfung müssen formuliert werden.

Material: Checklisten, mit deren Hilfe Beurteiler verschiedene fragliche Aspekte beurteilen müssen.

Durchführung: Auch diese Evaluationsaufgabe folgt dem in Kapitel 1 dargestellten Dreischritt: Zunächst muss möglichst konkret beschrieben werden, welche Kriterien bei dem Produkt erfüllt sein sollen. Dann müssen Daten gesammelt werden über die Erfüllung dieser Kriterien. Und dann kommt man zu Bewertungen, was zu verbessern ist bzw. was man lassen kann.

Beispiel

Mit diesem Verfahren wurde dieses Lehrbuch vorevaluiert. Im ersten Schritt wurde eine Liste formuliert, anhand derer das Produkt »Entwurf Lehrbuch Evaluation« geprüft werden sollte. Bei dieser Vorab-Evaluation war klar, dass die zentrale Frage unbeantwortbar war: »Lernen die Nutzer aus diesem Lehrbuch das, was sie lernen sollen?« – denn es gab ja noch keine Nutzer. Die Anfangsfrage lautete: Ist das Manuskript zum Lehrbuch Evaluation gut? Diese ist eine vage Anfangsfrage, die, um evaluierbar zu sein, in eine Liste von Untermerkmalen zerlegt wurde; die Hilfsfrage lautete: Woran würde man erkennen, dass das Lehrbuch »gut« ist? (vgl. Kapitel 9.3; dort ist das grundsätzliche Verfahren kurz beschrieben). Dabei entstand folgende Liste (hier gekürzt wiedergegeben):

1. Leute lesen den Text gerne, legen ihn nicht vorzeitig weg (Vergleichsbasis: üblicher Fachtext).
2. Kann man daraus etwas lernen?
3. Die Sachverhalte stimmen.
4. Alles Wichtige ist enthalten.
5. Leser sind nicht nur rezeptiv, sondern tun etwas: Aufgaben lösen, …

6. Text wirkt nicht schlampig.
   - Keine Druckfehler
   - Auszeichnungen (Überschriften, fett, kursiv, zentriert ...) konsistent verwendet
   - Klare Sprache
   - Keine unnötigen Redundanzen (Geschwafel)
7. Sieht optisch ansprechend aus.
   - Gegliederter Text
   - Kein optisches Durcheinander
   - Abbildungen
   - Marginalien, Überschriften

Aus dieser Liste wurden die Fragen 3 und 4 ausgeklinkt; diese wurden von mir als Autor überprüft, indem ich in Handbüchern und anderen Fachtexten überprüfte, was andere Autoren zum Thema Evaluation geschrieben haben. Die anderen Fragen wurden von fünf Studenten der Andragogik bearbeitet, die das Rohmanuskript erhielten mit der Bitte, den Text hinsichtlich dieser Fragen zu beurteilen. Dabei wurde Überflüssiges, Unverständliches, schlecht Formuliertes im Text angestrichen und Verbesserungsvorschläge gemacht. Sie formulierten zu den Fragen 1, 2 und 5 kurze bewertende Aussagen über ihre Einschätzungen. Diese Kommentare, Korrekturen und Anregungen wurden dann in den Text eingearbeitet – hoffentlich zu Ihrer Zufriedenheit! Und Dank an die Vor-Evaluierer!

Didaktische Reflexion: Jede didaktische Planung muss mit Unsicherheiten und Unwägbarkeiten rechnen. Diese lassen sich durch eine solche kooperative Vor-Evaluation reduzieren; dies reduziert auch das Robinson-Crusoe-Schicksal erwachsenenpädagogischer Arbeit, indem man nicht nur allein auf sich gestellt ist. Außerdem ist es typisch für die Arbeit im Bildungswesen, dass bereits der erste Einsatz optimal sein muss; nicht nur, weil es vielleicht keine Wiederholung gibt (etwa bei der Veranstaltung eines Kongresses), sondern weil der Respekt vor dem Lerner ein Herumexperimentieren mit Versuch und Irrtum verbietet.

Dokumentation: Die Dokumentation ist hier wie bei den meisten formativen Evaluationsformen eher schwach. Man verbessert Schwachstellen und vergisst sie dann, denn das Problem ist gelöst. Außerdem erscheint es läppisch zu dokumentieren, welche Druckfehler korrigiert wurden, und peinlich, bei welchen Denkfehlern man sich ertappt hat. Der Fortschritt dokumentiert sich im Produkt selbst. Ich bewahre für mich zumindest eine Zeit lang die Erstentwürfe auf und freue mich über die viel bessere überarbeitete Version, und dann werfe ich das alte Zeug weg. Was ich aber dokumentiere: Nach welchen Checklisten haben welche Prüfer (Laien, Experten, Nutzer?) das Produkt beurteilt? Denn die Erstellung solcher Checklisten macht viel Mühe; sie können oft anderswo wieder eingesetzt werden. Bei diesem Evaluationstyp wird man also die Instrumente und das Vorgehen bei der Evaluation dokumentieren und damit zeigen, nach welchen Kriterien das Produkt geprüft wurde.

Kommentar:
Bei aller Erfahrung bei der Entwicklung didaktischer Produkte stellt man bei dieser formativen Produktevaluation immer wieder mit Schrecken bzw. Freude fest, welche Fehler unterlaufen oder welch gute Anregungen fremde Beurteiler geben. Die Aufregung beim Ernst-Einsatz des Produktes bleibt trotzdem, aber man hat die Gewissheit, dass zumindest grobe Probleme nicht mehr auftreten können.

2.7 Zusammenfassung

In diesem Kapitel ging es darum, Sie zum »Machen« anzuregen: Evaluation in der Weiterbildungspraxis auszuprobieren. Das Lesen dieses Kapitels reicht also noch nicht zum Erfolg! Es wäre natürlich schön, wenn Sie bereits einen der Evaluationsvorschläge ausgeführt hätten; falls noch nicht, sollten Sie unbedingt wenigstens zwei der Vorschläge erproben. Dabei kommt es nicht so sehr darauf an, dass Sie große Zahlen oder umfangreiche Projekte evaluieren; es ist besser, wenn Sie bei Kleinbeispielen zunächst einmal Erfahrung und Sicherheit sammeln.

Checkliste

Notieren Sie hier, welche der Evaluationsformen Sie ausprobiert haben bzw. welche Ihnen für welchen Einsatz aus Ihrem Tätigkeitsfeld geeignet erscheint (zweites nur mit Bleistift eintragen, später durch tatsächliche Evaluation ersetzen):

	Eingesetzt bei:
1. Drei Kurzformen zur Kursevaluation:	
a) Qualitative Bewertung von Kurselementen durch Kartenabfrage	
b) Quantitative summative »Thermometer«-Rückmeldung	
c) Leistungsprüfung: Was wird gekonnt?	
2. Kursbeurteilungsbogen KBB	
3. Breitenevaluation	
4. Ablaufevaluation	
5. Kosten-Nutzen-Evaluation einer Bildungsmaßnahme	
6. Vor-Evaluation eines didaktischen Produktes	

3. Was als Idee dahintersteckt

Im ersten Kapitel dieses Buches ging es um die Definition von Evaluation und wozu Evaluation dient. Dort sollten Sie grundlegende Begriffe kennen lernen: Im Vordergrund stand das Vermitteln von Wissen.

Im zweiten Kapitel ging es um die Praxis: Evaluationskonzepte wurden vorgestellt, diskutiert und zur Nachahmung empfohlen. Hier sollten Sie unterschiedliche Praxismöglichkeiten kennen lernen und zur Übertragung auf Ihre Arbeit angeregt werden: Im Vordergrund stand das Können.

Im folgenden dritten Kapitel geht es um Hintergründe: Welche Bilder vom Erwachsenen und seinem Lernen stehen hinter Evaluationsansätzen? Jetzt soll also reflektiert werden, welche Ideen, Vorstellungen, Absichten und Überzeugungen uns beim Evaluieren leiten: Im Vordergrund steht hier das Verstehen.

Absicht und **Ziel** dieses Kapitels ist es, dass Sie identifizieren können, welche mehr oder weniger bewussten Vorstellungen vom Lerner hinter Evaluationsansätzen stehen. Und dass Sie die unterschiedlichen Ansätze gegeneinander abwägen können unter der Perspektive, dass wir uns mit Evaluation bei Erwachsenen beschäftigen (andragogische Anthropologie).

3.1 Disziplinierung, Einordnung, Unterordnung, Konkurrenz?

Den meisten von uns scheint die alte Schülerangst noch in den Knochen zu stecken: Jetzt kommt die Klassenarbeit, und da bekommt man die Quittung für mangelnden Fleiß, schlechtes Betragen und Unaufmerksamkeit. Mit Klassenarbeiten und Prüfungen sitzen die Lehrer immer am längeren Hebel, weil sie den Schwierigkeitsgrad nach ihrem Belieben festsetzen können; Blamage, Ärger zu Hause und das Selbstbewusstsein, dass man eben doch nur »befriedigend bis ausreichend« ist, waren die Quittung. Auch spätere Prüfungen, z.B. die Fahrprüfung, berufsqualifizierende Prüfungen oder Prüfungen im Hobby-Bereich (Segelschein, Reiterabzeichen) mit ihrer Funktion als Türöffner für wichtige Lebensbereiche wiederholten solche Erfahrungen. Dass, wie in 1.2 beschrieben, bei Kursleitern beim Stichwort »Evaluation« zunächst und zumeist das Wort »Angst« auftaucht, mag mit dieser alten Schülererfahrung zusammenhängen.

Vorstellungen vom Lerner und Lernen

Hinter der Kontrolle, die hier beschrieben wird, steht ein Bündel unterschiedlicher, mehr oder weniger bewusster Vorstellungen über die Welt, die Lerner und das Lernen, die auch die Vorstellungen über Beurteilung und Bewertung prägen. Zum Beispiel:

a) »Beurteilung dient der Unterscheidung von Wissern und Nichtwissern: Es geht darum, Personen hinsichtlich ihres Wissens / Könnens in eine Rangfolge zu bringen. Denn Leistung ist das gerechte, objektive und entscheidende Merkmal im Leben«.

   Hinter dieser Aussage steht die Vorstellung, dass der Wert eines Menschen an seiner Leistung – genauer: an einer bestimmten einzelnen Leistung – gemessen wird. Andere Leistungen spielen keine Rolle, anderes als Leistung ebenfalls nicht. Ein guter Mensch zu sein, ein respektables Leben zu führen, etwas im Leben erreicht zu haben, anderen etwas zu bedeuten, das alles ist für diese Betrachtungsweise nebensächlich. Gestandene Männer/Frauen sehen sich eingeordnet in einen eindimensionalen Maßstab, der ihre Lebenserfahrung und ihre Lebensaufgaben missachtet – das macht solche Beurteilung so schmerzhaft!

b) »Es gibt immer Gute und Schlechte – in Prüfungsleistungen und in der Welt überhaupt. Deshalb wird die Prüfung so angelegt, dass eine Normalverteilung entsteht – wenige sind ganz gut oder ganz schlecht, viele liegen beim Mittelmaß (z. B. ausgedrückt in der Notenskala 1 bis 6). Es können also gar nicht alle gut sein, denn wo bliebe dann die Notenverteilung? Ein Durchschnitt von 1,3 – das geht nicht! Denn die natürliche Ordnung in unserer Welt ist doch (zumindest im Hintergrund dieses Denkens), dass es immer oben und unten gibt, Kluge und Dumme, Habende und Nichthabende, und das muss sich auch im Bildungswesen spiegeln«.

   Mit dieser Sicht vom Menschen und der Welt gerät andragogisches Handeln in eine absurde Situation: Es kommt nicht darauf an, dass Kursleiter und Veranstalter in der Erwachsenenbildung ihr ganzes Trachten und Mühen darauf ausrichten, dass alle Teilnehmer das versprochene Kursziel erreichen, sondern dass man die Guten besonders fördert und diejenigen, die Schwierigkeiten haben, links liegen lässt, denn »in jedem Kurs gibt es Versager«. Man stelle sich vor, andere Dienstleister (Ärzte, Rechtsanwälte, Friseure) würden ihr Handeln an dieser Maxime ausrichten; hier erwartet man selbstverständlich, dass jeder Einzelfall optimal betreut wird.

c) »Nur Herausforderung zeigt, was in einem steckt: Deshalb muss man Prüflinge unter Stress setzen, damit sie lernen, auch im Leben unter

Stress gut zu funktionieren«. Motiviert wird durch Bedrohung. »Nun können Sie mal zeigen, was Sie können!« ist meist die aufmunternde Begleitmusik zu solchen Prüfungen.

Die Grundeinstellung dieser Haltung ist Misstrauen: Wenn man nicht unter Druck setzt, wenn man nicht von außen kontrolliert, dann tun die Lerner doch nichts Vernünftiges! Bestenfalls sind sie ohne solche Außenkontrolle hilflos, schlechtestenfalls faul, dumm und unwillig. Mit einem solchen Menschenbild kann man es sich kaum vorstellen, dass Erwachsene ein eigenes Interesse an ihrem Lernerfolg haben, dass sie nach eigenem Maßstab und Sachverstand auswählen, Schwerpunkte setzen und sich investieren. Dass es eine prickelnde Selbstherausforderung ist, zu erproben, was man kann, dass Erwachsene ihr Leben und Lernen auch ohne Bedrohung und Fremdkontrolle in die Hand nehmen können, das kann man sich bei diesem Menschenbild kaum vorstellen.

d) »Wahre Leistung ist individuelle Leistung: Nur das zählt, was man ganz alleine fertiggebracht hat. Zusammenarbeit kann man dort tolerieren, wo es um nichts Ernstes geht; Prüfung aber ist etwas Ernstes und da gilt nur die in Einsamkeit vollbrachte Leistung. Alles andere wäre Betrugsversuch oder würde eine Prüfung ad absurdum führen (›Wie sollte ich dann Noten geben?‹). Wie es schon das Sprichwort sagt: Der Starke ist am mächtigsten allein«.

Auch hier wird eine einzelne Weltsicht zum Maß der Dinge bestimmt. Der Mensch wird gesehen als jemand, der sich in Einsamkeit gegen alle anderen durchbeißen muss – der »lonesome fighter« lässt grüßen! Dass Kooperation, Kommunikation und Zusammenarbeit gerade für das Leben und Arbeiten von Erwachsenen von besonderer Bedeutung sind, dass Einzelkämpfertum und Konkurrenzneid schadet, wird dabei ignoriert. Prüfungsrituale werden über Leitziele gesetzt. Und die Botschaft wird von den Prüflingen verstanden, und sie verhalten sich entsprechend. Dies ist dann der traurigste Lernerfolg.

e) »Prüfungs- oder Befragungsergebnisse gehören dem Kursleiter und dem Veranstalter; den Befragten brauchen sie nicht bekannt gegeben zu werden. Veranstalter und Kursleiter haben das Recht, Informationen über Bildungsmaßnahmen zu erheben, Teilnehmer/Nutzer haben diese Informationen zu liefern, ohne sie selbst erfahren und nutzen zu können«.

Die Geisteshaltung, die damit signalisiert wird, lautet: Wir machen das mit euch, ihr seid die Versorgten, eine gemeinsame Verantwortung gibt es nicht. Die einen (Veranstalter) verfügen über die anderen (Teilnehmer / Nutzer). Es geht also nicht darum, gemeinsam etwas zu erreichen, gemeinsam am selben Strang zu ziehen, gemeinsam zu überlegen, sich gemeinsam zu freuen oder sich gemeinsam durch Schwierigkeiten durchzukämpfen, sondern darum, zu bedienen und zu behandeln bzw. bedient und behandelt zu werden. Wo es um die Auswertung geht, hört die Gemeinsamkeit auf. Vielleicht wird den »Kunden« damit auch unterstellt, sie hätten ohnehin kein Interesse an solchen Auswertungen, oder man befürchtet, bei einem schlechten Ergebnis könnten sie sich beschweren.

f) Prüfungen stabilisieren die Ehrfurcht vor den Lehrenden: Prüflinge erfahren, dass Lehrer / Prüfer Macht über sie haben – so wie im richtigen Leben auch immer jemand Macht über einen hat!(?) Mit der Gestaltung von Prüfungen hat der Lehrer einen Spielraum an Möglichkeiten, scheinbar sachlich zu belohnen und zu bestrafen. Je undurchsichtiger die Regeln, nach denen beurteilt wird, desto mehr hängt der Lerner vom Wohlwollen des Prüfers ab. Der Lehrer ist jetzt nicht nur der Unterrichter, sondern auch der Ober-Richter; jetzt kann abgerechnet werden. Diese Machtposition ist für Kursleiter und Prüfer etwas durchaus Reizvoll-Verführerisches!

   Andererseits: Ist dies der Umgang unter erwachsenen Menschen, wie ihn die Erwachsenenbildung anstreben möchte?

Die Aufzählung a) bis f) ist nicht vollständig, soll aber hier abgebrochen werden. Es sollte deutlich geworden sein, dass Evaluation wie jedes pädagogisch / andragogische Handeln nie theorielos und wertfrei erfolgt, sondern immer auch mittelbare Intentionen mittransportiert, ob sie dem Evaluator bewusst sind oder nicht. Absicht und Ziel dieses Kapitels ist es, dass Sie identifizieren können, welche mehr oder weniger bewussten Vorstellungen hinter Evaluationsansätzen stehen. Probieren Sie das in folgender Aufgabe aus:

Übungsaufgabe 14

Welche Vorstellung vermuten Sie hinter folgenden Maßnahmen: Kreuzen Sie jeweils den Buchstaben aus obiger Aufzählung a–f an, dem Sie die Maßnahme zuordnen.

1. Sie stellen eine Prüfungsarbeit aus leichten, mittleren und schweren Aufgaben zusammen.	a b c d e f
2. Sie führen Prüfungen in Form und Inhalt so durch, dass sie kaum vorhersehbar sind.	a b c d e f
3. Sie hängen die Liste der Namen und der erreichten Punktzahlen am Schwarzen Brett aus.	a b c d e f
4. Als Fachbereichsleiter führen Sie die Abschlussbefragungen in den Kursen ihrer Kursleiter selbst durch, damit sie auch objektiv erhoben werden.	a b c d e f
5. Sie führen eine Fragebogenauswertung am Kursende durch; die Teilnehmer bekommen die Ergebnisse nicht zu Gesicht.	a b c d e f

3.2 Evaluation als andragogisches Handeln

Carl Rogers, amerikanischer Psychotherapeut und »Erfinder« der Gesprächstherapie und der Encountergruppen, macht in seinem für die Erwachsenenbildung wichtigen Buch »Lernen in Freiheit« auf den Zusammenhang zwischen unserer eigenen Grundeinstellung und unserem pädagogischen Handeln aufmerksam: »Wenn ich dem Menschen misstraue, dann kann ich nicht umhin, ihn mit Information meiner eigenen Wahl vollzustopfen, damit er nicht einen falschen Weg geht. Wenn ich dagegen auf die Fähigkeit des Individuums vertraue, sein eigenes Potenzial zu entwickeln, dann kann ich viele Möglichkeiten anbieten und ihm erlauben, seinen eigenen Lernweg und seine eigene Richtung zu bestimmen« (*Rogers* 1974, S. 116).

Welche Vorstellungen leiten uns, wenn wir Evaluation betreiben? In 3.1 wurde gezeigt, dass hinter scheinbar absichtslosem Beurteilen und Bewerten ein Bündel unterschiedlicher Vorstellungen über die Welt, die Lerner und das Lernen sichtbar gemacht werden kann. Diese Vorstellungen sind meist nur begrenzt bewusst. Dennoch wirken sie! Der Schulkritiker *Ivan Illich* (1973) spricht in diesem Zusammenhang vom »heimlichen Lehrplan«: Gelernt wird nicht nur, was bewusst als Lerninhalt verkündigt wird, sondern auch und gerade das, was als Nebeninhalt durch die Form unseres Lernangebotes mittransportiert wird.

Unabhängig von den Inhalten von Weiterbildungsveranstaltungen (Schreibmaschine schreiben, Ikebana, Schutzgasschweißen ...) werden durch die Form unserer Veranstaltungen, also auch durch die Form der Evaluation, weitere Inhalte vermittelt (Lernen macht Spaß / ist bedrohlich, ich bin dumm und blamiere mich, die anderen sind Konkurrenten / Helfer ...).

Verstehen wir Evaluation als andragogisches und didaktisches Handeln und nicht nur als ein am Ende einer Bildungsmaßnahme angehängtes drohendes Donnerwetter, dann ist es wichtig, sich zunächst die Bedingungen und Intentionen, an denen man seine Arbeit orientieren will, klar zu machen. Damit stellen sich sehr grundsätzliche Fragen:

- Wie stellen wir uns den erwachsenen Lerner vor (andragogische Anthropologie)?
- Wohin soll Erwachsenenbildungsarbeit führen (andragogische Normativität)?
- An welchen Werten orientiert sich diese Arbeit (andragogische Ethik)?

Diese Fragen können hier nicht in die Tiefe ausgelotet werden. Doch auch eine kurze Reflexion zeigt, dass sich aus diesen so abgehoben erscheinenden Fragen ganz praktische Konsequenzen für die Evaluationsarbeit ergeben – und Erklärungen, warum manche Evaluationsformen so bedrohlich, peinlich oder unpassend erscheinen:

Wenn wir von Erwachsenen ausgehen, die ihr Leben selbst in der Hand halten und gestalten, die vieles in ihrem Leben unter oft schwierigen Bedingungen geleistet haben, die im Leben ihren Mann / ihre Frau stehen, und wenn wir dieses zugleich als Ziel fördern wollen, dann werden alle Evaluationsbemühungen peinlich und kontraproduktiv, die mit Erwachsenen wie mit unmündigen Kindern umgehen: die von oben herab behandeln, die nicht transparent sind, die die Untersuchten zu Objekten machen, die das Erwachsenensein nicht respektieren.

Wenn Erwachsenenbildungsarbeit die Entwicklung zum selbstständigen und mündigen Bürger, zum verantwortlichen Mitarbeiter, zur vielseitigen Persönlichkeit fördern will, dann darf Evaluation nicht entmündigen, Verantwortung wegnehmen, fremde Maßstäbe unerklärt anlegen, einseitig und ohne individuelle Rücksicht beurteilen; den Beteiligten muss die Möglichkeit eingeräumt sein, eigenverantwortlich beim Beurteilungsprozess mitzuwirken und auch diesen Teil des Lernens für die eigene Entwicklung zu nutzen.

Wenn Erwachsenenbildung nützen und nicht Schaden zufügen soll, dann darf Evaluation nicht unnötig Bildungszeit verschenken, darf nicht verletzten, herabwürdigen und die Bereitschaft zum Weiterlernen, zur lebenslangen und lebensbreiten Bildung verringern oder gar beenden. Evaluation hat in adragogisch-ethischer Verantwortung das eigene Vorgehen zu reflektieren.

Dieses Vergewissern, welche Vorstellungen uns beim Evaluieren leiten, ist ein Stück professionell-andragogisches Handeln, in dem Aktion und Reflexion zusammenfließen. Theorie ist dabei nicht darüberschwebend-unverbindliches Wortgeplänkel, Praxis ist nicht blindes Drauflosagieren. Theorie erleuchtet Praxis, so dass wir unser Handeln in seinem Kontext verstehen und begründet gestalten können.

Verstehen wir Evaluation als didaktisches Handeln, bei dem es um ein besseres Verstehen und Gestalten von Bildungsangeboten für Erwachsene geht, dann muss sich dieses didaktische Handeln an unseren Vorstellungen vom Erwachsenen und seinem Lernen orientieren. Sich diese explizit bewusst zu machen heißt, die Besonderheiten von andragogischer Evaluation zu kennen.

Funktionen andragogischer Evaluation

Diese Orientierung am gestandenen Erwachsenen, der nicht Mängelwesen und nicht unverantwortlich ist, nicht Drückeberger und nicht Behandlungsobjekt, öffnet den Blick auf spezifisch andragogische Evaluationsfunktionen:

- Die zentrale Funktion von Evaluation in der Erwachsenenbildung ist nicht, Lerner in eine Rangfolge gemäß ihres Wissens/Könnens zu bringen, sondern **Bildungsangebote auf ihre Qualität zu prüfen**.
- Evaluation ist ein Teil des Lernprozesses und dient dem Lernerfolg. Neben der Information über Erreichtes und Nichterreichtes an den Lernenden (summative Evaluation) kommt der formativen Evaluation besondere Bedeutung zu: im Lernprozess **Lernhilfe** zu sein.
- In der Erwachsenenbildung kommt der **Selbstevaluation** gegenüber der Fremdevaluation oft eine größere Rolle zu. In vielen Fällen – nicht immer, das ist im Einzelfall zu prüfen – können die Beteiligten selbst erkennen und beurteilen, was erreicht wurde und was erreicht werden sollte.
- Insbesondere zur Stärkung der selbstständigen und selbstverantwortlichen **Eigensteuerung** des Lernens ist die Selbstkontrolle von beson-

derer Bedeutung. Dies schließt Fremdkontrolle als Rückmeldung (zur Motivation / Belohnung und / oder Entscheidung über Korrektur) nicht aus.

- Evaluation in der Erwachsenenbildung stellt sich oft als **gemeinsames Bemühen** aller Beteiligten dar, die sich auch im Evaluationsprozess die Verantwortung teilen.
- Deshalb wird man die Maßnahmen und die Ergebnisse von Evaluation bei Erwachsenen in der Regel **mit allen Beteiligten absprechen** bzw. besprechen.
- Dabei geht es nicht um Abrechnung, sondern um die Fragen: Wer trägt welche **Verantwortung**? Was hat jeder für sich daraus gelernt? Was folgt daraus fürs Weiterlernen?

Übungsaufgabe 15

In Kapitel 2 wurde eine Reihe von Evaluationsmöglichkeiten dargestellt. Suchen Sie darin drei Beispiele von Evaluationshandlungen heraus, bei denen Sie Hintergrundideen über den Lerner und sein Lernen erkennen können.

Handlung	Hintergrundidee
1.	....
....	....
....	....
2.	....
....	....
3.	....
....	....

3.3 Zusammenfassung

Übungsaufgabe 16

Erklären Sie jemandem, wie unterschiedliche Formen von Evaluation mit unterschiedlichen Vorstellungen vom Lerner und vom Lernen zusammenhängen. Stellen sie dabei insbesondere die Besonderheiten bei der Evaluation mit Erwachsenen heraus.

Mit dieser Aufgabe haben Sie selbst eine Zusammenfassung von Kapitel 3 gegeben. Falls Sie noch Zweifel hegen: Blättern Sie das Kapitel nochmals durch und prüfen Sie Ihren Vortrag auf Stimmigkeit und Vollständigkeit. Und wenn Sie wollen: Suchen Sie eine weitere Person, der Sie diese Zusammenfassung vortragen.

Übungsaufgabe 17

Als Autor dieses Lehrbuchs habe ich für die Zusammenfassung dieses Kapitels eine bestimmte didaktische Form gewählt. Auch andere Formen wären möglich gewesen, z. B. dass ich Ihnen diese Zusammenfassung in traditioneller Weise als geschriebenen Text angeboten hätte. Versuchen Sie einmal zu vermuten, welches Bild ich mir vom Lerner mache, wenn ich diese Form wähle. Und bei welchen Lernern geht dies daneben?

Wir sind damit am Ende von Teil I angelangt. Möchten Sie Ihren Lernfortschritt überprüfen? Dann sollten Sie zu »Ziele von Teil I« auf Seite 17 zurückblättern und dort die noch offene zweite Spalte der Schätzung ausfüllen.

Wie unterscheiden sich die Zahlen in Spalte 1 (geschätzter »Ist-Wert vorher«) und Spalte 2 (geschätzter »Ist-Wert nachher«)? Und nach dieser Beschreibung (Deskription): Wie bewerten Sie die Zahlenunterschiede – ist das gut oder schlecht, viel oder wenig, positiv oder negativ?

Sicherlich haben Sie gemerkt, dass ich Ihnen mit dieser Form ein Stück Evaluation nahegelegt habe. Und da die verarbeiteten Daten Prozentwerte sind, spricht man von quantitativer Evaluation.

Können Sie sich noch zurückrufen, wie Ihr Gefühl war, als Sie diese Zielbeschreibungen zum ersten Mal lasen? Überfordert? Unterfordert? Irritiert? Neugierig? Oder eine Mischung aus alledem? Und wie war es beim heutigen Ausfüllen? Stolz? Gelangweilt? Überrascht? Auch die Sammlung solcher Eigenschaftswörter in einer Vorher-Nachher-Liste stellt ein Erfassen von Daten dar. Auch damit kann man den Unterschied zwischen damals und jetzt bewerten. Man spricht dabei von qualitativen Daten. Auf die wichtige Unterscheidung zwischen quantitativer und qualitativer Evaluation wird noch ausführlich eingegangen.

Teil II:
Der Einblick

Zwischenreflexion; Ziele von Teil II (Kapitel 4–8)

Die Grundlagen zum Thema »Weiterbildungs-Evaluation« haben Sie mit Abschluss dieses ersten Teils erfolgreich gelegt. Ich hoffe, es ist mir gelungen, Sie bei diesem Thema »bei der Stange zu halten« – dies war als wichtigstes Ziel dieses Teils formuliert worden.

Voraussetzung für die Weiterarbeit an Teil II ist, dass Sie die Definition von »Evaluation« kennen (enthält drei Teil-Elemente), dass Sie Gründe für und gegen Evaluation anführen können und dass Sie wissen, worin die Besonderheiten der Evaluation in der Erwachsenenbildung liegen. Außerdem sollten Sie didaktische Kurzformen der Kursevaluation, den KBB und die Methode »Breitenevaluation«, das Verfahren einer Ablaufevaluation, das Vorgehen bei einer Kosten-Nutzen-Evaluation sowie bei der Evaluation eines Produktes kennen; hilfreich wäre es, wenn Sie wenigstens zwei Evaluationen in der Praxis erprobt haben.

Im folgenden zweiten Teil geht es zunächst (Kapitel 4) um die Frage, warum Evaluation in der Erwachsenenbildung oft so problematisch gesehen wird. Sie sollen danach eine Reihe von Evaluation behindernde Probleme aufzählen und Gegenargumente und Gegenstrategien nennen können.

Dann (Kapitel 5) werden Begriffe vorgestellt, die Sie kennen sollten: formativ / summativ, Zielevaluation, Produktevaluation, Inputevaluation, Prozessevaluation, Ergebnisevaluation, Selbstevaluation / Fremdevaluation, quantitative / qualitative und hypothesenprüfende / hypothesengenerierende Evaluation. Außerdem sollen Sie vier Reichweiten von Evaluation unterscheiden können: Einschätzung, Können, Anwendung, Wirkung. Mit dieser Unterscheidung sollen Sie Evaluation wirksam platzieren können.

In Kapitel 6 werden Beispiele von Evaluationsprojekten dargestellt. Dies soll Evaluation in Aktion zeigen und Ihnen Möglichkeiten, Stärken und Schwächen illustrieren. Sie werden sehen: Auch wenn bei Evaluation nur mit Wasser gekocht wird, steht man hinterher auf verlässlicherem Boden.

In Kapitel 7 werden die Verfahren Beobachtung, Befragung, Test und Materialanalyse beschrieben; damit sollen Sie die Möglichkeiten und Grenzen der Standardverfahren zur Datenerhebung kennen lernen.

In Kapitel 8 geht es um die Qualität von Instrumenten und Verfahren; danach sollen Sie die Gütekriterien Didaktische Nützlichkeit, Objektivität, Reliabilität, Validität, Normierung und Ökonomie kennen, damit Sie Evaluationen kritisch prüfen und eigene Untersuchungen professioneller planen und durchführen können.

4. Warum Evaluation so problematisch ist

Evaluation und die damit verbundene Wirkungsforschung sind nicht die Stärke der Erwachsenenbildung. Dies ist nicht nur ein deutsches Problem. Dafür drei Belege:

(1) In Form einer Gerichtsverhandlung erörterte der Jahreskongress der amerikanischen Gesellschaft für Erwachsenenbildung 1990 in Salt Lake City den Vorwurf: »Der Wert der Produkte, die unter dem Schirm der Erwachsenenbildung angeboten werden, ist fragwürdig und ihr Erfolg ungenügend belegt. Damit ist der Verbraucher dem Schwindel, der Irreführung und unrichtigen Angaben der Anbieter ausgeliefert« (*Reischmann* 1991b, S. 304f.). Mit Ankläger, Verteidiger und einer Jury aus Repräsentanten des öffentlichen Lebens und der Erwachsenenbildung wurde an zwei Tagen die Verhandlung geführt, wurden Zeugen vernommen, Kreuzverhöre durchgeführt und Experten gehört. Manches war Spiel, aber manche Fragen wurden drohender Ernst. Und das »Urteil« bestätigte den Vorwurf: Zwar habe sich das Angebot der Erwachsenenbildung durchaus bewährt, aber die Dokumentation und der Nachweis von Erfolg seien ungenügend. Schwindel und Irreführung wollte die Jury allerdings – außer in Ausnahmefällen – nicht unterstellen.

(2) Die amerikanischen Forscher *Charters/Hilton* stellten in einer international-vergleichenden Analyse herausragender Weiterbildungs-Programme aus acht Ländern als ein gemeinsames Charakteristikum dieser Programme fest: »Die Fallstudien zeigen einen kuriosen Glauben an den Erfolg dieser Programme, ohne rastlose Suche nach entsprechenden Daten«; außerdem registrieren sie in den Programmbeschreibungen eine Vielzahl von »bewertenden Urteilen, bei denen konkrete Ziele, objektive Daten und sogar ... subjektive Daten weitgehend unbekannt sind« (*Charters/Hilton* 1989, S. 172f.).

(3) Eine eigene vergleichende Analyse (*Reischmann* 1990b) von Weiterbildungsprogrammen aus sechs Ländern der Dritten Welt differenziert dieses Ergebnis zwar, indem es »andere Formen der Ergebnissicherung« identifiziert, bestätigt aber auch, dass systematische, in den Programmen vorgesehene explizite Wirkungsanalysen weitgehend fehlen.

Obwohl seit Mitte der 90er Jahre in Deutschland die Anzahl der Evaluationsprojekte sprunghaft gestiegen ist, machen es in der Weiterbildung unterschiedliche Gründe schwer, Wirkungen zu erfassen und zu bewerten. Auf neun dieser Gründe soll im Folgenden eingegangen werden.

4.1 Offensichtliche Wirkungen werden nicht dokumentiert

Die oben zitierte »Gerichtsverhandlung« machte einen entscheidenden Denkfehler: Aus der nur selten anzutreffenden systematischen Wirkungskontrolle der Weiterbildungs-Anbieter folgerte sie, dass die Qualität des Produktes zweifelhaft sei; um diese Zweifel am Produkt auszuräumen, müsse eine neutrale Stelle (»die Wissenschaft«) mit anerkannten Verfahren eine Beurteilung von außen vornehmen.

So wünschenswert eine solche Fremdevaluation ist, so übersieht diese Forderung doch, dass der erwachsene »Konsument« von Weiterbildung oft auch selbst in der Lage ist, das »Produkt« zu beurteilen. Es gibt Wirkungen, die man nicht mit aufwändigen Verfahren zu messen braucht, um sie zu sehen: Wer nach einer Weiterbildungsmaßnahme eine Maschine (besser) bedienen oder Mitarbeiter wirksamer anleiten kann, sich kompetenter in der Kunst des alten China fühlt oder sich durch Sprach- oder Kulturkenntnisse sicherer in seinem Urlaubsland bewegt und deshalb dieses »Produkt« immer wieder konsumiert, der hat nur wenig Interesse an Fragebogen und Tests. Die vom Teilnehmer auf Grund früherer Erfahrungen vorgenommene »Abstimmung mit den Füßen« ist auch ein Indikator für Wirkungen.

Gerade für offensichtlich erfolgreiche Weiterbildungsveranstaltungen scheint es vordergründig überflüssig, Zeit, Geld und Kraft in eine zusätzliche Evaluation zu stecken. In der oben angeführten Analyse von Weiterbildungsprogrammen der Dritten Welt konnte festgestellt werden (*Reischmann* 1990b, S. 118f.), dass Wirkungskontrollen vor allem bei den wenig erfolgreichen Programmen gefordert wurden. Dort, wo Erfolg sichtbar und benennbar war – »Brunnen wurden gegraben«, »die Maisernte verdoppelte sich«, »die Dorfbewohner nehmen aktiv an den Versammlungen teil« – wurde nie die Forderung erhoben, man müsse jetzt auch noch eine explizite Evaluation durchführen. Der Verzicht auf bewertende Wirkungskontrollen könnte damit auch ein Indiz dafür sein, dass für alle Beteiligten der grundsätzliche Gewinn außer Frage steht.

Das Problem liegt hier nicht darin, dass keine Wirkungen sichtbar wären, sondern dass sie so offensichtlich sind, dass sie nicht dokumentiert werden.

Übungsaufgabe 18

Kommt Ihnen das bekannt vor? Falls Sie ein konkretes Beispiel aus Ihrem Erfahrungsbereich kennen, halten Sie es hier kurz fest:

Folgende Weiterbildungsmaßnahme brachte folgenden klaren Erfolg, der aber nicht dokumentiert wurde:

Maßnahme: ....

Nicht dokumentierte Erfolge:...

....

....

4.2 Gelungene Weiterbildung wird unsichtbar

Auch für Weiterbildung gilt die gestaltpsychologische Erkenntnis, dass befriedigte Bedürfnisse in den Hintergrund verschwinden und nicht mehr wahrgenommen werden: Spielt beim Konzert kein Instrument daneben, stimmen die Produktionszahlen einer Abteilung, halten sich Sprachprobleme im Urlaub in Grenzen, stimmt das Serviceangebot im Hotel/Kaufhaus/Freizeitpark, dann merkt niemand mehr, dass dies ohne entsprechende Qualifizierungsmaßnahmen nicht möglich gewesen wäre. Solange man das Chaos nach dem Kauf der neuen Computeranlage noch in Erinnerung hat, solange weiß man noch, dass die Schulung des Personals nicht mit Gold aufzuwiegen ist. Läuft später alles routinemäßig, hat man schnell vergessen, dass der Unterschied zwischen Chaos und Effizienz im Können der Mitarbeiter liegt. Wirkungen eines Bildungswesens, die bis dato unsichtbar waren, werden oft erst im Vergleich sichtbar und wert: Wenn man die millionenschweren Programme sieht, mit denen in den USA Industrie und Militär bei ihrem Personal, das Roboter und Atomraketen bedient, das Leseniveau wenigstens des achten Schuljahrs zu sichern sucht, betrachtet man die Wirkungen unseres oft kritisierten Schulsystems mit anderen Augen.

Diese Blindheit und »Undankbarkeit« gegenüber Erfolg ist vielleicht eine typische Pädagogenkrankheit: Denn da in diesem Bereich immer alles auch noch besser sein könnte, kann sich diese Zunft nie vorbehaltlos über Erreichtes freuen. Auf einem Evaluationskongress stellte eine Arbeitsloseninitiative ihre Arbeit vor. Auf der Pinwand hing die Aufgabenbeschreibung, welche die Arbeitsgruppe vor einem Jahr formulierte (als »vorher und schriftlich«, wie in Kapitel 1.3 dringlich angeraten): Für Arbeitslose sollte ein Treffpunkt zum Gespräch und Austausch geschaffen werden. Jetzt – ein Jahr später – war dies erreicht; ein Raum war gefunden, eine Betreuung gesichert, und das Angebot wurde genutzt. Doch plötzlich war diese klare und erreichte Zielsetzung offenbar aus dem Blick geraten: Jetzt wurde evaluiert, wie viele in einen Arbeitsplatz vermittelt wurden. Der Erfolg war unsichtbar geworden, obwohl er an der Pinwand klar ablesbar gewesen wäre.

Das Problem liegt auch hier nicht daran, dass Wirkungen nicht vorhanden wären, sondern dass vorhandene Ergebnisse nicht mehr gesehen werden – erst wenn sie fehlen bzw. solange sie fehlen, wird bewusst (auch am Geldbeutel), welcher Wert fehlt.

Es ist paradox: Eine Weiterbildung, die so rechtzeitig Qualifizierungsprobleme auffängt, dass echte Probleme gar nicht erst auftreten, hätte wohl die größten Schwierigkeiten, sich zu rechtfertigen.

Übungsaufgabe 19

Suchen Sie ein Beispiel aus Ihrem persönlichen Leben, wo Sie heute etwas können, was Sie vor einem Jahr noch nicht konnten (z.B. bin ich auf eine neue Textverarbeitung umgestiegen, und ich beherrsche inzwischen meinen neuen Drucker, und wenn ich recht nachdenke ...).

Trifft bei Ihrem Beispiel der Satz zu: »Gelungene Weiterbildung wird unsichtbar?«

4.3 »Erfolg«: Subjektiv oder objektiv?

Eine Erwachsenenpädagogik, welche die selbstständige Kompetenz des lernenden Erwachsenen als Voraussetzung, Weg und Ziel ihres Tuns ernst nimmt, wie dies in Kapitel 3.2 beschrieben wurde, tut sich schwer, »objektive« Kriterien zur Feststellung ihrer Wirkungen zu akzeptieren: Gerade nicht die objektiven, sondern die subjektiven Wirkungen sind – darauf haben Lebenswelt- und Deutungsmusteransätze hingewiesen –, von Bedeutung, also das, was der einzelne Mensch für sein individuelles Leben nutzen kann oder will. Objektive Kriterien werden damit obsolet: Wenn beispielsweise ein Teilnehmer nach einem halben Kurs aussteigt, ist das dann ein Misserfolg? Und falls Ja, für wen? Oder ist das ein Zeichen, dass er/sie selbstständig entschieden hat, dass das selbstgesetzte Lernziel erreicht ist?

In einer so verstandenen Erwachsenenbildung ist der Maßstab nicht das für alle Teilnehmer gleiche Lernergebnis, das vorab in seiner Bedeutung durch außenstehende Urteiler festgelegt wurde, sondern die subjektive Bewertung durch den Teilnehmer im Kontext seiner Lebenswelt. Dies macht es der Wirkungsforschung in der Weiterbildung schwer, zu definieren, was für wen »Erfolg« ist und was nicht.

4.4 Wirkungsketten und Wirkungsbreiten: Die Komplexität der Weiterbildungs-Wirkungen

Wenn man anerkennt, dass unterschiedliche Teilnehmer mit Recht Unterschiedliches aus Weiterbildungsveranstaltungen mitnehmen, »Erfolg« also subjektiv vom einzelnen Teilnehmer definiert werden darf, dann können aus der gleichen Maßnahme ganz unterschiedliche Wirkungen entspringen und nicht vorhergesehene Nebenwirkungen und Zusatzeffekte möglicherweise größere Bedeutung haben als die direkten Lehrziele, beim Verfahren »Breitenevaluation« (Kapitel 2.3) haben wir bereits darauf verwiesen. Wenn Erwachsenenbildung nicht auf isoliertes Speicherwissen abhebt, sondern sinnvoll für Lebensbezüge ist, setzt sie Wirkungsketten in Gang, die möglicherweise über lange Zeiträume ihre Wirkung zeigen und die niemand vorhersehen kann – und das in einer Wirkungsbreite, die weit über das ursprüngliche Lernfeld hinausreicht (»kompositionelles Lernen« – Reischmann 2002). Und je komplexer die Wirkungen, desto schwieriger ist es, diese ursächlich zweifelsfrei auf die Weiterbildung zurückzuführen.

Dies frustriert: Eine enge Wirkungsforschung erscheint banal, eine weite ist nicht zu leisten.

4.5 Zwischenüberlegung

Vier Probleme wurden bisher angeführt, die bewirken, dass Evaluation in der Erwachsenenbildung selten stattfindet. Auf der Grundlage von Teil I dieses Lehrbuchs kam Ihnen vielleicht bei dieser Aufzählung an der einen oder anderen Stelle Widerspruch hoch: So unabwendbar sind die Probleme nicht, man muss es nur richtig angehen.

Übungsaufgabe 20

Halten Sie zu jedem der bisherigen vier Problempunkte Gegenstrategien sowie die Seiten fest, auf denen Sie in diesem Buch eine Auseinandersetzung mit diesem Thema finden.

Problem:

a) Offensichtliche Wirkungen werden nicht dokumentiert.
Gegenstrategie:

....

.... siehe Seite ....

b) Gelungene Weiterbildung wird unsichtbar.
Gegenstrategie:

....

.... siehe Seite ....

c) »Erfolg«: Subjektiv oder objektiv?
Gegenstrategie:

....

.... siehe Seite ....

d) Komplexe Wirkungen
Gegenstrategie:

....

.... siehe Seite ....

Fünf weitere Probleme und Strategien zur Widerlegung sollen in einem zweiten Schritt bedacht werden.

4.6 Überzogene Erwartungen machen unglaubwürdig

Weiterbildner nehmen gerne den Mund voll: Aufklärung ist das Ziel, der demokratische Bürger soll gebildet, der selbstständige und verantwortliche Mitarbeiter erzeugt werden, Schlüsselqualifikationen sollen als deus ex machina alle Weiterbildungsprobleme der Zukunft lösen, Menschenbildung wird versprochen, Arbeitslosigkeit soll abgebaut und jedem ein erfülltes Leben mit der Förderung aller seiner Fähigkeiten ermöglicht werden. Sicherlich ist es wichtig, **Ideale** zu haben, die Richtung geben. Unterscheidet man aber nicht zwischen Idealen, die nie erreicht werden können, und beobachtbaren, bescheideneren und erreichbaren **Zielen**, dann weckt man Ansprüche, die nicht erfüllt werden können, und wird damit unglaubwürdig. Der Wunsch, die ganze Welt zu verbessern, ist sicherlich eine ehrenhafte, bei Pädagogen verbreitete Vision, geht aber doch ein wenig an der Realität vorbei.

Abb.4: Ideale und Visionen sind für jede Bildungsarbeit unabdingbar – aber sollten den Blick nicht versperren auf das, was alltäglich an Wirkungen erreicht werden soll (aus *Mager* 1970, S. 117).

Solche überzogenen Erwartungen werden auch von außen an die Erwachsenenbildung herangetragen. Wenn Politik oder Wirtschaft versagen, dann soll Erwachsenenbildung als Feuerwehr Missstände reparieren, die von ihr nur sehr begrenzt beeinflusst werden können: Arbeitslosigkeit, Politikverdrossenheit, Gewaltbereitschaft oder profitable Umweltkriminalität lässt sich nicht wegbilden, schon gar nicht für die Beträge und Zeiträume, die dann bereitgestellt werden.

Die Erwachsenenbildung / Weiterbildung macht sich unglaubwürdig, wenn sie überzogene Erwartungen zulässt und Wirkungen verspricht, die sie nicht erfüllen kann.

Übungsaufgabe 21

Formulieren Sie ein Ziel, das gut klingt, aber kaum erfüllt werden kann:..

....

Und formulieren Sie jetzt ein Ziel, das Sie einem Lerner mit gutem Gewissen versprechen können: ....

....

4.7 Die »Indikatorenschaukel«

In Kapitel 1.3 wurde bereits beschrieben, dass »Wirkung von Weiterbildung« vieles sein kann und man jede Wirkungserfassung ad absurdum führen kann, wenn man einfach reklamiert, dass man doch ganz andere Indikatoren hätte erfassen müssen. Dies wurde als »Indikatorenschaukel« bezeichnet. Diese Indikatorenschaukel entmutigt und erzürnt diejenigen, welche die Mühe einer Wirkungskontrolle auf sich genommen haben und stolz sind, Wirkungen nachgewiesen zu haben, die vorher bestenfalls Vermutung waren; doch plötzlich ist nach dem Prinzip des Ei des Kolumbus niemand mehr an den Ursprungsfragen interessiert.

4.8 Führungskräfte oder Ehrenamtliche messen?

»Evaluation«, »Wirkungskontrolle«, »Beurteilung« löst auch bei Erwachsenen oft alte Schulängste mit der Erinnerung an Fremdbeurteilung, Zensierung, Zeugnisse und Versagen aus. Kann man Ehrenamtlichen, die aus persönlichem Engagement und bestenfalls gegen ein Taschengeld Kurse halten, zumuten, sich einer Kontrolle ihrer Vermittlungsqualität auszusetzen? Passt diese Zumutung in den Geist vieler Weiterbildungsinstitutionen? So berichtet *Klatt* (1999, S. 41) aus der evangelischen Erwachsenenbildung die Erfahrung, dass »Teilnehmende regelrecht erbost (sind), dass sie nun nach jahrelanger Zusammenarbeit mit einem/r bewährten Dozenten/in ein Urteil über ihn/sie abgeben sollen und unterstellen uns, Misstrauen in eine aufrichtige Beziehung zu bringen«. Oder wenn Führungskräfte – von der Geschäftsführung bis zum Betriebsrat – in der Weiterbildung auftreten, ist es dann klug, ihre Leistung zu evaluieren? Und wären solche Kursleiter überhaupt ersetzbar, selbst wenn ihre Erfolge nachgewiesen eher bescheiden sind? Und wie wirken solche Evaluationsmaßnahmen auf die Teilnehmer?

Es gibt Bedingungen, unter denen es höchst unsensibel wäre und der Weiterbildung mehr schaden als nützen würde, wenn man mit Techniken der Wirkungsmessung ins Weiterbildungsfeld ginge. Andererseits: Es gibt auch Bedingungen, wo für viel Geld und auf Hochdruckpapier Weiterbildungseffekte vom blauen Himmel herunter versprochen werden. Kann man dabei blind vertrauen, oder wäre nicht doch ein bisschen Evaluation in einer solchen Situation angebracht?

4.9 Wer hat die Kompetenz für Evaluation?

Evaluation erfordert Kompetenz. Diese banale Feststellung schildert ein weiteres Problem, warum Evaluation oft so kritisch gesehen wird. Schon die Anwendung und Interpretation vorhandener Instrumente erfordert methodisches Fachwissen, erst recht die Entwicklung eigener Instrumente. Vorher-/Nachher-Messung und Kontrollgruppendesigns sind aufwändig, und der langfristige Investiv-Charakter von Bildungsmaßnahmen und die Vielzahl intervenierender Variablen machen den Zugriff schwer. In den seltensten Fällen verfügt Weiterbildungspersonal über die Fähigkeit, dies fachgerecht zu leisten. Deshalb wagt man sich nicht an Evaluation. Bei aller Betonung der Wichtigkeit solcher Kompetenz für eine seriöse Evaluation muss daher auch bedacht werden: Legt man die forschungsmethodische Messlatte zu hoch an, dann nimmt das den Mut, eine Evaluation überhaupt in Angriff zu nehmen.

Wenn Sie das in diesem Lehrbuch erworbene Wissen und Können in Ihrer Arbeit in der Erwachsenenbildung umsetzen, dann werden Sie eine(r) der wenigen sein, die über solche Evaluationskompetenz verfügen.

4.10 Und am schlimmsten: Nutzt Evaluation überhaupt etwas?

Zweifel gibt es im Großen: *Beywl* dokumentiert eine Vielzahl von Aussagen aus der amerikanischen Evaluation, die zeigen, wie in den 70er Jahren Unzufriedenheit und Enttäuschung mit Evaluation wuchsen: »Die Kernproblematik wurde darin gesehen, dass viele oder sogar die meisten Evaluationsergebnisse nicht genutzt wurden, weder für Haushaltsentscheidungen, noch für politische Entscheidungen oder die Programmentwicklung« (*Beywl* 1998, S. 34), und es wird berichtet, »dass die Beispiele für folgenlose Evaluation Legion sind« (a. a. O., S. 35). Neben diesem »Nutzendefizit« wurde im pädagogischen Zusammenhang auch kritisch auf das »Werte-Daten-Dilemma« hingewiesen: Können »objektive Daten« überhaupt die Wertgeladenheit von pädagogischen Zielen und Intentionen angemessen repräsentieren? Sicherlich hat die theoretische und methodische Weiterentwicklung von Evaluation manche dieser Einwände entschärft, dennoch gibt es auch heute noch Zweifel. Im Kleinen spiegelt sich dies beispielsweise im Erfahrungsbericht des Leiters des Evangelischen Bildungswerkes in Bremen mit dem bezeichnenden Titel »Sichert oder gefährdet ein Qualitätssystem die Qualität der Erwachsenenbildung?« Er beschreibt den hohen Aufwand – »pekuniär hat uns dieser Titel 14.000,- DM gekostet, nicht gerechnet die zahlreichen hauptamtlichen Arbeitsstunden und die verbrauchte

Nervenkraft« und urteilt: »Dass der laufende Arbeitsprozess nicht sichtbar gelitten hat, bleibt ein Wunder« (*Klatt* 1999, S. 40). Und die entscheidende Frage »Was hat sich ... in unserer Arbeit geändert?« bleibt recht gedämpft beantwortet, wenn über die Probleme der Teilnehmerbefragungen, den »Papierkram« und die reichhaltig ausgefüllten Formulare berichtet wird und ein durch das Qualitätsmanagement entstandenes Übergewicht der »Rechner« beklagt wird.

Auch der Erfahrungsbericht von *Berthold/Hortschansky* über Evaluationsbemühungen an ihrer Hochschule klingt trotz Arbeit, Geld und Unterstützung wenig hoffnungsfroh: »Leider kann bis heute noch keine glänzende Erfolgsbilanz gezogen werden« (1997, S. 125). Und: »Evaluation wirkt, – und dort, wo sie besonders notwendig ist, am meisten – demotivierend« (a. a. O.). Auch einen Schuldigen gibt es: »Wer die deutsche Universitätslandschaft einigermaßen kennt, ... der weiß auch, wie kompliziert solche Vorhaben umzusetzen sind« (a. a. O.). Schuld sei also die deutsche Universitätslandschaft, dass es für die Investition an Zeit, Geld, Personal, Expertise offenbar noch keine überzeugenden Outcomes gibt – wäre auch der schreckliche Gedanke denkbar, dass Evaluation als solche das Geld und die Zeit nicht wert ist, das investiert wurde?

Andererseits berichtet der Spiegel deutliche Folgen der Veröffentlichung seiner Rangliste deutscher Hochschulen: »In all diesen ZVS-Studiengängen besteht ein enger Zusammenhang zwischen der Platzierung einer Universität in der SPIEGEL-Rangliste nach dem Urteil der Studierenden ... und der Zu- und Abnahme der Bewerberzahlen« (*Daniel* 2000). Für den Studiengang Medizin etwa ergab sich: »Gegenüber dem Wintersemester 1998/1999 hat sich die Bewerberzahl an den besser beurteilten Universitäten um 20 Prozent erhöht, an den schlechter beurteilten Universitäten ist sie dagegen um rund 20 Prozent zurückgegangen« (a. a. O.). Hier zeigte Evaluation also deutliche Auswirkungen auf die ZVS-Bewerbungen – was in der Realität natürlich nichts bedeutete, da die ZVS unabhängig von Bewerbungszahlen Bewerber auf eine feste Anzahl von Studienplätzen pro Hochschulen verteilt.

Meta-Evaluation – die Evaluation von Evaluation wäre hier gefragt. Festhalten, was alles bereits in, während und durch Evaluation geschehen ist, wäre ein Appell an Evaluatoren im Großen wie im Kleinen. Es scheint, dass in der Tradition der Selbstevaluation (z. B. *Heiner* 1988) viel eher und bewusster positive Effekte berichtet werden als in von oben verordneten Groß- und Fremdevaluationsprojekten.

4.11 Zusammenfassung

Es gibt eine Reihe von Problemen, die der Bildungsarbeit immanent sind und Evaluation erschweren. Dies bedeutet aber nicht, dass Evaluation nicht möglich ist. Versuchen Sie auch für diese zweiten Punkte Gegenargumente bzw. Gegenstrategien zu finden.

Übungsaufgabe 22

Problem:

a) Überzogene Erwartungen machen unglaubwürdig.
Dagegen kann man folgendes tun:

....

.... siehe Seite ....

b) Die Indikatorenschaukel lässt sich vermeiden durch:

....

.... siehe Seite ....

c) Führungskräfte oder Ehrenamtliche messen?
Wie begründen?

....

....

Was vermeiden?

....

.... siehe Seite ....

d) Wer hat die Kompetenz für Wirkungsforschung?

....

.... siehe Seite ....

e) Nutzt Evaluation überhaupt etwas?

....

.... siehe Seite ....

Dieses Kapitel sollte zeigen: So ist es! Und es sollte zum Widerspruch aufstacheln: So schlimm oder unabwendbar ist das nicht – man kann schon etwas dagegen tun.

5. Evaluation – jetzt im Detail

In Teil I haben Sie die grundlegende Definition von Evaluation kennen gelernt; an drei Elemente der Definition sollten Sie sich noch erinnern (bei Bedarf siehe Kapitel 1.1). In diesem Kapitel sollen Sie zunächst (5.1) mehrere Evaluationstypen kennen lernen; danach (5.2) werden Ihnen vier unterschiedliche Reichweiten der Evaluation gezeigt. Beides dient dazu, die Vielfalt der Evaluationsmöglichkeiten zu kennen und für die Praxis das jeweils angemessene Verfahren auszuwählen.

5.1 Evaluationstypen

Folgende Evaluationstypen sollten Sie kennen und unterscheiden:

5.1.1 Formative oder summative Evaluation?

Diese Unterscheidung wurde bereits in 1.2 vorgestellt; sie muss hier der Vollständigkeit halber auf jeden Fall nochmals erscheinen. Tragen Sie selbst ein:

Übungsaufgabe 23

Summative Evaluation = ...

Formative Evaluation = ...

5.1.2 Vergleichende oder nichtvergleichende Evaluation?

Jede Evaluation enthält ein vergleichendes Element: Ein Ist-Wert wird mit einem Soll-Wert verglichen und daraus eine Bewertung gezogen. Dies ist hier nicht gemeint: Vergleichende Evaluation erfasst Merkmale gezielt und explizit bei einer Personengruppe oder zu einem Messzeitpunkt und vergleicht sie mit dem (vorhandenen oder speziell erhobenen) Datensatz einer anderen Personengruppe oder eines anderen Messzeitpunkts. Voraussetzung ist also, dass man zwei vergleichbare Datensätze hat.

Verglichen werden kann mit anderen Maßnahmen oder Ergebnissen; dabei wird gezeigt, was anderswo (nicht) erreicht wurde und wie die eigene Anstrengung dagegen abschneidet. Zu den vergleichenden Verfahren gehört auch der Vorher-Nachher-Vergleich. Ein weiteres Vergleichsverfahren findet sich in der Forschung: dort bildet man zum Zwecke des Vergleichens Kontrollgruppen.

Sicherlich sind viele Weiterbildungsmaßnahmen so individuell, dass es nichts Vergleichbares gibt. Aber auch hier gilt, die Flinte nicht sofort ins Korn zu werfen, sondern erst sorgfältig zu prüfen, ob nicht doch bestimmte Aspekte einem Vergleich zugänglich sind: z. B. gab es vielleicht einen Vorjahres- oder Parallelkurs, die Einschreibungsliste vor einer Veränderung, den letztjährigen Arbeits- oder Haushaltsplan, manchmal kann man auch noch schnell vor Beginn einer Änderung Daten erheben (hilft gleichzeitig bei der Konstruktion von Instrumenten). Damit kommt man schon zu quasi-experimentellen Designs (*Campbell/Stanley* 1967), die sich von echten experimentellen Designs vor allem durch die nicht randomisierten (= nicht durch eine organisierte Zufallsauswahl zustande gekommenen) Vergleichsgruppen unterscheiden. Schon *Glaser/Strauss* verweisen in ihrem epochemachenden Aufsatz über »grounded theory« 1965 auf die »Maximierung der Glaubwürdigkeit durch Vergleichsgruppen« (1979, S. 97) sowie den »glücklichen Zufall«, dass man »zuweilen über Vergleichsgruppen stolpert« (a. a. O. S. 99). Manchmal ist es schon hilfreich, etwas halb Vergleichbares heranzuziehen. Denn zu solchen Vergleichen gehört ohnehin die kritische Überlegung, inwieweit das zum Vergleich Herangezogene vergleichbar ist. Findet sich nichts Ähnliches, dann muss nichtvergleichend evaluiert werden: Man sammelt Daten nur aus der eigenen Maßnahme und bewertet diese.

Übungsaufgabe 24

Bei den Beispielen in Kapitel 2 ist ein Verfahren ganz explizit vergleichend. Welches ist dies?

....

5.1.3 Selbstevaluation oder Fremdevaluation?

Für Fremdevaluation spricht:

In einer strengen empirischen Forschung gilt es als Sünde, wenn jemand, der selbst im Feld engagiert ist, auch misst und bewertet. Zu groß scheint die Gefahr, dass man unbewusst für sich und die eigenen Maßnahmen Partei ergreift. Jemand Neutrales erscheint geeigneter, die notwendige Distanz zu wahren. Dies spricht für Fremdevaluation.

Für Selbstevaluation spricht:

Andererseits gibt es auch Forschungstraditionen wie Handlungsforschung (vgl. die Beiträge von *Hameyer* und *Kordes* in *Haft/Kordes* 1984) oder »grounded theory« (*Glaser/Strauss* 1965), die gerade auf die Selbstevaluation setzen: Nur wer im Bildungsfeld selbst engagiert ist, der kann auch erkennen, was wirklich wichtig ist.

Auch hier muss der Evaluator entscheiden, was für ihn wichtig ist. Will man wichtige Bewertungen nach außen darstellen oder fürchtet man die eigene Betriebsblindheit, dann ist eine Fremdevaluation besser. Andererseits gibt es genügend Bereiche, in denen eine Selbstevaluation sehr gut zu vertreten ist:

- weil den Ergebnissen gar nicht die große Außenwirkung zukommt,
- weil die Kenntnis der untersuchten Maßnahme »von innen« nötig ist,
- weil die Anwesenheit von Fremden stören würde,
- weil sich der Aufwand einer Fremdevaluation nicht lohnen würde,
- weil schlichtweg ein fremder Evaluator nicht greifbar ist.

Hier soll Mut gemacht werden zur Selbstevaluation; ein praxisnaher Leitfaden zur Selbstevaluation findet sich beispielsweise bei *Liebald* (1998). Denn aus einem andragogischen Bildungsverständnis heraus sollten die Betroffenen – sowohl die »Macher« solcher Bildungsangebote als auch die Teilnehmer – selbst in den Stand versetzt werden, über ihre Arbeit nachzudenken und sie zu gestalten. Selbst wenn solche Selbstevaluation zunächst noch nicht den Standard professioneller Fremdevaluationen erreicht, erscheint es in mittelfristiger Perspektive wichtig, auch für die Qualitätskontrolle der eigenen Bildungsarbeit die Verantwortung so weit als möglich bei den Betroffenen zu belassen. Dies spricht dafür, die Bereitschaft und Fähigkeit zur Selbstevaluation zu stärken. Dazu gehört natürlich auch – wie in diesem Buch fortwährend nahegelegt –, dass man bei Selbstevaluation sich selbst kritisch überprüft, ob man auf eigenes Wunschdenken hereingefallen ist oder die Aussagen durch Tatsachen gedeckt sind.

5.1.4 Intrinsische oder Output-Evaluation?

Evaluation kann eine Bildungsmaßnahme entweder von innen heraus an ihren deklarierten Absichten dokumentieren und bewerten – das wäre »intrinsische Evaluation«, – oder man kann erfassen, welche Früchte diese Maßnahme trägt – das wäre Output-Evaluation (*Jagenlauf* 1989, S. 6 – oder, wem die Amerikanismen missfallen, »Ergebnisevaluation«).

Zur intrinsischen Evaluation gehören Zielevaluation, Prozessevaluation und Produktevaluation:

Bei der **Zielevaluation** werden die Ziele einer Bildungsmaßnahme, die zu diesem Zwecke explizit formuliert sein müssen, überprüft. Dazu werden sie auf logische Stimmigkeit, Vollständigkeit, Genauigkeit und Überprüfbarkeit untersucht. Dies erfolgt, bevor die Früchte der Zielangabe etwa in einem Projektverlauf sichtbar werden, also gewissermaßen von innen heraus, indem man argumentativ die Zielformulierungen selbst bewertet.

Ähnliches gilt für die **Prozessevaluation**: Wenn vom Verlauf, vom Prozess einer Bildungsmaßnahme bestimmte Qualitäten erwartet werden, – z. B. die Teilnehmer sollen aktiv sein, es soll ein partnerschaftliches Klima herrschen, das Lernen soll visuell unterstützt sein –, dann kann man die Planung / den Prozess beobachten und prüfen, ob er tatsächlich so abläuft wie gewünscht. Auch hier prüft man kein Ergebnis, sondern misst die Sache innerlich an ihren eigenen Ansprüchen.

Produktevaluation (nicht verwechseln mit Output- / Ergebnisevaluation!) bedeutet, dass man ein didaktisches Produkt, zum Beispiel die Planung einer Konferenz, die Möblierung eines Bildungszentrums oder den Entwurf eines Studienbriefs aus den eigenen Ansprüchen heraus evaluiert, noch bevor bei einem ersten Nutzer die Ergebnisse sichtbar werden.

Das Gemeinsame dieser intrinsischen Evaluationsformen liegt darin, dass Maßnahmen, Prozesse, Konzepte aus ihren eigenen Ansprüchen heraus überprüft werden, und nicht an ihren Auswirkungen.

Dagegen dokumentiert und bewertet **»Output-Evaluation«**, was bei einer Maßnahme als Ergebnis herauskommt: Werden nach einem Sprachkurs bestimmte sprachliche Situationen beherrscht? Wie gut lösen die Teilnehmer die Theoriefragen beim Sportboot-Führerschein? Um wie viel Prozent sinkt die Ausschussquote in der Produktion nach einer Schulungsmaßnahme? Output-Evaluation ist also erst möglich nach Abschluss einer Bildungsmaßnahme bzw. einem Zwischenabschnitt. Erst dann kann man festhalten, welche Früchte sie getragen hat.

5.1.5 Quantitative oder qualitative Evaluation?

Evaluation kann **quantitative** Größen erfassen. Dies geschieht meist in Form von Zahlen: Stückzahlen, Fehlerzahlen, Zahl gelöster Aufgaben, Teilnehmerzahlen, Geldbeträge, Anzahl oder Stundenzahl von Veranstaltungen. Auch Aussagen über Qualitäten lassen sich in quantifizierter Form erheben, beispielsweise in der Form von Ratings (Schätzskalen), so wie dies beispielsweise im KBB (siehe Kapitel 2.2) erfolgt:

Beispiel

quantitativ:	1	2	3
Wie fanden Sie den Kurs?	gut	mittel	schlecht

Hier wird die Einschätzung sofort in Zahlen übersetzt, mit denen man dann rechnend weiterarbeitet.

Beispiel

qualitativ:

Wie fanden Sie den Kurs?..

Bei der **qualitativen** Evaluation werden Aussagen in Form von Worten gesammelt, die nicht vorher festgelegt sind. Qualitatives Vorgehen lässt Offenheit für nicht vorhergesehene Beobachtungen. »Breitenevaluation« (siehe Kapitel 2.3) ist ein solches qualitatives Verfahren.

Vorteil quantitativer Evaluation ist, dass man große Personenzahlen schnell befragen, auswerten und zusammenfassen kann. Nachteil ist, dass vieles damit an Farbigkeit der Information verloren geht und dass man nur Antworten auf das bekommt, was man fragt – und nicht, was den Befragten am Herzen oder auf der Zunge gelegen hätte, an das der Evaluator in seinem Fragebogen aber nicht gedacht hat. Solche Inhalte, die vom Evaluator nicht berücksichtigt wurden, gewinnt man eher mit qualitativen Verfahren, man erhält offen-überraschende Antworten, Nuancen und Farben – mit der Schwierigkeit, diese dann zusammenfassend auszuwerten. Darauf wird Kapitel 11 ausführlich eingehen.

Übungsaufgabe 25

Streichen Sie die falschen Begriffe durch:

Der KBB ist eine qualitatives/quantitatives Verfahren,
Breitenevaluation ist ein qualitatives/quantitatives Verfahren.

5.1.6 Hypothesenprüfende oder hypothesengenerierende Evaluation?

Bei manchen Evaluationsprojekten weiß man ganz genau, was man fragen will: Haben Sie etwas gelernt? Können Sie das Tagungslokal verkehrstechnisch erreichen? Wie beurteilen die Nutzer das Angebot? Bei dieser Evaluation kommt es darauf an, auf Fragen Antworten zu bekommen. Dazu kann man befragen (schriftlich oder mündlich), man kann beobachten oder Material analysieren. In diesen Fällen hat man vorab Vermutungen, Fragen, Hypothesen, auf die man eine Antwort bekommen möchte.

Und es gibt im pädagogischen Feld eine ganz andere Situation: Man weiß, dass man Probleme hat, man ist verwirrt, irritiert, es fehlt der Durchblick.

Hier hat man komplexe, schlecht strukturierte Problemlagen vor sich, die dadurch gekennzeichnet sind, dass der Zielzustand und der Lösungsweg bestenfalls ansatzweise und vage bekannt sind. Man weiß, dass etwas anders, besser werden soll, aber man weiß nicht wie und oft auch nicht genau was. Das Ziel in solchen Situationen besteht darin, zunächst überhaupt einmal handhabbare Strukturen zu erkennen, brauchbare Fragen zu entdecken, begründete Vermutungen darüber zu entwickeln, wie die Dinge untereinander zusammenhängen. Hier geht es also darum, überhaupt erst einmal plausible Annahmen darüber auszuarbeiten, was denn eigentlich zu untersuchen ist. Im Wissenschaftsjargon: Hypothesen zu generieren. Bei diesem hypothesengenerierenden Verfahren hat man zunächst bestenfalls vage Vorstellungen; man beobachtet im Feld oder blättert Protokolle durch oder spricht mit den Beteiligten und versucht dabei, Klarheit darüber zu gewinnen, was man eigentlich untersuchen will und was die zu erhebenden Indikatoren sind.

5.1.7 Aufgaben

Übungsaufgabe 26

Definieren Sie:

Intrinsische Evaluation: ....

Produktevaluation: ....

Vergleichende Evaluation: ....

Output-Evaluation: ....

Fremdevaluation: ....

Hypothesengenerierende Evaluation: ....

Übungsaufgabe 27 »Kneipen-Evaluation«

Sie stellen in der letzten Stunde eines Kurses auf einem Rückmeldebogen unter anderem folgende Frage:

> Stellen Sie sich vor:
> Am Abend vor Beginn unseres Kurses fragt Sie jemand in der Kneipe: »Du gehst morgen in den Kurs X? Worum geht es denn da?« Wie lange hätten Sie damals über das Kursthema reden können? .... Minuten.
>
> Wenn Sie heute Abend in der Kneipe jemand fragen wird: »Du warst im Kurs X? Um was ging es denn da?«
>
> Wie lange könnten Sie dann heute darüber reden? .... Minuten.

Unterstreichen Sie in jeder Zeile, welchem Typ diese Evaluationsfrage entspricht:

Formativ	oder	Summativ
Vergleichend	oder	Nicht vergleichend
Selbstevaluation	oder	Fremdevaluation
Intrinsische	oder	Ergebnisevaluation
Quantitative	oder	Qualitative Evaluation
Hypothesenprüfende	oder	Hypothesengenerierende Evaluation

5.2 Vier / fünf Ansatzpunkte für Evaluation: Angebotsevaluation, Meinung, Können, Anwendung, Wirkung

In der amerikanischen Evaluationsdiskussion wird in Anlehnung an *Kirkpatrick* (1987) zwischen vier Ansatzpunkten für Evaluation mit je unterschiedlichen Reichweiten unterschieden (wir schlagen als fünften zusätzlich die Angebotsevaluation vor):

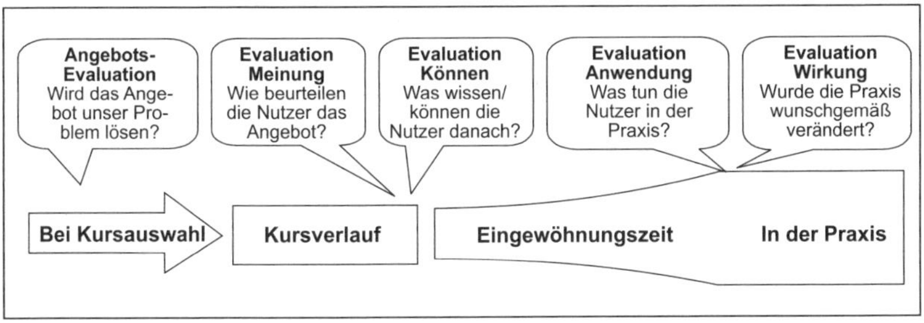

Abb.5: Fünf Ansatzpunkte für Evaluation

5.2.1 Stufe 1: Meinung

Bei dieser ersten Strategie wird am Ende eines Kurses gefragt, was die Teilnehmer über den Kurs meinen. Es erfolgt also eine Einschätzung, oft in Form einer Schätzskala (»Rating«): Den Teilnehmern werden Aussagen vorgelegt; zu jeder Aussage wird eine Skala mit fünf Abstufungen zum Ankreuzen angeboten (von »trifft ganz und gar zu« bis »trifft gar nicht zu«). *Kirkpatrick* bezeichnet diese Evaluationsstrategie deshalb als »reaction« – man reagiert auf das Bildungsangebot. Diese Methode hat den **Vorteil**, dass sie ökonomisch durchführbar ist und die Ergebnisse schnell zur Verfügung stehen. Außerdem können die Fragen solcher Schätzskalen weitgehend unabhängig vom Kursinhalt formuliert werden, das gleiche Befragungsinstrument ist deshalb auch bei unterschiedlichen Kursinhalten einsetzbar. Diese Methode ist deshalb die am öftesten anzutreffende Auswertungsform.

Nachteil einer solchen Schätzskala ist, dass die Teilnehmer ihren subjektiven Eindruck (deshalb übersetzen wir mit »Meinung«) vom Kurs wiedergeben, der durch vielerlei Faktoren beeinflusst wird und keineswegs unbedingt zutrifft. Etwas abschätzig wird in diesem Zusammenhang auch vom »Happy-Faktor« gesprochen – man weiß, ob die Teilnehmer im Kurs »happy« waren und glauben, etwas gelernt zu haben. Aber: Man weiß nicht, ob die Teilnehmer »scharf« oder »freundlich« urteilen und ob sie ihren Lerngewinn oder gar den Transfer auf eine spätere Ernstsituation überhaupt einschätzen können.

Beispiel

So zeigte sich beispielsweise bei der Erprobung eines solchen Einschätzungs-Instrumentes (»Kursbeurteilungsbogen KBB«, siehe Kapitel 2.2; *Reischmann* 1996), dass Kursteilnehmer in unterschiedlichen Institutionen und Kursen verschiedene Maßstäbe an die Kurse anlegten. So beurteilten beispielsweise die Teilnehmer einen Kurs recht positiv, der von einem alt-erfahrenen Schlachtross von Kursleiter geleitet wurde, der seine Führerposition voll auslebte, Teilnehmer blamierte und lächerlich machte, der drohte und schmeichelte, mit »Späßchen« die Leute unterhielt und jeden Augenblick zeigte, wer der Herr im Kurs ist. Mitzudenken brauchte man nicht, eigene Anstrengung war auch nicht nötig; ducken und schadenfroh lachen genügte. Während dem andragogisch geschulten Beobachter grauste (vgl. Kapitel 3.2), fanden die Teilnehmer dies offenbar so ihrer Lernerwartung entsprechend (woher hätten Sie auch etwas anderes gekannt?), dass sie in der Rohform des Fragebogens den Kurs »kurzweilig«, »lebendig«, »kompetent« und »erfolgreich« einschätzten. Eine Reihe der Fragen wurden daraufhin aus dem Fragebogenentwurf genommen bzw. umformuliert; z.B. wurde die Frage gestrichen, ob der Kurs »kurzweilig« war, weil aus dieser Beobachtung plötzlich klar wurde, dass dies ein höchst missverständliches Charakteristikum ist – der Fragebogenkonstrukteur etwas anderes meint als der Befragte (vgl. Kapitel 8.4: Gütekriterium »Validität«).

Viele der handgestrickten Fragebogen zur Kursbewertung, die insbesondere bei Firmen nach Seminaren eingesetzt werden, zeigen schon beim ersten Blick solche Schwächen.

Für den Gegenstandsbereich Bildungsarbeit gibt es aber noch ein grundsätzlicheres Bedenken gegen diese Meinungs- und Zufriedenheitsfeststellung: Lernen fordert vom Lerner grundsätzlich die Mühe des Mitmachens und des Selbst-Aneignens. Die steht aber möglicherweise im Gegensatz zum Wunsch nach leichtem Konsum beim »Kunden«. *Gieseke* weist deutlich auf diese Diskrepanz hin: »Man kann nichts gelernt haben und dennoch sehr zufrieden sein ... Natürlich bringt Lernen auch Spaß, aber Entwicklungen verlaufen nie nur mit Lust, sie verlangen häufig einen langen Atem und mühevolle Umwege. Es entspricht also einfach nicht dem Gegenstand, es ist für die Qualität nicht allein ausschlaggebend, ob alle zufrieden sind« (*Gieseke* 1997, S.39). Und um diese grundsätzlichen Bedenken noch zu vertiefen: Die Qualität einer Bildungsmaßnahme hängt auch davon ab, ob und wie der Teilnehmer selbst sich einbringt – in ökonomischen Begriffen: Die »Produktqualität hängt auch von der Beteiligung des Kunden mit ab«. Was wird dann eigentlich in solchen Meinungsbefragungen erhoben?

Ein »Beweis« für die Wirkung eines Kurses ist die Meinungsbefragung demnach nicht. Dass Teilnehmer meinen, sie seien (nicht) erfolgreich, kann zutreffen oder auch nicht, hängt von den unbewussten Bildungs-Vorerfahrungen ab (wer nichts anderes als schulmeisterlich-entmündigende Alleinunterhalter kennt, wie soll der einschätzen: »Alle Teilnehmer wurden zur aktiven Mitarbeit ermutigt«?), aber auch von bewussten Antwortstrategien (»Lieber schlechter, damit der Kursleiter nicht übermütig wird«, »Lieber besser, man kann einen Kollegen doch nicht bloßstellen«).

Trotz dieser Schwäche sind diese Einschätzungen auf der Ebene »Meinung« ein einfacher Einstieg mit Evidenzcharakter: Wenn alle etwas (nicht) gut finden, dann braucht man schon triftige Argumente, etwas anderes zu behaupten.

Evaluation auf der Basis von Meinungen ist nicht auf die Kurseinschätzung durch die Teilnehmer beschränkt. Bisher wenig genutzt wird die Einschätzung abgelaufener Kurse durch den Kursleiter – eventuell ergänzend zu den Teilnehmern. Auf die Frage, wen man am besten zu einem bestimmten Thema befragt, wird Kapitel 10.2.1 ausführlicher eingehen.

Einschätzungen als Meinungsabfrage werden oft bei Evaluationen als Methode der Datengewinnung eingesetzt. Prüfen Sie:

Übungsaufgabe 28

Gehen Sie die Evaluationsbeispiele in Kapitel 2 durch; kreuzen Sie an, wo mit Einschätzungen durch Meinung gearbeitet werden!

❍	2.1.a	Qualitative Bewertung von Kurselementen
❍	2.1.b	Quantitative summative »Thermometer«-Rückmeldung
❍	2.1.c	Leistungsprüfung: Was wird gekonnt?
❍	2.2	Kursbeurteilungsbogen KBB
❍	2.3	Breitenevaluation
❍	2.4	Tätigkeitsdokumentation
❍	2.5	Kosten-Nutzen-Evaluation
❍	2.6	Evaluation eines didaktischen Produkts

Übungsaufgabe 29

Nennen Sie drei Vorteile der Evaluation auf der Ebene »Meinung«!

1. ....

2. ....

3. ....

Nennen Sie drei Nachteile der Evaluation auf der Ebene »Meinung«!

1. ....

2. ....

3. ....

5.2.2 Stufe 2: Wissen, Können

Will man wissen, welches Wissen und Können in einem Kurs erworben wurde (*Kirkpatrick* bezeichnet diese Stufe als »Learning«), so muss man jeden Teilnehmer dieses Wissen oder Können vorführen lassen. Dies kann am Ende des Kurses geschehen in Form einer Prüfung, mit Papier-Bleistift-Aufgaben, (standardisierten) Tests, Simulationen, Arbeitsaufgaben, einer Probearbeit oder ähnlichem. Die von der Schule her bekannten Prüfungsarbeiten und Tests entsprechen dieser Form. In Kapitel 2.1.c wurde Ihnen ein solches Instrument zur Feststellung des Lernergebnisses eines Computerkurses skizziert.

Vorteil dieser Stufe 2 ist, dass die Stoffbeherrschung direkt gezeigt wird und man nicht auf die mehr oder weniger verlässliche Selbsteinschätzung oder Meinung der Teilnehmer angewiesen ist. Ein weiterer, vor allem didaktischer Vorteil ist, dass die Teilnehmer erfahren, was sie können. Meistens ist dies eine ermutigende und stolz machende Erfahrung. Das Kribbeln im Bauch gehört dazu, wenn jeder am letzten Tag des Ikebana-Kurses ein Blumengesteck den anderen zur Begutachtung vorführt, wenn der Fotografiekurs mit einer »Ausstellung« endet, in der jede Arbeit nach einer Kriterienliste beurteilt wird; wenn jemand am Ende des Kurses über »Evaluation in der Erwachsenenbildung« eine Serie von Prüfungsfragen und -aufgaben beantworten sowie ein eigenes Evaluationsprojekt vorstellen muss. Es ist Sache des Kursleiters, aus seinem andragogischen Wertsystem heraus zu verhindern, dass dies zu einem herabwürdigenden oder verletzenden Hahnenkampf wird.

Von **Nachteil** ist, dass die Konstruktion solcher Lernergebnis-Prüfungen oft aufwändig ist, dass sie nur für einen einzelnen Kurs bzw. Stoffbereich gelten und komplexere Lehrziele wie »Selbstständigkeit« oder »Verantwortung« so kaum erfasst werden können. Außerdem ist mit der Lernergebnisprüfung nicht ausgesagt, ob das Gelernte nachher auf die Praxis transferiert wird und diese positiv verändert wird. Man weiß zwar, dass die Lerner zu einem bestimmten Ausmaß die Lernziele – zumindest die abgeprüften – beherrschen; ob sie etwas damit anfangen, ist nicht gesagt.

Die Überprüfung der Meinung und der Lernergebnisse (Stufen 1 und 2) erfolgt zumeist unmittelbar am Ende der Weiterbildungsmaßnahme. Sie kann aber auch schon während des Kurses stattfinden und dient dann der formativen Evaluation.

5.2.3 Stufe 3: Anwendung

Am Ende eines Kurses etwas zu wissen oder zu können ist eine Sache; eine andere Sache ist es, ob dieses Wissen oder Können später auch in die Praxis umgesetzt wird. In dieser dritten Stufe wird festgestellt, ob in Folge der Bildungsmaßnahme eine Anwendung des Gelernten in der Praxis festzustellen ist (*Kirkpatrick*: »Behavior«). Dazu werden einige Zeit nach dem Kurs – beispielsweise nach ca. drei Monaten – die Teilnehmer im Anwendungsbereich aufgesucht und es wird festgestellt, ob das neu erworbene Wissen / Können anwendet wird. Dabei können Anwendungsproben untersucht werden: stehen ikebana-geprägte Blumengestecke in der Wohnung, wurden Weihnachtsplätzchen gebacken und wurden sie auch alle gegessen (schlecht, wenn dem Evaluator welche angeboten werden – anscheinend wollte sie niemand anderes), werden Briefe und andere Schriftstücke problemlos mit dem Computer erstellt, wird der Gabelstapler unfallfrei gefahren. Diese Anwendungsprüfung kann auch in Befragungsform durchgeführt werden. Beispielsweise kann man in der betrieblichen Weiterbildung neben dem Lerner selbst auch Vorgesetzte, Untergebene, Kollegen oder Kunden befragen: Erfolgt die Textverarbeitung wie erwartet? Haben sich unklare Anweisungen reduziert? War die Beratung freundlich und kompetent? Oder ganz allgemein: Haben Sie einen Unterschied festgestellt zwischen vor und nach dem Kurs? Bei dieser Befragung von Dritten gilt auch wieder das andragogische Prinzip des Respekts vor dem Lerner: Die Befragung erfolgt nicht heimlich, unangekündigt, hinterlistig; es ist jeder Eindruck zu vermeiden, man wolle hinter dem Rücken des Betroffenen spionieren.

Vorteil ist, dass jetzt geprüft wird, ob das Lernen tatsächlich zu einer verbesserten Handlungsfähigkeit geführt hat, und nicht nur zu einem folgenlosen Papierwissen; **Nachteil** ist die manchmal aufwändigere Erhebungsmethode (z. B. wenn die Teilnehmer in alle Winde zerstreut sind).

Allerdings ist zu berücksichtigen, dass eine eventuelle Nicht-Anwendung des Gelernten weder bedeutet, dass die vorangegangene Bildungsmaßnahme erfolglos war, noch dass der Teilnehmer nichts gelernt hat: Vielleicht hat sich einfach noch keine Gelegenheit zur Anwendung ergeben. In diesem Fall muss man überlegen, ob dies für den speziellen Fall akzeptabel ist. Dass ich erst ein Jahr nach meiner Teilnahme an einem VHS-Dia-Überblendkurs die erste teure Gerätschaft kaufte und dann erst allmählich begann, das Gelernte anzuwenden, ist sicher akzeptabel; aber wenn man einen Mitarbeiter auf ein Fahrtraining für Gabelstapler schickt, dann ist es kaum akzeptabel, wenn er drei Monate danach immer noch keine Stunde das Erlernte anwenden konnte, weil der Vorarbeiter ihn nicht an »seinen« Gabelstapler heranlässt. Das Problem liegt hier nicht im Verantwortungsbereich des Bildungswesens, sondern des Managements: Lernen macht nur dann Sinn, wenn hinterher auch die Möglichkeit der (zunächst vielleicht noch geschützten) Erprobung geboten wird (hoffentlich liest meine Tochter diese Zeilen nicht, die gerade den Führerschein macht). Diese Möglichkeit der Erprobung liegt möglicherweise gar nicht in der Hand des Weitergebildeten oder des Trainers, sondern bei Vorgesetzten oder anderen, welche die Anwendung ermöglichen und dazu ermutigen müssen. Die Evaluation auf dieser Stufe der Anwendung überprüft damit nicht nur Bildungsergebnisse, sondern auch das Umfeld und kann damit feststellen, ob die Bildungsmaßnahme von Anfang an überhaupt sinnvoll war (wozu etwas lernen lassen, das hinterher gar nicht gebraucht wird?) und ob nachträglich das Umfeld so gestaltet wurde, dass das Gelernte auch angewendet werden konnte. Hier kann Evaluation dann wieder formativ wirken: bewusst zu machen, dass Anwendung möglicherweise nicht von sich alleine erfolgt, sondern auf Vorbedingungen angewiesen ist, die erst zu schaffen sind.

Mit der Evaluation auf der Stufe »Anwendung« wird also unterschiedliches geprüft. Man prüft:

Weiterbildungs-Erfolg: Wurde nichts oder nicht ausreichend gelernt?

Mehr oder weniger Erfolg hängt auf der Stufe »Anwendung« auch davon ab, dass genügend gelernt wurde. Hier wird man also nachfragen, ob die Bildungsmaßnahme gut genug war, um den Erfolg zu sichern. Ist dies nicht der Fall, dann muss sie entweder verbessert werden oder verlängert / wiederholt werden. »Besser und / oder mehr davon« wäre die Strategie.

Transfer-Erfolg: Wurde genug transferierbar gelernt?

Fehlender Anwendungserfolg kann möglicherweise darauf zurückgeführt werden, dass zwar die richtigen Inhalte gelehrt wurden, dass die Teilnehmer die Inhalte auch gelernt haben, dass aber im Kurs nicht genügend auf die Praxisübertragung geachtet wurde.

Zum Beispiel: Ein Kommunikationsseminar braucht genügend Übungsbeispiele aus dem Feld, auf das die Fähigkeit übertragen (transferiert) werden soll: Entweder Übungsbeispiele für das Gespräch zwischen (Ehe-) Partnern oder zwischen Team-Mitarbeitern oder zwischen Vorgesetzten / Untergebenen. Je nach Zielgruppe muss der Trainer sich für die einen oder die anderen Übungsbeispiele entscheiden, und nicht ein Sammelsurium von Wischi-Waschi-Übungsbeispielen aus allen möglichen Bereichen aus seiner Sammelkiste hervorziehen. Denn dies würde die Transferlast dem Teilnehmer aufbürden, der aus diesem Sammelsurium das für seine Situation passende herausfinden muss. Ein zweites Beispiel: Im Hobby- / Computer- / Werkstattkurs stellt man den Teilnehmern die besten und teuersten Hilfsmittel zur Verfügung. Diese aber sind in der realen Anwendungssituation nicht verfügbar: Seidenmalen findet mit drei Farben auf dem Küchentisch statt, in vielen Büros wird recht erfolgreich auch unterhalb von Windows 3000 und ohne 999er-Prozessor gearbeitet. Diese »Normalbedingungen« sind für manche Kursleiter anscheinend unter ihrer Würde. Aber: Auf die Normalsituation muss vorbereitet werden, soll Anwendung stattfinden. Transfer wird dann gefördert, wenn die Übungssituation der Anwendungssituation möglichst ähnlich gemacht wird.

Manchmal stellt man hier mit Schrecken fest, dass der Kursleiter (und manchmal ist man das selber) mit keinem Gedanken an die Situation gedacht hat, in der die Teilnehmer das Gelernte anwenden sollen. Die Evaluation gibt auf dieser Stufe und in dieser Hinsicht also Hinweise auf Schwächen der Kursplanung und -durchführung, die durch didaktische Maßnahmen aufzufangen sind. Dieses Transferproblem taucht oft auf bei Kursleitern, die sich als »Fachwissenschaftler« verstehen und mit den Niederungen der Alltagspraxis nichts zu tun haben. Ferner sind externe Referenten, wenn sie das Anwendungsfeld nicht kennen, hier eine besondere Gefahr. Ebenfalls problematisch sind heterogen zusammengesetzte Gruppen: Wie sollen viele verschiedene Anwendungen zugleich berücksichtigt werden? Und schließlich ist das Transferproblem fast unausweichlich, wenn Kursleiter ihre Teilnehmer nicht fragen: »Wofür brauchen Sie den Kurs? Und wie kommen wir gemeinsam dorthin?« Aber für einen Profi-Kursleiter ist diese Frage eigentlich selbstverständlich.

Strategie zur Förderung des Transfer-Erfolgs ist ein Eingehen auf die Anwendungssituation und zusätzliche Übungen, die im Kurs möglichst nahe an die Anwendungssituation heranführen.

Inhaltskontrolle: Wurden die richtigen Inhalte gelernt?

Möglicherweise wird jetzt offensichtlich, dass man den Inhalt A unterrichtet hat, aber erwartet, dass hinterher B angewendet wird. Sicherlich ist es interessant, in den Computer hineinzuschauen oder im binären System zu rechnen: Aber kann man dann hinterher Textverarbeitung? Lernt man eine Fremdsprache durch Schreiben, kann man sie dann auch sprechen (und umgekehrt)? Lernt man die »Grundlagen des Kreditwesens«, kann man dann hinterher beim Kunden X das notwendige Formular ausfüllen? Erfolg bzw. Nichterfolg bei der Anwendung richtet den prüfenden Blick auch auf die Inhalte der Bildungsmaßnahme. Sind es die falschen, dann nutzt »besser oder mehr davon« nichts; als Strategie müssen Inhalte revidiert werden bzw. die Schwerpunkte anders gesetzt werden.

Anwendungskontrolle: Bestand die Möglichkeit der Anwendung?

Wird ein Kurs mit der Absicht besucht, dass man hinterher etwas anwenden kann (das muss nicht immer der Fall sein!), dann nutzt das beste Lernen nichts, wenn keine Möglichkeit zum Anwenden besteht. Wer »Textverarbeitung« lernt, dann aber nicht an den Computer und das gelernte Programm herankommt (vielleicht »irgendwann einmal später«), wird Fähigkeit und

Motivation schnell verlieren. »Use it or lose it!« heißt das im Amerikanischen. Die Evaluation auf der Ebene »Anwendung« zeigt manchmal, dass Nichtanwendung überhaupt nichts mit der Qualität des Kurses zu tun hat, sondern auf das Fehlen der Anwendungsmöglichkeit zurückzuführen ist. Falls der Lernende selbst über Anwendung oder Nichtanwendung entscheiden kann, dann ist es wichtig, ihn auf seine Selbstverantwortung und die von ihm erwartete Initiative hinzuweisen. Öfter aber findet man, dass z. B. Vorgesetzte die Anwendung verhindern, entweder weil sie nichts von dem »neumodischen Zeug« halten (aber warum wurde er/sie dann zum Kurs geschickt?) oder weil sie einfach nicht wissen, dass es ihre Aufgabe ist, diese Schritte der Anwendung zu ermöglichen, zu unterstützen und zu schützen.

Übungsaufgabe 30

Nennen Sie Beispiele für Kursinhalte, bei denen die Anwendung unmittelbar im Vordergrund steht:

1. ....

2. ....

3. ....

Nennen Sie Beispiele für Kursinhalte, bei denen das Kriterium »Anwendung« wenig Sinn macht:

1. ....

2. ....

3. ....

Interessant sind auch hier die Überschneidungsfälle: Jemand besucht einen Kurs »Einführung in die Arbeit mit dem PC« weil er wissen will, welchen PC er kaufen soll. Auch wenn diese Person das im Kurs Gelernte nie anwendet, ist der Besuch für diese Person sinnvoll. Anwendung ist ein Kriterium, das vom Teilnehmer subjektiv selbst definiert werden kann!

Spielt die Sicherung des Erfolgs auf der Ebene »Anwendung« eine wichtige Rolle, dann ist es didaktisch oft sinnvoll, etwa ein Vierteljahr nach dem Kurs ein erneutes Treffen durchzuführen und dabei sowohl Transferprobleme als auch Anwendungswiderstände zu besprechen.

Ob mit dem Anwenden des Gelernten auch die beabsichtigten Wirkungen erzielt werde, ist auf dieser Stufe nicht gesichert. Dies wird in Stufe 4 geprüft.

5.2.4 Stufe 4: Wirkung

Veränderung von Wissen und Können (Stufe 2) und daraus folgende Anwendung in der Praxis (Stufe 3) will je nach Kursintention bestimmte Wirkungen erzielen: Ende der Arbeitslosigkeit, höhere Produktivität, besseres Familienleben, mehr Spaß beim Hobby ... Diese Wirkungen (*Kirkpatrick*: »Results«), die man sich von Weiterbildung verspricht, werden auf dieser vierten Stufe festgestellt. Wenn eine solche Wirkung als Ziel vorgegeben ist, kann die Bewertung der Bildungsmaßnahme am Erreichen dieser Wirkung gemessen werden.

Manchmal fallen »Anwendung« und »Wirkung« zusammen: Ich kann den Parallelschwung beim Skifahren »anwenden« – das ist zugleich die »Wirkung«, die ich vom Lernen erwarte. Oder: Ich lerne ein Musikinstrument zum eigenen Vergnügen. Natürlich könnte man in beiden Fällen weiterfragen: Ist die erwartete Wirkung nicht etwas anderes, z. B. höhere Lebensfreude, Lebensqualität, Kreativität, Ganzheitlichkeit? Aber das würde den Bogen etwas weit spannen.

Manchmal wird bei der Evaluation auf dieser Stufe aber auch deutlich, dass zwischen Anwendung und Wirkung ein erheblicher Unterschied besteht. Ein Bewerbungstraining beansprucht, Arbeitslosigkeit zu beenden: Trotz Anwendung aller im Kurs gelernten Bewerbungsstrategien in der Praxis (»Anwendung«) wird die beabsichtigte Wirkung »Einstellung auf Arbeitsplatz« nicht erreicht. Ein Kommunikationstraining verspricht, Konflikte zu reduzieren«: trotz »Hören mit vier Ohren«, Ich-Botschaften und Vermeiden von Kommunikationskillern ändert sich in der Stimmung der Abteilung nichts. Nicht der zufriedenstellende Kurs (Ebene »Meinung«), nicht der Lernerfolg am Kurs-Ende (Ebene »Können«), nicht die Umsetzung in die Praxis (Ebene »Anwendung«) sind die Zielebene: Es soll damit eine bestimmte Wirkung, ein bestimmter Effekt erreicht werden.

Methodisch können diese Wirkungen durch Befragungen einige Zeit nach der Weiterbildung erfasst werden; oft gibt es aber auch unmittelbar beobachtbare Kriterien wie Stückzahlen, Fehltage, Kosten oder Aktivitäten. Der Nachweis solcher Wirkungen ist manchmal einfach, manchmal – vor allem bei komplexeren Wirkungen – erfordert er einen erheblichen Aufwand. Insbesondere ist es oft schwierig, die Variablen so zu separieren, dass klar ist, welchen Anteil am Erfolg die Weiterbildungsmaßnahme hatte und wie weit Misserfolg in die Verantwortung der Weiterbildung fällt. Dennoch ist der Nachweis von solchen Wirkungen von Weiterbildung in vielen Fällen möglich und hat dann auch besondere Überzeugungskraft.

Bei der Evaluation auf der Ebene »Wirkungen« wird gelegentlich deutlich, dass die Probleme andere sind, und nicht durch die Schulung beeinflussbar:

- Wenn das Problem »Streit in der Abteilung X« auf schlechte Arbeitsorganisation zurückzuführen ist, wird ein Kommunikationstraining wenig Erfolg zeigen.
- Wenn als Wirkung ein besseres Klima im Sekretariat erwünscht ist, ist ein Blumenstrauß wirksamer als ein Textverarbeitungskurs.
- Wenn keine Arbeitsplätze vorhanden sind, zeigt das beste Bewerbungstraining keine Wirkungen.

Ist die »Anwendung« erfolgreich und zeigen sich trotzdem keine entsprechenden »Wirkungen«, dann erst stellt man manchmal mit Schrecken fest, dass das ganze Problem falsch gesehen wurde und entweder das Falsche gelehrt wurde oder aber das Problem durch Weiterbildung nicht zu lösen ist. Aber auch dies ist dann ein heilsames Ergebnis von Evaluation.

5.2.5 Die vorausgehende Stufe: Angebots-Evaluation

Alle diese vier Evaluationsansätze erfassen Outcomes: Auswirkungen nach Bildungsmaßnahmen. Damit setzen sie erst an, wenn eine Bildungsmaßnahme möglicherweise bereits misslungen ist – die Evaluation summativ also bereits im Brunnen liegt. Es wäre aus praktischer Sicht sinnvoll, Evaluation schon früher anzusetzen: Schwächen dann zu erkennen und zu bewerten, wenn sie noch verbesserbar oder vermeidbar sind. Sicherlich können die vier von *Kirkpatrick* genannten Evaluationsstufen auch formativ genutzt werden, wenn eine Maßnahme entsprechend umfangreich ist. Dennoch ist in Ergänzung zu diesen vier Ansatzpunkten und Stufen von Evaluation zusätzlich auf die Möglichkeit der Evaluation von Angeboten noch vor deren Einsatz hinzuweisen.

Auch bevor Bildungsmaßnahmen durchgeführt werden, liegen bereits Daten über sie vor: Angebote, Inhaltsbeschreibungen, Zielaussagen, Erfahrungen von früheren Kontakten … Und es gibt Vorstellungen darüber, was erreicht werden soll. Und damit ist eine Ist-Soll-Bewertung möglich. Sicherlich sind solche Vorab-Daten nicht so verlässlich wie Outcomes, aber sie geben doch Informationen, mit denen eine gewisse Bewertung möglich ist. An zwei Stellen wurde bereits auf diese »Vorab«-Evaluation hingewiesen: In 2.6 wurde die Evaluation eines didaktischen Produktes, in 5.1.4 die intrinsische Evaluation beschrieben. Mit solchen Verfahren ist es möglich, Beurteilungen datenbegründet zu fällen, noch bevor Outcomes vorliegen.

5.2.6 Zusammenfassung

Diese fünf Stufen erlauben es, das eigene Bemühen um Wirkungsanalysen einzuordnen, die jeweilige Reichweite einzuschätzen und Entscheidungen über Methoden und Design zu fällen. Mit der Vereinbarung, auf welcher Ebene Wirkungen erfasst werden sollen, reduziert sich auch die Gefahr der in 1.6 beschriebenen »Indikatorenschaukel«. Damit steht Ihnen eine hilfreiche Systematik für Wirkungsuntersuchen zur Verfügung.

Übungsaufgabe 31

Welche zentrale Frage wird jeweils bei den dargestellten Evaluationsstufen gestellt?

Stufe	Zentrale Frage
Vorab-Evaluation:	
Meinung:	
Können:	
Anwendung:	
Wirkung:	

Übungsaufgabe 32

Stellen Sie grafisch dar, wo die fünf Stufen jeweils platziert sind.

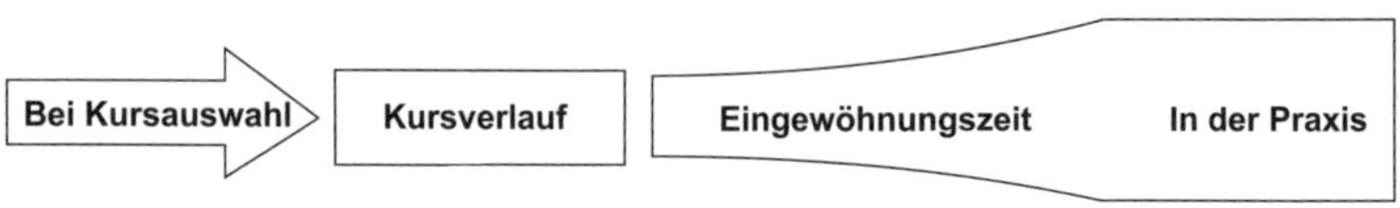

6. Beispiele für Evaluation

In der Fachliteratur finden sich vermehrt Beispiele für Evaluation. Dennoch bleiben sie oft wenig sichtbar. Eine Reihe von Gründen dafür wurde in Kapitel 4 bereits behandelt. Drei zusätzliche Gründe können ergänzt werden:

1. Bei formativer Evaluation erscheint es oft überflüssig, die Verbesserungsarbeit an die große Glocke zu hängen, denn man müsste Fehler und Schwächen in der Erstfassung zugeben, an die man gar nicht mehr denken mag.
2. Evaluation hat – im Gegensatz zu Forschung – oft eher internen Charakter: Man ist sich und seiner Einrichtung Rechenschaft schuldig, aber nicht der Öffentlichkeit. Evaluation erscheint deshalb vielleicht noch in internen Papieren oder Projektberichten, wird aber darüber hinaus nicht publiziert.
3. Gegen eine öffentliche Darstellung von Evaluation spricht ein dritter Grund: Evaluation lässt sich in seltenen Fällen forschungsmethodisch streng durchführen, da die Fragestellungen zu komplex sind, da die Ernstsituation mit lernenden Erwachsenen zu sensibel ist für eine Versuchskaninchensituation und da die Bereitschaft zur Investition von Zeit und Geld in Evaluation meist eng begrenzt ist, denn diese Ressourcen gehen von den Projektmitteln ab. Deshalb können solche praxisorientierten und mit einfachen Mitteln durchgeführten Evaluationen oft leicht forschungsmethodisch zerpflückt werden.

Mit den folgenden Beispielen sollen unterschiedliche Ansätze, Bereiche und Vorgehensweisen bei der Anlage und Durchführung von Evaluationen demonstriert werden. In Beispiel 1 wird eine Selbstevaluation gezeigt mit klar vorformulierten Untersuchungsfragen. Anders Beispiel 2: Hier klären sich erst in der Evaluation die Untersuchungsfragen in einem interessanten Wechselspiel zwischen Projektgruppe und wissenschaftlicher Begleitung. Beispiel 3 evaluiert ein Erwachsenenbildungsprojekt mit eher traditionellen quantitativen und qualitativen Methoden. Die Beispiele 4 bis 6 stammen aus dem seltenen Bereich der Berechnung von Renditen von beruflicher Weiterbildung.

Natürlich könnten bei jedem Beispiel auch forschungsmethodische Bedenken vorgebracht werden. Dies ist hier nicht Absicht. Vielmehr soll der Blick auf die Stärken gerichtet sein: wie man – oft mit einfachen Mitteln – für innen wie außen Weiterbildungswirkungen nachweist.

Die ersten beiden Beispiele stammen aus dem inzwischen zu einem **Grundlagenbuch** gewordenen Sammelband »Selbstevaluation in der sozialen Arbeit« von *Maja Heiner* (1988). Neben der lesenswerten Einführung der Herausgeberin findet der Interessierte insgesamt 17 weitere kurze und anregende Evaluationsbeispiele, die insgesamt Mut machen, ähnliches selbst auszuprobieren.

6.1 Beispiel 1: Selbstevaluation in einer Wohneinrichtung für Haftentlassene

In einem etwa 20 Seiten umfassenden Artikel schreibt der Autor (*Sprenger* 1988) über die Arbeit im »Haus Morgenstern«, einer Wohneinrichtung für Haftentlassene. Als persönliches Motiv zu dieser Untersuchung wird angeführt, dass in der Alltäglichkeit des beruflichen Krisenmanagements eine kritische Auseinandersetzung mit der Erfahrung in der Praxis zumeist auf der Strecke blieb (S. 90). Er formuliert fünf Untersuchungsfragen:

Fragestellung

a) Welchen Beitrag kann die Einrichtung zur Kriminalprävention und zur sozialen Integration von Haftentlassenen leisten?
b) Erhalten die Bewohner während des Aufenthalts in der Wohneinrichtung genügend Kompetenz zur Bewältigung des Alltagsgeschehens?
c) Vor welchem Hintergrund ist die Entwicklung der Klientel zu sehen und welche Veränderungen sind feststellbar?
d) Welchen Stellenwert hat die Einrichtung aus Sicht der Bewohner?
e) Wie erleben die Bewohner ihre Alltagssituation und wie gehen sie mit bestimmten Problemen um?

Darstellungsschritte

Die Bearbeitung dieser Fragen erfolgt in drei Schritten:

1. Zunächst wird die Einrichtung, ihre Entwicklung, ihre institutionelle Verankerung, die Ziele und die Aufnahmemodalitäten in dieses Haus dargestellt.
2. Sodann werden soziografische Daten zusammengestellt über die Aufenthaltsdauer im Heim, den Erhalt einer Arbeitsstelle oder den Übergang in eine eigene Wohnung, über das Legalverhalten, spezielle Probleme und soziale Kontakte. In diesem Teil werden Tabellen, Prozentzahlen und Verteilungen auf unterschiedliche Jahre angegeben. Hier liegt also eine quantitative Datensammlung vor, die zum Teil aus

Statistiken bzw. Protokollen entnommen wurden. Bereits bei dieser Datenzusammenstellung werden Erläuterungen zu den Ergebnissen gegeben, die das Verständnis der Angaben erleichtern und erste Bewertungen vornehmen.

3. Vier Bewohner und vier ehemalige Bewohner, nach Zufallsprinzip ausgewählt, wurden mit Interviews anhand eines Leitfadens befragt. Diese Interviews wurden zum Teil tabellarisch-quantitativ ausgewählt, zum Teil werden Passagen aus den Tonband-Transkripten wörtlich zitiert. Auch mit diesen Interviewdaten gelingt es dem Autor, wertende Aussagen über den Sinn und die Probleme der sozialpädagogischen Arbeit zu machen.

Als Ergebnisse kann der Autor mit dieser Evaluation zeigen, dass nur wenige Bewohner während des Aufenthaltes bzw. danach erneut straffällig geworden sind; außerdem macht die Arbeit deutlich, wie wichtig die pädagogische Arbeit von den Bewohnern erlebt wird. Daraus folgert er, dass diese Art von Betreuung im System der Straffälligenhilfe besonders wichtig und wirksam ist.

Kommentar:

An dieser Evaluation lassen sich einige **typische Schritte** zeigen:

Wie bei vielen Evaluationen wird ein Doppelziel verfolgt:

a) sich selbst zu vergewissern, wozu die eigene Arbeit führt und

b) dies dann auch nach außen darzustellen.

Zur Evaluation gehört auch eine Darstellung des untersuchten Bereiches, seiner zeitlichen Entwicklung, Ziele, Probleme. Oft liegen Zahlen, Statistiken oder demografische Daten irgendwo in Akten herum: Man muss sie nur systematisch zusammenstellen. Durch eine handliche Aufbereitung und Zusammenstellung werden sowohl Zusammenhänge ersichtlich als auch die bewertende Reflexion dieser Daten angeregt.

Dort, wo diese Daten nicht ausreichen, werden eigene Erhebungen angestellt, im vorgestellten Beispiel in Form von Interviews, die sowohl quantitativ ausgewertet werden (wie viele der Befragten finden Arbeit und eine Wohnung?) als auch qualitativ, indem mit Interviewdaten typische Aussagen dokumentiert werden.

In der Ergebnisbeschreibung wird eine wertende Aussage über das evaluierte Projekt gemacht; außerdem können zumindest einige generalisierende Aussagen über das Feld insgesamt getroffen werden.

6.2 Beispiel 2: Die Zeitleiste – ein Visualisierungsverfahren zur Selbstevaluation in Selbsthilfegruppen

Ein ungewöhnliches Evaluationsverfahren entwickelte *Ingrid Rieken* (1988) in Form eines visualisierten Entwicklungsablaufs einer Selbsthilfegruppe. Auch dieser Evaluationsbericht stellt in seinem ersten Teil zunächst das untersuchte Projekt vor sowie das Verhältnis zwischen der Projektgruppe und der wissenschaftlichen Begleitung. Daraus ergab sich die zu bearbeitende **Fragestellung**: »Wie hat alles angefangen? Was hat sich verändert? Wie ist es gegenwärtig? Wie soll es weitergehen?« (S. 208). Zweck dieser Evaluation war also eine Bilanzierung und Standortbestimmung für alle Beteiligten.

Als wichtigste **Quelle und Grundlageninformation** zu diesen Fragen stellte sich das Dokumentationsmaterial der Gruppe (u. a. Zeitungsausschnitte, Sitzungsprotokolle) heraus. Gespräche mit den Teilnehmern und persönliche Kontakte hatten lückenhafte Informationen ergeben, einerseits durch die Fluktuation der Beteiligten, andererseits dadurch, dass vieles schlichtweg nicht mehr erinnert wurde. Die Forschungsgruppe arbeitete sich zunächst durch die Protokolle und anderen Materialien hindurch. Bei der ersten Lektüre der Protokolle notierte die Forschungsgruppe – ohne besonderes Ziel – Besonderheiten, Daten, Eindrücke, Auffälligkeiten im Hinblick auf objektive Ereignisse, aber auch auf Frust-/Tiefpunkte oder Erfreuliches. Sie berichteten auch von der in vielen Ernstsituationen auftretenden Erfahrung, dass verschiedene Versuche, dieses umfangreiche Datenmaterial zu konzentrieren und zu reduzieren, zunächst fehlschlugen. Schließlich erfolgte die Zusammenfassung des umfangreichen Materials in Form einer bzw. mehrerer paralleler Zeitleisten zu verschiedenen Aspekten der Projektarbeit (siehe Abbildung 6).

Von den Projektmitarbeitern wurde diese Zeitleiste zunächst mit Misstrauen betrachtet: Wie konnten Außenstehende allein aus den Akten die wichtigsten Stationen entnehmen? Die Diskussion und Korrekturen an dieser Zeitleiste zog sich über einen Zeitraum von mehreren Wochen hinweg. In der Diskussion dieser Zeitleiste ergab sich sowohl Austausch zwischen alten und neuen Gruppenmitgliedern, zwischen Projektgruppe und wissenschaftlicher Begleitung; es wurden Stationen der Projektentwicklung bewusst und der Prozess des Bilanzziehens und Perspektivenentwickelns wurde angeregt. Diese Zeitleiste wurde im Projektraum aufgehängt, diente dort als Kommunikationsinstrument der Mitarbeiter untereinander; sie bekam zugleich eine Distanzierungs- und Legitimationsfunktion und diente der Gruppe zur internen und externen Öffentlichkeitsarbeit. Der Evaluationsbericht enthält hier auch wörtliche Aussagen aus Diskussionen, welche die beschriebenen Funktionen illustrieren. Die Ausgangsfragen ließen sich damit beantworten, und zwar sowohl intern für die Projektmitarbeiter als auch zur Darstellung nach außen.

Zum Schluss berichtet die Autorin noch, dass in anderen Modellversuchen ähnliche Zeitleisten entwickelt wurden, die z. T. etwas unterschiedliche Funktionen erfüllten. Dieses Verfahren erwies sich als ein »offensichtliches« Instrument, Abgelaufenes zu dokumentieren und bilanzierend zu befragen.

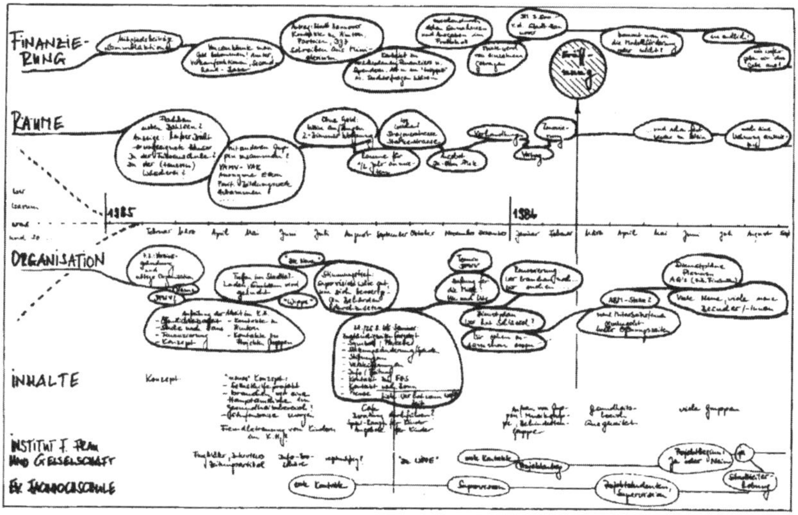

Abb. 6: Zeitleiste: Es lässt sich (trotz der unleserlich machenden Verkleinerung) erkennen, wie Entwicklungslinien zu bestimmten Themen (Finanzierung, Räume, Organisation, Inhalte) entwickelt und Zeiträumen zugeordnet werden.

Kommentar:

Dieses Beispiel zeigt einige interessante Evaluationsaspekte. Vor allem dokumentiert es den sensiblen Umgang einer zunächst fremden, externen Forschergruppe mit der Selbstdefinition der Untersuchten, die nicht zum Forschungsobjekt gemacht werden, sondern zur Mitwirkung und Selbstevaluation eingeladen werden. Die Forscher geben ein Verfahren vor, bieten probeweise Interpretationen an und laden dann die Teilnehmer ein, dieses Instrument selbst in die Hand zu nehmen und zu nutzen. Typisch sind auch die relativ vagen und globalen Ausgangsfragen; erst im Verlaufe der

Weiterarbeit und nach einigen Sackgassen werden diese Fragen zunehmend differenziert und präzisiert. Als hilfreich stellte sich die ohne Evaluationsabsicht erstellte vorhandene Dokumentation des Projektes dar; in Kapitel 2.4 war auf eine solche Dokumentation »auf Verdacht hin« hingewiesen worden. Schließlich zeigt das Beispiel auch, dass die Evaluationsarbeit nicht nur summativ nach außen hin einen Schlussbericht gibt, sondern dass der didaktische Wert vor allem in der Selbstvergewisserung der Mitarbeiter über Erreichtes und Nichterreichtes liegt und damit Perspektiven aufbaut, diese Arbeit motiviert fortzusetzen. Hierin liegt sicherlich eine wichtige erwachsenenpädagogische Funktion solcher Evaluation.

6.3 Beispiel 3: Evaluation des Zeitungskollegs

In einer umfangreichen Untersuchung überprüft *Reischmann* (1988) das Projekt Zeitungskolleg. Dieses Beispiel zeigt die Überschneidung von Forschung und Evaluation: Einerseits geht es um die Erforschung einer generellen Fragestellung: »Was ist offenes Lernen und wie verläuft es?« Andererseits geht es um die Evaluation eines konkreten Projektes: des Zeitungskollegs. Dieser zweite Aspekt soll hier interessieren.

Projektbeschreibung, Fragestellung

Auch hier werden zunächst das Projekt und seine Intentionen vorgestellt: der Medienverbund des Zeitungskollegs bestand (a) aus einer Serie von 12 Zeitungsartikeln, (b) aus schriftlichem Begleitmaterial, das gegen eine Unkostenbeteiligung bestellt werden konnte, und (c) aus Begleitkursen bei Volkshochschulen. Intention war, wissenschaftliches Wissen journalistisch aufbereitet dem interessierten Bürger anzubieten. Insgesamt neun verschiedene Themenreihen wurden in halbjährigem Abstand durchgeführt, z. B. »Mikroprozessoren – die elektronische Revolution«, »Drogen«, »Wohnen«, »Geld & Gold«, »Heimat heute«. Zentrale Evaluationsfrage war: Kommt das breit gestreute Material beim Bürger an, und was fängt dieser damit an?

Datenquellen

Eine Reihe unterschiedlicher Daten wurde hierzu gesammelt. Eine erste Informationsquelle ergab sich aus den Verbreitungszahlen selbst: Wie viele Zeitungen drucken die Artikelserie ab? (Bundesweit etwa 20–30 % der Tageszeitungen). Wie viele Begleitmaterialien werden bestellt? (6.000–7.000). Wie viele VHS-Kurse werden geplant (ca. 100), wie viele finden statt (ca. 10)? Als zweite Datenquelle wurden Stellungnahmen,

Zeitungsartikel und Kommentare gesammelt und ausgewertet. Drittens wurden etwa 3.000 Telefoninterviews mit nach Zufallsprinzip ausgewählten Zeitungslesern durchgeführt; dabei wurde festgestellt, dass ca. 5 % der Zeitungsleser die Artikelserie regelmäßig lasen, etwa 15 % sporadisch. Eine weitere systematische Datenquelle waren ca. 700 Fragebogen von Bestellern des Materials; in weitgehend geschlossener Frageform wurden Fragen zum Nutzen des Materials gestellt. Dabei wurde u.a. festgestellt, dass etwa zwei Drittel die Hälfte und mehr der Textsammlung gelesen haben, etwa die Hälfte zu zusätzlichen Aktivitäten angeregt wurden, dass drei Viertel den Studienführer nützlich finden, dass von 658 Antwortenden nur 11 die Textsammlung langweilig fanden. Neben diesen quantitativen Daten wurde im Fragebogen auch noch in offener Form um Stellungnahme gebeten. Diese frei formulierten Stellungnahmen wurden ausschnittweise zitiert und vertiefen das Verständnis, auch und gerade dort, wo sie widersprüchlich sind, so z. B. in folgender Gegenüberstellung (S. 209f.) – zuerst quantitativ, dann qualitativ:

> *»Wir haben die Artikel in der Textsammlung weitgehend in ihrem Originaldruckbild wiedergegeben. Wie empfinden Sie das?«*

anregend	*64 %*
störend	*8 %*
keine Meinung	*28 %*

Stellungnahmen dazu:

> *»Die unterschiedlichen Schrifttypen haben mich persönlich häufig beim Lesen gestört, da man leicht abgelenkt wird und zu auszugsweisem Lesen animiert wird, so verliert man leicht den Zusammenhang.«*
>
> *»Originaldruck (verschiedene Schrifttypen) sehr gut, dadurch interessant – nicht monoton.«*

Zum Teil wird auch nach Vergleichen gesucht. So werden Zahlen aus einem ähnlichen amerikanischen Projekt, aus dem Funkkolleg und anderen Fernunterrichtsprojekten herangezogen. Bei der Bewertung, ob dieses Projekt erfolgreich war, bleibt die Antwort offen: Es werden Perspektiven gezeigt, unter denen das Urteil positiv, andere, unter denen es negativ ausfällt.

Kommentar:

Dies ist ein Beispiel einer Evaluation mit großen Befragungszahlen und verschiedenen Instrumenten sowie Datenquellen. Deutlich wird dabei sowohl die Verwendung vorhandener Daten (z. B. Zahl beteiligter Zeitungen, Verkaufszahlen, Besprechungen, Stellungnahmen) als auch zusätzlich erhobener Daten (Telefoninterviews, Fragebogen). Bei der Bewertung der Daten liegt der nicht ungewöhnliche Fall vor, dass ein Soll-Wert nicht vorhanden war. Deshalb muss auf eine abschließende Bewertung verzichtet werden; statt dessen werden Perspektiven aufgezählt, unter denen Wertungen erfolgen können. Interessant ist auch die Generalisierungsperspektive, über das Projekt hinaus allgemeine Erkenntnisse darüber zu gewinnen, wie Erwachsene mit solchen offenen Lernangeboten umgehen.

6.4 Erfolg in Mark und Pfennig, Euro und Cent

Folgende drei Beispiele sind entnommen aus: *Bronner/Schröder* (1983): Weiterbildungserfolg. Dieses im Ganzen sehr empfehlenswerte Buch für jeden, der mit Evaluation zu tun hat, führt auch Beispiele für Weiterbildungsrendite an (S. 68–78).

6.4.1 Beispiel 4: Wie ein Seminar aus einem Franken 75 macht

Verminderung von Lieferrückständen (nach *Meyer* 1974, S. 153):

Situation

Ein Großhandelsunternehmen hatte monatliche Lieferrückstände im Wert von SFR 1.200.000,– (zu Verkaufspreisen).

Maßnahme

Ein Seminar über Lagerbewirtschaftung führte zu einer neuen Konzeption der Lagerhaltung. Dem Verkauf wurde dabei höhere Priorität eingeräumt; demgemäß mussten höhere Lagerhaltungskosten in Kauf genommen werden. Drei Monate später waren die Rückstände auf SFR 700.000,– gesunken.

Daten

Die Reduzierung der Lieferrückstände um SFR 500.000,– führte auf Jahresbasis bezogen zu einem zusätzlichen Umsatzvolumen von SFR 6.000.000,–. Bei einer Handelsspanne von 28% ergab sich ein zusätzlicher Deckungsbeitrag von SFR 1.680.000,–. Unter Berücksichtigung von 8% Lagerkosten für das zusätzlich eingelagerte Umsatzvolumen reduziert sich dieser Betrag auf SFR 1.200.000,–. Die Seminarkosten einschließlich Lohnfortzahlung und Reisespesen betrugen SFR 16.000,–.

Rendite

Auf der Grundlage obiger Daten ergibt sich für das durchgeführte Seminar eine:

$$\text{Weiterbildungsrendite} = \frac{1.200.000,\!- \times 100}{16.000,\!-} = 7.500\,\%$$

Kommentar

Zunächst erscheint eine 75-fache Rendite fast unglaublich. *Bronner/Schröder* fragen selbst nach anderen Einflussgrößen: »Änderung der Verkaufsstrategie, der Lieferbereitschaft, des Sortiments ...« (S. 79). Aber selbst wenn nur ein Teil direkt der Schulungsmaßnahme zuzurechnen ist, ist das beachtlich. Vielleicht weist dies auch auf den Synergie-Effekt hin, den Weiterbildung auslösen kann: Dass man zur Behebung eines Missstandes mit einem Seminar anfängt, dass sich dieses mit anderen Maßnahmen ergänzt und dass plötzlich ein ganzer Entwicklungsschub daraus wird, wenn Manager das Potenzial dieses Prozesses erkennen und fördern. Aus der Fall-Beschreibung lässt sich dies durchaus entnehmen: Es wird gesagt, dass ein Seminar zur Lagerbewirtschaftung »zu einer neuen Konzeption der Lagerhaltung« führte. Personalentwicklung und Organisationsentwicklung stützten sich also gegenseitig.

6.4.2 Beispiel 5: Leistungssteigerung im Verkaufsbereich

Anhand eines von *Bretthölle* und *Jeserich* zur Verfügung gestellten Beispiels wird in *Bronner/Schröder* (1983) die Weiterbildungs-Rendite anhand der Leistungssteigerung im Verkaufsbereich errechnet:

Situation:
In einer Sparte einer großen westdeutschen Aktiengesellschaft ging es darum, die aktive Verkaufszeit und damit den Umsatz wesentlich zu erhöhen. Gleichzeitig sollten die Verkaufskosten gesenkt werden. Eine Problemstellung, wie sie für jedes andere Unternehmen ebenso bestehen kann.

Maßnahme:
Aus drei Verkaufsbüros wurden 13 Mitarbeiter in einem mehrtägigen Training geschult.

Auf Grund der Unternehmensgröße war es möglich, mit Kontrollgruppen vergleichend zu operieren. D.h., es konnten der Gruppe mit Training vergleichbare Mitarbeiter ohne Training aus den restlichen Verkaufsbüros gegenübergestellt werden.

Daten:
Der Aufwand für die obige Weiterbildung betrug insgesamt DM 39.000,–. Dieser Betrag ergab sich aus:

- ► Entwicklung und Durchführung des Trainings (einschließlich Kontrolle und Administration) über 3-Mann-Monate mit Kosten in Höhe von DM 15.000,–
- ► Reisekosten für Trainer von DM 5.000,–
- ► Reisekosten für Teilnehmer insgesamt DM 2.000,–
- ► Ausfallzeiten der Teilnehmer im Wert von insgesamt DM 17.000,–

Der Nutzen der Weiterbildungsmaßnahme setzte sich zusammen aus drei Komponenten:

- ► Gesamtumsatzsteigerung des Jahres 1976 von DM 1.113.000,–, wobei über den hieraus erzielten Gewinn-Zuwachs (aus mehreren Gründen) nähere Angaben fehlen
- ► Kostensenkung bei Probeaufstellungen DM 54.000,–
- ► Einsparungen bei Fahrtkosten DM 55.185,35

Als Mindest-Nutzen ergaben sich die nachgewiesenen Kostensenkungen in Höhe von DM 109.195,35

Rendite:
Die Weiterbildungs-Maßnahme kann eine ökonomische Effizienz nachweisen von:

$$\text{Weiterbildungs-Rendite} = \frac{109.185{,}35 \times 100}{39.000{,}–} = 280\,\%$$

Weiterbildungsprogramm Aktionstraining Februar—Juni 1976

Vergleichs-Merkmal	Trainingsgruppe 1975	1976	Veränderung	Kontrollgruppe 1975	1976	Veränderung
Besuch pro Reisetag	2,8	3,8	+ 35,7 %	3,0	3,3	= + 10,0 %
Besuch pro Auftrag	14,2	15,0	+ 5,6 %	10,2	12,6	= + 23,5 %
Kilometer pro Besuch	45,4	30,6	- 32,6 %	42,3	38,3	= - 9,5 %
Kilometer pro Auftrag	645,0	458,5	- 29,0 %	433,2	484,6	= + 11,9 %
Kilometer pro Reisetag	125,0	116,0	- 7,2 %	128,9	126,9	= - 1,6 %
Probebestellung	126,0	150,0	+ 19,0 %	389,0	382,0	= - 1,8 %
Probebestellung pro Auftrag	0,7	0,6	- 14,3 %	0,5	0,5	= +/- 0
Aufträge	175,0	269,0	+ 53,7 %	728,0	745,0	= + 2,3 %
Aufträge pro Verkäufer/Monate	2,3	3,9	+ 69,6 %	3,3	4,1	= + 24,2 %
Reisekosten pro Kilometer (DM)	0,83	0,55	- 33,7 %	–,50	–,44	= - 12,0 %

Abb.6: »Evaluierungs-Kennziffern« (aus *Bronner/Schröder* 1983, S. 72).

Kommentar:

Die Autoren gehen in ihrer Besprechung ausführlich auf Probleme dieser Berechnung ein (S. 73ff.). Hier soll lediglich auf zwei Punkte hingewiesen werden: Die Möglichkeit zum Vergleich wird zweifach genutzt: Einerseits wird die trainierte Gruppe mit einer Kollegengruppe verglichen, die nicht am Seminar teilnahmen, andererseits wird der Ausgangswert mit dem Wert im nächsten Jahr verglichen. Solche »Kontrollgruppen« lassen sich oft ohne großen Aufwand realisieren. Und zu den verwendeten Daten: Die Daten für die Leistungssteigerung und die Kosten brauchen nicht gesondert erhoben zu werden, sondern lassen sich aus Akten, Abrechnungen und Produktionsstatistiken entnehmen.

Übungsaufgabe 33

Blättern Sie zu Kapitel 2.5 zurück und vergleichen Sie die dortige Darstellung mit diesem Beispiel.

6.4.3 Beispiel 6: Erhöhung der personellen und maschinellen Auslastung: Aus 1 mach 19

Situation:

(aus *Bronner/Schröder* 1983, S. 75–77) Ein metallverarbeitendes Unternehmen hat im Bereich der Bearbeitung 35 nummerisch gesteuerte Maschinen von unterschiedlicher Größe und Anschaffungswerten zwischen DM 200.000,– und DM 600.000,– im Einsatz. Die NC-Maschinen werden von 21 Mitarbeitern je Schicht bedient. In jeder der zwei Schichten sind drei sog. Reservisten für Ausfälle wegen Krankheit und anderer Ursachen in Bereitschaft. Durchschnittlich ist ein Mitarbeiter für zwei Maschinen verantwortlich.

Insgesamt stehen an Führungskräften vier Meister und zwei Obermeister zur Verfügung. Dazu kommen insgesamt vier Umrüster und acht so genannte Wartungs-Ingenieure (Zwei Elektriker, zwei Elektroniker, zwei Hydrauliker, zwei Schlosser) sowie ein Meister.

Im Durchschnitt der letzten zwei Jahre ergaben sich 22 % Maschinenstillstandszeiten. Die Umrüster waren zu 80 %, die Wartungs-Ingenieure mit sehr stark schwankenden Einsatzquoten etwa zu 50 % ausgelastet.

Maßnahmen:

Bedienungspersonal und Wartungs-Ingenieure erstellten gemeinsam aus den Unterlagen der letzten zwei Jahre einen Katalog, in dem die Fehler nach Häufigkeit, Auswirkung und Korrigierbarkeit katalogisiert wurden. Das Bedienungspersonal wurde in der Analyse der Fehler (ca. 15 Stunden) trainiert, so dass sie danach in der Lage waren, die auftretenden Störungen genau zu beschreiben und den Wartungs-Ingenieur gezielt anzusprechen. Ein Teil der Fehler konnte bereits vom vorhandenen Bedienungspersonal selbst behoben werden.

Durch ein System von Job-Rotation, gegenseitiger Information und Grundlagen-Training (rund 45 Stunden) deckt nun jeder Wartungs-Ingenieur 60 %, zuvor nur etwa 20 % der Fehlertypen ab. Jeder Wartungs-Ingenieur ist nicht nur für einen bestimmten räumlichen Bereich im Maschinensaal zuständig, sondern steht auf Abruf für alle Störungsfälle zur Verfügung.

Je zwei Wartungs-Ingenieure stehen zu Hause in Bereitschaft, so dass erforderlichenfalls in der zweiten Schicht ebenfalls repariert werden kann. Bisher standen die Maschinen bis zum Beginn der nächsten ersten Schicht still. Die Umrüster wurden gleichzeitig in die Wartungsaufgaben mit eingewiesen, so dass sie einfachere Störungen nunmehr selbst beheben können.

Die Umrüstzeiten wurden weitgehend aufs Wochenende verlegt oder in die Nachtzeit und können durch Freizeit und Überstunden-Entgelt abgegolten werden. Etwa 20 % der Mitarbeiter wurden durch ein umfangreiches Training vor Ort ausgebildet, drei Maschinen zu bedienen, so dass die sogenannten Reservisten entfallen konnten.

Daten:
Der Aufwand für das obige Trainingsprogramm umfasst insgesamt knapp DM 190.000,–. Diese ergeben sich aus DM 150.000,– für die Vorbereitung, Durchführung und Auswertung der Maßnahmen sowie weiteren DM 40.000,– kalkulatorischen Ausfallzeiten der Mitarbeiter während des Trainings.

Dem steht ein Nutzen gegenüber, den sich die Weiterbildungsmaßnahme zumindest zu erheblichen Teilen ihrer direkten Wirksamkeit zurechnen darf.

- Eingesparte Personalkosten in Höhe von DM 375.000,–, weil auf sieben Neueinstellungen verzichtet werden konnte:
  - vier Maschinenbediener, je ca. DM 50.000,–, d.h. DM 200.000,–
  - zwei Wartungsingenieure, je ca. DM 60.000,–, d.h. DM 120.000,–
  - ein Umrüster, ca. DM 55.000,–
- Ersparnisse bei den Stillstandszeiten der NC-Maschinen durch eine Reduktion von 22 % auf 8 %. Dem entsprechen DM 3.340.000,–.

Hiervon muss nun allerdings ein Mehraufwand aus der – durch Weiterbildung ermöglichten – Umstellung des Gesamtbetriebes in Höhe von DM 60.000,– in Abzug gebracht werden.

Rendite:
Die obigen Daten lassen eine ökonomische Effizienz des Gesamtprogramms, dessen zentrale Komponente die vielfältigen Trainingsmaßnahmen waren, erkennen:

$$\text{(Weiterbildungs-)Rendite} = \frac{3.655.000,\!- \times 100}{190.000,\!-} = 1.924\,\%$$

Kommentar:

Auch in diesem Beispiel werden Kosten und Nutzen den üblichen Bilanzen entnommen, eigener Erhebungsaufwand ist nicht nötig. Ein Soll-Wert wird nicht explizit vorgegeben; angestrebt ist eine »Verbesserung«, die darin liegt, dass der erzielte wirtschaftliche Nutzen höher liegt als die Kosten der Schulung.

6.5 Zusammenfassung

Diese Beispiele wurden hier vorgestellt, um Ihnen Lust zu machen, selbst Evaluationsuntersuchungen zu unternehmen. Es wurde dabei deutlich: Auch dort, wo die Ergebnisse eindrucksvoll sind, ist die Evaluationssuppe nur mit Wasser gekocht. Die verwendeten Methoden zur Datensammlung sind nichts Ungewöhnliches und unter strenger Forschungsmethodik könnte man manches kritisieren. Auch bleiben viele Fragen offen. Und dennoch:

1. Bei den evaluierten Projekten hat man das beruhigende Gefühl, dass die zuständigen Verantwortlichen sich Gedanken machen um das, was erreicht werden soll. Dies strahlt ein Stück Professionalität aus, die dem Weiterbildungsbereich gut tut.
2. Selbst wenn die Ergebnisse ein paar Prozent hin oder her schwanken würden, zeigen die einzelnen Beispiele doch einen erstaunlichen Erfolg. Ein bisschen mehr von dieser Evaluation und ein bisschen öfter, dann brauchen wir nicht allein zu glauben, dass Weiterbildung Früchte trägt, sondern können dies auch nachweisen.

Ein paar Gemeinsamkeiten dieser Beispiele seien noch hervorgehoben: Die meisten Evaluationsuntersuchungen arbeiten mit einem Bündel an Verfahren zur Datenerhebung. Alte Daten aus Protokollen und Rechenschaftsberichten werden ausgegraben, Fälle und Bilanzen errechnet und gezählt, Personen befragt, Beobachtungen berichtet. Zumeist handelt es sich nicht um einen einzigen »Scheinwerfer«, mit dem man in sein Beobachtungsfeld hineinleuchtet, sondern um ein **Ausleuchten aus verschiedenen Blickwinkeln**, mit unterschiedlichen Verfahren und Daten. Dies erleuchtet manches, was mit einem einzelnen Verfahren zweifelhaft bliebe. Und es entsteht ein »runderes« Bild, das nachvollziehbar und verständlich ist. Dort, wo nur mit einem Verfahren gearbeitet wurde, z. B. bei der geldwerten Berechnung, wird eine Gesamtwürdigung schwer, bleibt auf eine Perspektive beschränkt.

Die Beispiele zeigen auch die Problematik einer **Soll-Wert**-Festlegung. So einfach, wie dies in Kapitel 1 gefordert wurde, ist dies in der Praxis nicht. Man weiß zwar oft, was man nicht will, aber eine genaue Beschreibung oder gar ein Maßstab, ab wann eine Weiterbildungsmaßnahme erfolgreich ist, wird in der Praxis selten definiert. Dies zwingt dazu, die beschriebenen Wirkungen argumentativ zu vertreten, zu erläutern, zu diskutieren und auf den Kontext des Projektes zu beziehen. Vielleicht ist dies für Betroffene und Beteiligte fruchtbarer als eine Aussage: »Ziel zu 150 % erreicht«.

Immer wieder lässt sich in Evaluationen ein **typisches Ausgangsmuster** beobachten: Die Bildungsspezialisten, seien sie im sozialen Bereich, der offenen Erwachsenenbildung oder der betrieblichen Weiterbildung, sind verunsichert, ob ihre Arbeit etwas bringt. Evaluation soll die Qual dieser professionellen Selbstzweifel beseitigen. Und das Überraschende: Sie tut es! Man gewinnt aus den Berichten den Eindruck, dass die durchführenden Bildungsspezialisten am Schluss ein Endmuster zeigen, das erheblich an Selbstsicherheit und Selbstbewusstsein gewonnen hat und Kraft zur überzeugten Weiterarbeit in diesem komplexen und unübersichtlichen Feld gibt.

Konnten Sie das auch herauslesen? Und hat Ihnen Kapitel 6 mit seinen Beispielen über Anregungen zum Weiterdenken hinaus Lust gemacht, selbst Evaluation zu betreiben?

7. Die vier klassischen Verfahren: Befragung, Beobachtung, Test, Materialanalyse

Evaluation setzt das **Sammeln von Daten** voraus. Dieses Sammeln von Daten muss in einer systematisch-methodischen Form erfolgen. Das bedeutet nicht, dass nur angekreuzte Kästchen und riesige repräsentative Stichproben gelten. Evaluation kann durchaus mit kleinen Befragtenzahlen und mit offenen Fragerichtungen sinnvoll durchgeführt werden. Wichtig ist, dass man sich selbst und dem Leser des Evaluationsberichtes darüber Rechenschaft ablegt, wie man bei der Datensammlung vorgegangen ist, welche Stärken und Schwächen das gewählte Verfahren, die angewandte Methode hat und was dies für die Ergebnisse bedeutet. Auch für diese Arbeitsphase gilt, was *Lee* (2000, S. 159) als einen »Common Ground in the Discipline of Evaluation« bezeichnet: »Evaluation is self-conscious throughout its process« – wir reflektieren und sind uns bewusst, warum wir was tun. Dabei ist es günstig, man geht gebahnte Wege, verwendet erprobte Methoden. Dies hilft dem Untersucher: Es ist ökonomisch, weil man nicht alles selbst erfinden muss, und es beruhigt das eigene Seelenleben, weil man sich an Anerkanntes anlehnen kann. Dies ist auch für den Adressaten wichtig: Kennt man die Verfahren, dann erlaubt dies eine schnelle Einschätzung der Untersuchungsqualität.

Die gängigen Verfahren bei Evaluationen sind Befragung (schriftlich oder mündlich), Beobachtung, Test und Materialanalyse.

Ziel
Nach diesem Kapitel sollen Sie die Charakteristika dieser Verfahren kennen und wissen, wozu sie geeignet sind und welche Vor- und Nachteile sie haben. Wie man entsprechende Instrumente entwickelt und auswertet, folgt in Kapitel 10 und 11.

7.1 Befragung

Die am weitesten verbreitete Evaluationsmethode ist die Befragung; sie ist schnell, billig und bei fast allen Fragestellungen anwendbar.

> Die Methode »Befragung« wählt man dann, wenn man Verhalten, Gefühle oder die Art und Weise wie Menschen ihre Welt sehen und interpretieren, nicht direkt beobachten kann.

Befragung kann schriftlich erfolgen mit dem Instrument **Fragebogen** oder mündlich mit dem Instrument **Interview**. Bei Befragungen – schriftlich oder mündlich – kann man unterscheiden zwischen hoch strukturierter Befragung und wenig strukturierter, offener Befragung.

Damit lässt sich folgendes Schema aufstellen:

Befragung	Strukturierungsgrad	
	niedrig	hoch
mündlich	narratives Interview	Leitfaden-Interview
schriftlich	offener Fragebogen	geschlossener Fragebogen

Man kann Befragungen hoch strukturiert und mit einer Serie eng formulierter Fragen durchführen:

Beispiel

Beispiele hochstrukturierter/eng formulierter Fragen:

1. Wie finden Sie den Umfang des Studienmaterials? ❍ zu lang ❍ richtig ❍ zu kurz
2. Wie beurteilen Sie das Druckformat DIN A 4? ❍ o.k. ❍ zu sperrig
3. Wie lange haben Sie zum Lesen von Kapitel 1 gebraucht? .... Minuten

Diese Art von hoch strukturierten Fragen können sowohl schriftlich in einem Fragebogen stehen, die jeder Befragte ausfüllt; solche Fragen können aber auch auf einem Interviewleitfaden stehen, den der Interviewer vorliest und dann je nach mündlicher Antwort abhakt oder ausfüllt.

Solche hoch strukturierten Fragen sind dann sinnvoll, wenn der Befrager von jedem Befragten eine ganz bestimmte Information erhalten will und auch schon weiß, wie die Antworten lauten können. Befragungen in dieser Form sind schnell durchgeführt und schnell und einfach ausgewertet. Allerdings: Es ist oft mühevoll, solche hoch strukturierten Instrumente zu konstruieren, die zugleich alles Wichtige erfassen, hinreichend differenzieren und keine missverständlichen Formulierungen enthalten. Einer der Nachteile ist, dass man auf solch einfache Fragen nur einfache Antworten bekommt. So lässt sich bei obigen Beispielen kritisch einwenden:

Zu Frage 1 möchte jemand sagen, dass Kapitel 1 richtig war, Kapitel 2 zu ausgetreten und Kapitel 3 zu dicht. Eine solch differenzierte Antwort ist aber nicht möglich. Was ist die Antwort – gleichgültig welche von den drei Möglichkeiten angekreuzt wird – wert?

Wer in Frage 2 das Druckformat A 4 schlecht findet, weil es unnötig viel Papier verschwendet, der kann dies nicht zum Ausdruck bringen. Das ist ärgerlich für den Befragten, und schlimm für den Befrager: Er erhält die Hinweise nicht, für die er den ganzen Befragungsaufwand treibt.

Ein weiterer Nachteil: Was dem Befrager nicht vorher als Frage einfällt, darauf gibt es auch keine Antwort. In unserem Beispiel: Der Befrager, der sein Material möglichst nutzerfreundlich gestalten will, erfährt nie, dass seine Nutzer deshalb das Material so ungern in die Hand nehmen, weil spätestens beim dritten Mal die Rückenklebung bricht und sich alles in fliegende Blätter auflöst. Aber das wurde nicht gefragt. Und deshalb gibt es auch keine Antwort: Und deshalb kann dieses Problem nicht gelöst werden.

Stellt man Fragen geschlossen und hoch strukturiert, dann erhält man Antworten im Rahmen der Problemsicht des *Befragers*.

Praxishinweis
Reduzieren kann man dieses Problem in der Praxis durch die Kombination mit einer offenen Frage etwa folgender Art: »Was möchten Sie uns sonst noch sagen?« Weisen Sie bei der schriftlichen Befragung gleich am Anfang darauf hin, dass dies am Ende gefragt wird und dort Platz zur Verfügung steht. (Bei unserem Kursbeurteilungsbogen KBB – siehe Kapitel 2.2 – haben wir festgestellt, dass sich die Zahl der Freiantworten dann deutlich erhöhte, wenn wir vor Abgabe der Fragebogen nochmals mündlich darauf hinwiesen, dass uns solche zusätzlichen Stellungnahmen wichtig sind.) Oder Sie machen etwa bei zwei Dritteln der Seitenbreite einen senkrechten Strich; vorne stehen die Fragen; über dem hinteren Feld steht »Raum für Ihre Kommentare, Hinweise, Ergänzungen«. Bei der mündlichen Befragung kann man ebenso verfahren, indem man auf dem Protokollblatt neben jeder Frage und am Ende Raum für das Festhalten solcher zusätzlicher Kommentare vorsieht.

Damit sind wir beim anderen Pol der Befragungsmöglichkeit: Fragen können auch **niedrig strukturiert**, offen formuliert sein. Sowohl bei der schriftlichen als auch der mündlichen Befragung kann man ganz allgemein fragen: »Wie finden Sie unser Studienmaterial?« In der schriftlichen Form geben Sie dann eine leere Seite vor, in der mündlichen schalten Sie den Kassettenrecorder ein.

Solche offenen Frageformen wählt man, wenn man nicht vorhersehen kann, in welche Richtungen die Antworten gehen werden. Und wenn man über die Formulierung der Antwort feine Farben und Nuancen erfassen will.

Stellt man Fragen offen, dann erhält man Antworten aus der Problemsicht der *Befragten*.

Die Stärke solcher offenen, vom Befrager nur gering gesteuerten, »narrativen« (erzählenden) Befragungen liegt darin, dass man – zumindest ansatzweise – herausfinden kann, was im Befragten vorgeht. Man erfährt mit dieser Befragungsform die Perspektiven anderer Personen auf Dinge oder Beziehungen, die in der Vergangenheit liegen oder in Abwesenheit eines Beobachters geschehen. Wir erfahren damit, wie Personen ihre Welt organisieren und welche Bedeutungen sie dem geben, was in dieser Welt geschieht.

Die Konstruktion solcher Fragen scheint verführerisch einfach. Spätestens bei der Auswertung bezahlt man den Preis: Selbst wenn nur drei bis fünf solche Fragen gestellt wurden (mehr ist oft kaum möglich), ertrinkt man in Worten. Vieles wird gesagt, was Sie nicht wissen wollen, und vieles, was Sie wissen wollten, wird nicht angesprochen.

Solche längeren verbalen Aussagen kann man durchaus sinnvoll auswerten. Dies wird in Kapitel 11 dargestellt. Hier geht es zunächst darum, das Spektrum der Möglichkeiten und Probleme aufzuzeigen.

Die Entscheidung, wie stark eine Befragung vorstrukturiert wird, hängt von der Untersuchungsabsicht ab, von der Art der Information die für eine sinnvolle Evaluation benötigt wird. Weiß der Untersucher, welche Fragen wichtig sind und welche Antwortalternativen zur Verfügung stehen, dann wird man eher geschlossen befragen (und trotzdem ein offenes Auge und Ohr dafür behalten, ob sich nicht doch Wichtiges abzeichnet, das man übersehen hat und noch aufnehmen muss). Kann man dagegen das Befragungsfeld schlecht einschätzen und ist gerade die subjektive Sicht der Befragten von Bedeutung, dann spricht dies für wenig-strukturierende Vorgaben.

Praxishinweise

1. Bei Voruntersuchungen, bei denen man sich durch Befragen einiger weniger Personen zunächst einen groben Überblick verschaffen will, geht man zumeist eher offen-unstrukturiert vor; stellt sich dabei heraus, dass sich die Fragen und Antworten auf wenige Möglichkeiten beschränken, dann kann man im weiteren Verlauf stärker strukturiert vorgehen.
2. Offene und geschlossene Fragen lassen sich in einer Befragung auch mischen – je nach Frageninhalt. Aber Vorsicht: Wenn zunächst eine Serie geschlossener Fragen gestellt wird, dann kann dies den Befragten so auf diese Inhalte fixieren, dass darüber Hinausgehendes nicht mehr genannt wird (»Wenn das das Wichtigste ist, dann brauche ich an anderes nicht zu denken«). Und gerade in diesem Hinausgehen über die Problemsicht des Untersuchers liegt der Reichtum der offenen Befragung.
3. Im Internet unter www.grafstat.de finden Sie ein Programm, mit dem Sie Fragebogen einfach und schnell erstellen und auswerten können.

Befragung – schriftlich oder mündlich?

Übungsaufgabe 34

Stellt man Fragen hoch strukturiert und geschlossen, dann erhält man Antworten aus Sicht ...., stellt man sie offen, dann erhält man Antworten aus Sicht ....

....

Für Befragungen braucht man immer Papier – beim Fragebogen sowieso, beim Interview sowohl gleich, um die Fragen oder den Interview-Leitfaden festzuhalten, als auch später, wenn Tonbandaufnahmen transkribiert werden (Transkript = Niederschrift eines Tonbandes oder einer Film-/Videoaufzeichnung).

Die schriftliche Befragung bietet eine Reihe von Vorteilen:

- Man kann eine große Zahl von Personen befragen, ohne als Befrager dort zu sein, etwa bei postalischen Befragungen.
- Man hat die Antworten gleich schwarz auf weiß, braucht also keinen zusätzlichen Arbeitsgang zur Dokumentation.

- Man ist sicher, dass alle Befragten die gleichen Fragen bekommen haben.
- Die Befragten können die Fragen in Ruhe überlegen.

Die Nachteile sind:

- Nicht alle Befragten haben Lust, sich schriftlich befragen zu lassen, und lassen den Fragebogen unbeantwortet.
- Insbesondere bei längeren offenen Fragen braucht es sowohl Schreibfähigkeit als auch Motivation, die nicht alle aufbringen.
- Man kann nicht reagieren, wenn während der Befragung Hinweise kommen, wie bzw. was man besser oder treffender fragen könnte.

»Worte sind Schall und Rauch« meinte schon Altmeister Goethe, und »Was man schwarz auf weiß besitzt, kann man getrost nach Hause tragen«. Dies gilt auch für die mündliche Befragung. Gelegentliches Mit-Jemandem-Sprechen ist keine »mündliche Befragung«! Als systematisch-explizite Evaluationsmethode erfordert die mündliche Befragung Vorbereitung, Planung, methodische Durchführung und Reflexion. Dazu gehören Überlegungen zum Befragungszeitpunkt, zum befragten Personenkreis, zum Befragungsinhalt, zur eigenen Befangenheit. Insbesondere aber ist es wichtig, die Aussagen festzuhalten, zu dokumentieren: auf Tonband, als stich- oder teilwörtlicher Mitschrieb auf dem Interviewleitfaden, als Gedächtnisprotokoll so bald als möglich nach der Befragung. Ohne dies bleibt die mündliche Befragung Gelegenheitskonversation.

Befragt man mündlich, dann bietet dies Vorteile:

- Die Befragten können reden, »wie ihnen der Schnabel gewachsen ist« und werden nicht durch das Schreiben gehemmt.
- Auge in Auge mit dem Befrager wird ein Interview seltener verweigert oder abgebrochen als ein Fragebogen im Briefkasten.
- Man kann schnell auf Anregungen reagieren, die man beim Befragen erhält, und auch Missverständnisse sofort korrigieren.

Unausweichlich hat auch diese Methode Nachteile:

- Spontane Aussagen sind nicht unbedingt die zutreffendsten.
- Hoher Zeitaufwand: Bei jeder Befragung muss der Evaluator persönlich anwesend sein.

- Die Auswertung ist bei den meisten Interviewtypen aufwändig (Abschreiben vom Tonband) und schwierig (Zusammenfassen langer verbaler Aussagen).

Gerade für die Erwachsenenbildung ist die Befragung ein wichtiges Instrument: Zu vielen Dingen können Erwachsene kompetent Stellung beziehen. Und vom Prinzip der Teilnehmerorientierung her bietet die Befragung die Chance, auch die subjektiv-individuelle Perspektive der Betroffenen zu erfahren.

Und doch kann ich einige kritische Worte speziell zur »Fragebogenitis« nicht unterdrücken. Oft habe ich den Eindruck, dass Fragbogen magerer Qualität deshalb zu Hauf verschickt werden (Rücklaufquote 27%), weil Evaluatoren sich um die Mühe und das Risiko drücken, mit Fantasie und Mut Kriterien und Indikatoren zu suchen, an denen man beurteilen kann, ob etwas gut oder schlecht war. Ein Foto aus einem Seminar (80 Leute in einem 30er-Raum) legt ein anderes Gefühl und Urteil nahe als die Fragebogen-Frage »Wie fanden Sie den Seminarraum? Kreuzen Sie 1–5 an«. Allerdings: Zum Foto (oder: zur Abschlussparty des Kurses, zum Geschenk an die Krankenschwester, zur Postkarte an den Bewährungshelfer, zum Ausflugsplan des Altenheims ...) muss der Evaluator selbst eine begründete Wertung formulieren. Das erfordert Mut und Mühe. Dagegen glauben sich Evaluatoren bei Fragebogendurchschnittswerten (»Seminarraum wurde mit 3,0 bewertet«) leicht aus der Pflicht entlassen, selbst Kriterien zu benennen und daran orientiert selbst zu werten. Die folgenden Verfahren sollten für eine Evaluation deshalb unbedingt in Betracht gezogen werden.

7.2 Beobachtung

Auch hier gilt: Gelegentliches Hinschauen ist nicht »Beobachtung« im Sinne explizit-methodischer Datenerhebung. Beobachtung als Technik der Datengewinnung erfordert vom Beobachter Erfahrung, Übung und Selbstdisziplin, damit verhindert wird, dass man das sieht, was man sehen möchte, und blind ist für das Unerwünschte.

Beobachtung ist dann ein Forschungsinstrument, wenn sie
a) einem ausformulierten Forschungszweck dient,
b systematisch geplant ist,
c) explizit aufgezeichnet/dokumentiert wird, und
d) Kontrollen und Prüfungen auf ihre Aussagenqualität unterworfen wird (*Merriam* 1988, S. 88).

Übungsaufgabe 35

Überlegen Sie, ob diese vier Kriterien auch auf die im vorigen Abschnitt behandelte Befragung als Forschungsinstrument zutreffen:

		Trifft auch auf Befragung zu	Trifft auf Befragung nicht zu
a)	Dient einem ausformulierten Forschungszweck	❍	❍
b)	Ist systematisch geplant	❍	❍
c)	Wird explizit aufgezeichnet/ dokumentiert	❍	❍
d)	Wird auf Qualität geprüft und reflektiert	❍	❍

Durch Beobachtung erfasst man die Dinge dort, wo sie passieren, in ihrem natürlichen Kontext, ungefiltert durch Berichterstatter oder Interviewpartner.

Die amerikanische Erwachsenenbildungs-Forscherin *Sharan Merriam* formuliert: »Observation is the best technique to use when an activity, event, or situation can be observed firsthand, when a fresh perspective is desired, or when participants are not able or willing to discuss the topic under study« (1988, S. 89).

Beobachten kann man als außenstehender Fremder oder als Beteiligter. Beides hat Vor- und Nachteile:

Als außenstehender Beobachter sieht man Dinge, die für die anderen Beteiligten zu nicht mehr wahrgenommenen Routinen geworden sind. Der Beobachter, der als Beteiligter Teil des Handlungsfeldes ist (»teilnehmende Beobachtung«), kennt Vorgeschichte und Hintergründe und kann Beobachtetes entsprechend einordnen. Manches, was bei Befragungen bewusst verschwiegen wird, wird bei der Beobachtung offensichtlich.

Das Hauptproblem bei der Beobachtungsmethode ist der Beobachter: Aus seiner Sichtweise heraus interpretiert er das Beobachtete. Das kann treffen oder fehlen. Deshalb gehört zu jeder Beobachtung auch die explizite Gewissenserforschung des Beobachters, inwieweit sein Blick getrübt ist.

Insbesondere wenn man das eigene Programm, den eigenen Kurs, das eigene Lieblingsprojekt beobachtet, besteht die Gefahr der Betriebsblindheit oder Verliebtheit (die bekanntlich auch blind macht). Andererseits: Kennt man dieses Problem der verzerrten Wahrnehmung und ist man selbst neugierig auf das, was wirklich durch die Weiterbildungsbemühungen ausgelöst wird, dann wäre es Unsinn, sich selbst in die Tasche zu lügen. Gerade im Evaluationsbereich, in dem es um konkrete Bildungsmaßnahmen geht, scheint diese Gefahr begrenzbar. Im Übrigen merkt man einem Evaluationsbericht schnell an, ob der Verfasser einäugig jedes Lüftchen schon als Erfolgssturm deklariert, oder ob neugierig nach neuen Perspektiven und ehrlicher Selbstvergewisserung gesucht wurde.

Warnung
Problematisch ist die Beobachtungsmethode, wenn ein (fremder) Beobachter durch seine Anwesenheit die beobachtete Situation verfälscht.

Im Managementbereich oder bei Selbsterfahrungsgruppen dürfte es fast unmöglich sein, einen Fremdbeobachter zuzulassen, der notierend und registrierend dabeisitzt. Und die Idee, heimlich Tonband- oder Videoaufzeichnung zu machen und diese später auszuwerten, ist natürlich gänzlich indiskutabel: Das würde jeder Ethik der Andragogik widersprechen.

Auch Beobachtungsverfahren können mehr oder weniger strukturiert entworfen werden. Auf der einen Seite steht die bis ins Detail vorausgeplante Beobachtung mittels Codelisten, auf der anderen Seite offene subjektive Beschreibungen (»field-notes«), bei denen sich der Untersuchungsfokus erst allmählich herausschält.

Solche »Feld-Notizen« halten sowohl unmittelbare Beobachtungen fest als auch – als solche gekennzeichnete – wertende Kommentare des Beobachters (im folgenden Beispiel mit »KB« gekennzeichnet). Hier ein Beispiel aus einer Untersuchung »Wie zugänglich ist unsere VHS? Schwellenängste abbauen«). Ein externer Untersucher beschreibt:

Beispiel

Erster Besuch des VHS-Gebäudes in X am ... Zeit 19.30 Uhr, weil um 20.00 Uhr Kurse enden/beginnen. Parkmöglichkeit hinterm Haus. Rückwärtiger Eingang nicht beschriftet. Finde mich in einem dunklen Gang, weiß nicht, ob dies richtiger Eingang, verlasse das Haus wieder, umkreise es und benutze Haupteingang. Bin bisher allein. Helles, freundliches Treppenhaus. Es riecht nach Schule.

KB: *Erinnert mich an Schulstress, Noten-Angst. Warum wird hier nicht gelüftet?*

> Rechts große Tafel mit vielen Hinweisen, auf den ersten Blick verwirrend.
>
> KB: *Ließe sich mit Farben/Symbolen vermutlich leicht übersichtlicher gestalten.*
>
> Linkes Glasfenster/Schalter für Hausmeister/Empfang (?), dahinter sind zwei Personen im Gespräch, nehmen von mir keine Notiz. Eine Gruppe kommt lachend und redend die Treppe herunter, ein Kurs ist wohl zu Ende. Mehrere Ankömmlinge eilen an mir vorbei, niemand grüßt. Ich suche immer noch auf der Tafel nach dem Raum.
>
> KB: *Ich komme mir nach dem Hintereingang zum zweiten Male hilflos und desorientiert vor.*
>
> Ein Neuankömmling fragt mich nach der Toilette. Kein Hinweis auf der Tafel ...

Ein **Beobachter** kann entweder vollkommen außenstehend sein oder Teil der Gruppe oder irgendwo dazwischen. Bei Evaluationsprojekten am meisten verbreitet ist die Rolle des »teilnehmenden Beobachters«: Man agiert im Feld mit und versucht zugleich, die Distanz zum Beobachteten zu halten. Manche Dinge sieht man besser, wenn man mitten drin ist, andere sieht man aus der Ferne klarer.

Jeder Beobachter hat seinen »Bias«, seinen Mess- oder Beobachtungsfehler. Manches ist für einen Beobachter kaum angemessen nachvollziehbar. Zum Beispiel: Wie wirkt obiger VHS-Besuch auf einen Analphabeten? Oder: Kann ein unkündbarer Beamter die Perspektive des Arbeitslosen, ein Dreißigjähriger die Sicht eines Siebzigjährigen nachvollziehen? In solchen Fällen ist eine Befragung angemessener.

Manche Dinge sind andererseits dem Insider nicht mehr bewusst, fallen dem außenstehenden Beobachter aber sofort auf. Gelingt dem »teilnehmenden Beobachter« immer wieder der Perspektivenwechsel von »eingebundenem Teilnehmer« zu »distanziertem Beobachter«, dann können mit dieser Methode wichtige Informationen erhoben werden.

Wie **offen oder verdeckt** soll die Beobachtung erfolgen? Je stärker ein Beobachter auch Beteiligter ist, desto mehr erhält er einerseits Einblick in die inneren Zusammenhänge, desto mehr verliert er andererseits die Distanz und desto schlimmer wird die Gefahr des Spionage- und des Verratsverdachts. Ethisch ähnlich problematisch ist der Außenbeobachter, der durch den Einwegspiegel des Beobachtungsraumes, als Auswerter von Videoaufzeichnungen oder als scheinbar unbeteiligt Herumstehender Aufzeichnungen macht und diese irgendwohin weitergibt.

Um bei der Evaluationsarbeit mit Erwachsenen nicht in eine peinliche Situation zu kommen, sollte den Beobachteten grundsätzlich mitgeteilt werden, dass und wozu beobachtet wird.

Sollte dies in besonderen Fällen nicht möglich sein, weil das Wissen um die Beobachtungssituation das Beobachtete verfälscht, so sollten andere Evaluationswege überlegt oder ganz auf die Evaluation verzichtet werden.

Übungsaufgabe 36

Nennen Sie drei Vorteile der Beobachtung:

1. ....

2. ....

3. ....

Nennen Sie drei Nachteile der Beobachtung:

1 ....

2. ....

3. ....

Übungsaufgabe 37

Nennen Sie eine Situation, bei der sie aus andragogisch-ethischen Gründen die Beobachtung als Methode der Evaluation ablehnen würden:

....

....

....

Welche Art der Datenerhebung wäre bei diesem Beispiel angebracht?

....

....

....

7.3 Tests

Eigentlich ist die Bezeichnung »Test« zu eng. Man müsste besser sagen **»Leistungsprobe«** oder, falls Sie sich an Fremdwörtern nicht stoßen, **»Performanz-Prüfung«**. Die Sache, um die es geht, ist leicht beschrieben:

Man lässt die Teilnehmer Tätigkeiten ausführen, die sie nach der Bildungsmaßnahme beherrschen müssten und kontrolliert, ob sie dies erfolgreich tun. Testaufgaben werden nach »richtig / falsch« ausgewertet. Prüfungen, Klassenarbeiten oder Klausuren sind traditionelle Formen, Leistungs- oder Performanzdaten zu erheben.

Tests sind andererseits mehr als die üblichen Klassenarbeiten und Prüfungen: An Tests werden bestimmte Qualitätsstandards hinsichtlich ihrer Messqualität gestellt. So wie ein normales Gespräch keine »Befragung« (im Sinne einer wissenschaftlichen Datenerhebungsmethode) ist, so wie handelndes Dabeisein keine »Beobachtung« (im Sinne einer wissenschaftlichen Datenerhebungsmethode) ist, so ist auch eine Leistungsprobe oder eine Prüfungsklausur, in der jemand sein Können demonstriert, noch kein Test. In einem auch heute noch lesenswerten Buch »Zur Fragwürdigkeit der Zensurengebung« hat *Karlheinz Ingenkamp* bereits 1971 an Hand einer Vielzahl von Untersuchungen zeigen können, wie unzuverlässig die Notengebung auf der Grundlage herkömmlicher Prüfverfahren ist. Falls Sie dieses Buch in einer Bibliothek noch finden können, dann lohnt es sich mit Sicherheit, eine Viertelstunde darin zu blättern; sie werden sich wundern und manche alte Vermutung bestätigt finden!

Tests haben, wenn sie auf den Markt kommen, ein Prüfungsverfahren hinter sich. Im Rahmen der Testerprobung und Testeichung wird die Messqualität empirisch und überprüfbar daraufhin kontrolliert, ob sie eine Reihe von Gütekriterien erfüllt. Alle Aufgaben werden inhaltslogisch und statistisch überprüft und Mittelwerte, Streuungen, Trennschärfen und Faktorenstrukturen ermittelt. Dabei werden eine Reihe von Testrohformen erstellt, erprobt und überarbeitet, bis die Endfassung steht. Für diesen Prozess wird auch die Bezeichnung »Standardisierung« verwendet; man spricht deshalb auch von »standardisierten Tests«. Für diese Endfassung ist bekannt, wie groß der Messfehler dieses Instrumentes ist, in welchem Bereich um einen Messwert mit welcher Wahrscheinlichkeit der »wahre« Wert liegt.

Standardisierte Tests sind geprüfte Prüfverfahren.

Das alles klingt aufwändig und kompliziert. Aber wenn auf Grund solcher Leistungsprüfungen Entscheidungen gefällt werden, die das ganze Leben von Menschen entscheiden – man wird zum Gymnasium zugelassen oder nicht, man darf einen Beruf ausüben oder nicht –, dann müssen in der Tat die Messverfahren den höchsten Ansprüchen entsprechen. Jedoch: Bei der

Evaluation von Bildungsmaßnahmen geht es nicht darum, einzelne Teilnehmer zu benoten, es geht darum, die Wirkung der Bildungsmaßnahme einzuschätzen. Hierzu werden die Werte aller Befragten zusammengefasst. Evaluationswerte sind also in der Regel Gruppendurchschnittswerte. Für solche Gruppenaussagen sind die Güteanforderungen an einen Test deutlich niedriger als für Aussagen über Individuen (vgl. *Lienert* 1969, S. 309).

Für die wenigsten Situationen kann man in der Erwachsenenbildung/Weiterbildung derzeit auf standardisierte Tests zurückgreifen, weil solche Verfahren hier kaum entwickelt wurden. Somit kommen Verfahren ins Spiel, die Ihnen hier ans Herz gelegt werden sollen: die informellen Tests.

Informelle Tests stellen gewissermaßen eine Vorform der standardisierten Tests dar: Sie werden konstruiert nach den Prinzipien der standardisierten Tests. Dies bedeutet insbesondere eine eindeutig auswertbare Aufgabenformulierung sowie eine verbindliche Durchführung und Auswertung. Informelle Tests engen also wie die formellen subjektive Entscheidungen hinsichtlich Durchführung, Auswertung und Interpretation ein. Dies macht die Ergebnisse intersubjektiv überprüfbar und reproduzierbar. Allerdings erfolgt die empirisch-statistische Überprüfung nicht wie beim formellen Test vor, sondern erst nach der Testdurchführung; nach dem Einsatz verwendet man die Daten als erstes dazu, zumindest durch grobe Näherungsverfahren die Messqualität zu prüfen.

Zu einem informellen Test gehört also

1. eine die Objektivität garantierende Aufgabenformulierung, Durchführung und Auswertung sowie
2. eine nachträglich empirisch-statistische Analyse der Ergebnisse.

Informelle Tests sind prüfbare Prüfverfahren.

Stellt man nachträglich fest, dass bestimmte Aufgaben schlecht konstruiert sind, dann lässt man sie für die Auswertung unberücksichtigt. Statt 35 Aufgaben hat man dann eben nur noch 28 – und eine Reihe von Ideen, wie man die Aufgaben verbessern könnte.

Zusammenhang Didaktik/Evaluation

Mit zunehmender Übung fällt es leichter, informelle Tests zu konstruieren. Kapitel 10 dieses Buches wird darauf noch eingehen. Insbesondere wenn Sie im Rahmen der Kursplanung klare Ziele formuliert haben, dann ist die halbe Arbeit bereits getan. Denn: Didaktische Planung (»Was soll durch meinen Unterricht erreicht werden?«) und das Formulieren von Prüfungsaufgaben (»Welche Aufgaben kann ein erfolgreicher Teilnehmer lösen?«) überschneiden sich: Evaluation ist ein Teil des didaktischen Planungsprozesses und kein willkürliches Schikane-Anhängsel.

Test-Formen

Tests sind in den allermeisten Fällen als »Papier-Bleistift-Verfahren« angelegt, d.h. man löst Aufgaben schriftlich. Diese Form hat den Vorteil der leichten Herstellung, Datenerfassung, Auswertung und Archivierung. Allerdings können Leistungsproben durchaus auch praktischer Art sein, etwa beim Herstellen bestimmter Produkte oder beim Vorführen bestimmten Verhaltens (z. B. praktische Führerscheinprüfung).

Übungsaufgabe 38

Leistungsproben in Form von Testaufgaben sind bei manchen Kursinhalten leicht formulierbar und sinnvoll, bei anderen nicht. Suchen Sie Beispiele!

Kurse, bei denen Tests Sinn machen:

1. ....

2. ....

3. ....

Kurse, bei denen Tests wenig Sinn machen:

1. ....

2. ....

3. ....

Tests wendet man in der Evaluation dort an, wo fest umschreibbares Wissen oder Können erworben werden soll.

Folgende Vorteile bieten Tests:

- Wissen und Können werden demonstriert. Anders als bei Selbst- oder Fremdeinschätzung »liegen die Ergebnisse auf dem Tisch«.
- Die Qualität der Datenerfassung lässt sich überprüfen.
- Bei einer standardisierten Testdurchführung lassen sich die Ergebnisse mit anderen Gruppen oder zu verschiedenen Zeitpunkten vergleichen.

- Die Konstruktion informeller Tests unterstützt die didaktische Planung im Hinblick auf die Abklärung der zu erreichenden Ziele.

Nachteile von Tests:

- Nur wenige standardisierte Tests sind verfügbar.
- Tests sind immer eng auf bestimmte Inhalte ausgelegt; sobald ein Kursleiter sich für andere Inhaltsschwerpunkte entscheidet, passen sie nicht mehr.
- Informelle Tests erfordern Konstruktionsaufwand.
- Manche Inhalte sind für diese Prüfungsform ungeeignet.
- Zumeist bringt diese Prüfungsform die Teilnehmer in einen gewissen Prüfungsstress. Wollen Sie das?
- Tests müssen aus testmethodischen Gründen aus einer größeren Zahl voneinander unabhängiger Aufgaben bestehen, die jeweils möglichst nur eine Fähigkeit erfassen. Passt dies zu Ihren Inhalten und Intentionen?

Die Erfassung von Performanzdaten, wie sie durch Tests in verlässlicher Form geschieht, hat für Evaluationszwecke besondere Überzeugungskraft: Man kann damit zeigen, dass ein bestimmtes Wissen oder Können tatsächlich erzielt wurde.

7.4 Materialanalysen

Alle drei Verfahren, die bisher behandelt wurden,

also 1. .... 2. ....

und 3. .... **(Übungsaufgabe 39)**

haben einen großen Nachteil: Sie werden als zusätzliches, künstliches und damit fremdes Element in die untersuchte Bildungsmaßnahme eingebracht. Dies kann **Reaktanz** erzeugen, d.h. das Ergebnis wird durch die Untersuchung verfälscht.

Daten über Erreichtes und Nichterreichtes lassen sich aber auch aus Materialien, Werkstücken, Artefakten, Protokollen, Fotografien, Tagebüchern, Briefen gewinnen, die im Verlauf oder als Ergebnis der untersuchten Maßnahme unabhängig von der Evaluationssituation entstanden sind. Da diese Materialien zu einem Zeitpunkt produziert wurden, an dem von einer Evaluation noch nicht die Rede war oder da sie ohne Bezug auf die Evaluation nebenher entstanden, können sie durch die Evaluation nicht verfälscht worden sein. Eine solche Datengewinnung nennt man **»reaktanzfrei«** oder **»nicht-reaktiv«**.

Unter »Materialien« sollen alle gegenständlichen Produkte verstanden werden, die im Verlaufe einer Bildungsmaßnahme entwickelt werden, die aber nicht für die Evaluationsabsicht entstanden sind.

Solche Materialien fallen bei jeder Bildungsmaßnahme an. Viele, vielleicht die meisten Materialien liegen in schriftlicher Form vor: Anträge, Entwürfe, Abrechnungen, Teilnehmerlisten, Programme, Protokolle, Einladungen, Berichte ... Deshalb wird in diesem Zusammenhang auch oft von Dokumenten und **Dokumentenanalyse** gesprochen. Auch Produktionszahlen, Unfallreports, Zeugnisse, Personalfluktuation, Reklamationen, Statistiken liegen in der Regel »schwarz auf weiß« vor.

Wie dem Völkerkundler nichtschriftliche Artefakte (Bauten, Kunstwerke, Gebrauchsgegenstände …) den Blick für Zusammenhänge öffnen können, so können auch im Bildungsbereich »Artefakte« manchen Zusammenhang erläutern: Die bauliche Gestaltung eines Bildungszentrums spricht eine eigene Sprache (Marmor und Edelholz oder Kalkputz im Kellerraum: Könnten Sie an diesen »Artefakten« erschließen, welche der Weiterbildung zugemessene Bedeutung dies in einer Volkshochschule bzw. bei einer High-Tech-Firma signalisiert?). Die Möblierung und Ausstattung von Räumen lässt Rückschlüsse zu, die Bilder an den Wänden, die Cafeteria, die Blumen vor dem Fenster. Das Gleiche gilt für »Werke«, die im Rahmen von pädagogisch / andragogischen Maßnahmen geschaffen werden: Fotografie, Video, Collage, Musikstück, Plastik, Möbel, elektronische Schaltung usw.

Vorteile / Nachteile

Der sensible Forscher ist, wenn er sich in sein Forschungsfeld begibt, prinzipiell umgeben von einer Vielzahl von Stimmen, die ihm Informationen zuflüstern, manchmal zuschreien. Dies ist nicht nur bei der Beobachtung der Fall, sondern trifft auch auf Dokumente und Materialien zu, die man im Archiv, im Museum, im Aktenschrank, in der Ausstellung findet – auch dann, wenn die aktuelle Situation längst vorbei ist. Dies ist die Stunde der **Materialanalyse**. Allerdings:

1. Man muss zunächst überhaupt einmal erst auf die Idee kommen, nach diesen Stimmen zu suchen. Und:

2. Die Aussage dieser Stimmen ist nur durch Interpretation zu erschließen. Das unausweichliche Problem jeder Interpretation ist, dass man sich immer fragen muss: Wurde das, was ich zu hören glaube, wirklich so gesagt, oder habe ich es hineininterpretiert?

Übungsaufgabe 40

Probieren Sie eine spontane Materialanalyse aus: Stellen Sie sich vor, Sie müssten im Rahmen der Evaluation eines Kurses »Lern- und Studientechniken für Erwachsene« bewerten, ob ein bestimmter Lerner in der Lage ist, seine Lernarbeit gut zu organisieren. Dazu erhalten Sie ein Foto vom Arbeitszimmer dieses Lerners. Und jetzt lehnen Sie sich zurück, schauen Sie sich Ihren eigenen Arbeitsplatz an, an dem Sie jetzt sitzen, und überlegen Sie: Wenn dies das Foto des zu untersuchenden Lerners wäre – was sagen Ihnen die Gegenstände – Tisch, Stuhl, Regal, Bücher, Licht, Papier, Ordnung ... darüber, ob dieser Lerner mit diesem Arbeitsplatz in der Lage ist, seine Lernarbeit gut zu organisieren? Sie haben fünf Minuten Zeit ...

Nach diesen fünf Minuten sollten Sie einige kurze Stücke der Analyse dieses »Fotos« aufschreiben, und zwar zwei verschiedene Arten von Aussagen:

1. Was können Sie guten Gewissens als Datenanalyse sagen:

   ....

   ....

   ....

   ....

2. Wo haben Sie selbst gemerkt, dass Sie mehr hineininterpretieren als auf dem »Foto« erkennbar?

   ....

   ....

   ....

   ....

   ....

Strukturierungsgrad

Auch die Materialanalyse kann hoch strukturiert mit ganz genauen Vorgaben z. B. in Form von Checklisten erfolgen (z. B.: »Wie groß ist die Arbeitsfläche? Wie viel Prozent davon sind belegt durch Gegenstände? Welche Bücher / Hilfsmittel sind in Griffnähe sichtbar? Welche nicht zur

Lernarbeit gehörenden Dinge (Zeitungen, Essen …) sind sichtbar?…). Die Materialanalyse kann aber auch ganz offen erfolgen. In unserem Beispiel 2 in Kapitel 6.2 ist ein solch offenes Verfahren beschrieben: Die Forscher arbeiteten sich durch die Protokolle und Projektdokumentation durch und hielten fest, was ihnen spontan auffiel. Die Vor- und Nachteile von mehr oder weniger Vorgaben sind dieselben wie bei Befragung und Beobachtung, brauchen hier also nicht wiederholt zu werden.

Übungsaufgabe 41

Schreiben Sie auf, was Sie als Problem bei dem Verfahren Materialanalyse sehen!

1. ....

2. ....

3. ....

Worin sehen Sie Stärken dieses Verfahrens?

1. ....

2. ....

3. ....

Vergleichen Sie Ihre Punkte mit folgender Liste:

Nachteile:

- Es ist nicht feststellbar, wie authentisch die Dokumente oder Artefakte tatsächlich waren.
- Man weiß auch nicht, wie komplett die Daten sind, da sie nicht systematisch erhoben werden.
- Das Verfahren ist interpretativ: Der Evaluator muss überhaupt erst herausfinden, was solche Materialquellen sind, und diese dann auslegen.
- Archivarbeit macht nicht so viel Spaß.

Vorteile:

- Solche Materialien sind oft die einzigen überhaupt verfügbaren Datenquellen.
- Solche Materialien, insbesondere in schriftlicher Form, sind zumeist leicht und billig verfügbar.
- Sie sind nicht durch die Untersuchungssituation verfälscht.

- Es handelt sich um authentische Quellen.
- Sie erlauben den Blick in die Vergangenheit.
- Dieser Datentypus ist stabil, verändert sich nicht.
- Materialanalysen lassen oft auch den Kontext erkennen, in dem das Geschehen ablief.

Insgesamt stellt das Heranziehen von Materialien, die nicht vom Untersucher oder für die Untersuchung produziert wurden, eine reichhaltige Datenquelle dar. Gerade bei Evaluationsuntersuchungen im Weiterbildungsbereich lassen sich fast immer eine Vielzahl von solchen Datenquellen finden. Damit lassen sich sowohl rückliegende Zeiträume erschließen als auch kontextorientierte Daten sammeln als auch Reaktanz der Evaluationsaktivität vermeiden.

Übungsaufgabe 42

Falls Sie sich gerade ein Evaluationsprojekt vorstellen können: Schreiben sie auf, welche Dokumente, Artefakte, Materialien Ihnen einfallen, die möglicherweise als Daten dienen könnten:

1 .... 2..

3 .... 4..

5 .... 6..

7.5 Wann welches Instrument?

Keine Methode, kein Instrument ist ein Allheilmittel; jedes hat Stärken und Schwächen. Entscheidend ist, was der Evaluator an Informationen braucht. Mit dieser Frage sollte man dann die Instrumente durchprüfen: Welches bringt mehr Daten oder bessere Daten, welches hat den niedrigsten Preis / Aufwand, welches stört das beobachtete Bildungsgeschehen am wenigsten? Und diese Überlegungen gehören dann auch in den Evaluationsbericht: »For each type of data, the bias for and limits of its claims to credibility is made explicitly clear« (*Lee* 2000, S. 158).

Bei den meisten Evaluationsuntersuchungen wird man ohnehin mehrere Instrumente einsetzen: Manches stellt man aus den Akten zusammen, Fragebogen-Auswertungen werden mit Interviewaussagen ergänzt, man beschreibt konkrete Ergebnisse und wird auch manches an informellen Gesprächen und Gelegenheitsbeobachtungen mit einfließen lassen (allerdings deutlich als nichtsystematische Datenerhebung gekennzeichnet). Auf diese Weise stützt man wichtige Aussagen von mehreren Seiten ab. In der Fachsprache nennt man dieses von verschiedenen Ecken auf eine Sache Zukommen »Triangulation«.

Für alle diese Instrumenten-Konstruktionen gilt im Übrigen der Erfahrungssatz: Hinterher ist man gescheiter! Bei hoch strukturierten Instrumenten werden Sie hinterher selbst nicht verstehen, wie Sie so missverständlich formulieren konnten und wichtige Fragen schlichtweg übersehen haben, bei einer wenig strukturierten Befragung werden Sie sich ärgern, dass Sie nicht wenigstens ein paar Sachverhalte direkt abgefragt haben, denn jetzt wissen Sie nicht, ob eine bestimmte Sache tatsächlich in Ordnung war oder ob nur niemand daran gedacht hat. Das ist das Los des Evaluators. Wichtig ist, dass Sie solche Schwächen nicht einfach unter den Tisch fallen lassen, sondern festhalten, im Bericht diskutieren und zusammen mit Ihrem Instrument archivieren. Dann können Sie es beim nächsten Mal besser machen. Wird diese Instrumenten-Diskussion im Evaluationsbericht beschrieben, dann können auch andere davon lernen, und es stehen zunehmend einigermaßen erprobte Instrumente zur Verfügung.

Bei all diesen Instrumenten und Methoden wurde darauf abgehoben, dass der Entwurf, die Durchführung, Auswertung und Interpretation systematisch zu erfolgen habe, wohl überlegt und kritisch kontrolliert. Dies soll verhindern, dass einzelnen Zufallsbeobachtungen eine Bedeutung zugemessen wird, die ihnen nicht zukommt.

Aber: Manchmal sind es gerade solche zufälligen oder einzelnen Aussagen, Beobachtungen, Arbeitsproben oder Dokumente, die wie ein Blitzlicht Zusammenhänge und Bedeutungen sichtbar und verstehbar machen. Deshalb soll am Ende dieses Methodenkapitels noch ein ausdrückliches **Lob der Un-Methodik** ins Feld geführt werden. In der traditionellen Forschungsmethodik wäre es eine Todsünde, während einer Untersuchung das Instrument zu wechseln, die Hypothesen umzuwerfen, das Design zu ändern oder gar den Forschungsgegenstand umzugestalten. Neuere naturalistische, oft aus der Ethnologie oder qualitativer Forschungstradition stammenden oder sich auf Postmoderne berufende Ansätze argumentieren beweglicher. Forschungsmethoden haben keinen Selbstzweck, sondern dienen der »Wahrheitsfindung«. Gewinnt man im Laufe einer Evaluation bessere, wahrheitsnähere Einsichten, dann wäre es wenig hilfreich, am alten Vorgehen festzuhalten. Auch neuere Ansätze der Evaluation betonen den antwortenden, »responsiven« (*Stake* 1995) Charakter von Evaluation, das Empfänglichsein für das untersuchte Feld. Untersuchungen erfolgen dann nicht mehr nach einem linearen Modell (endgültige Untersuchungsfrage, festes Design und Durchführung, Auswertung), sondern eher »iterativ, schleifenartig … als fortwährendes Fragestellen, Antworten, Bewerten, Informieren und Aushandeln« (*Beywl* 1991, S. 273).

In diesem schleifenartigen Vorgehen hat sowohl die unwiederholbare Blitzeinsicht (manchmal ist es auch ein langsames Aufdämmern) als auch das systematische Vorgehen ihren Ort. Wenn das Eine das Andere stützt, dann werden sich hilfreiche Aussagen ergeben. Und das nächste Kapitel wird Kriterien an die Hand geben, mit denen die Güte der Untersuchungsschritte geprüft werden kann.

8. Warnung 1: Gütekriterien oder »Zu Risiken und Nebenwirkungen ...«

Evaluation setzt das methodische Erfassen von Daten voraus – siehe die Definition von Evaluation in Kapitel 1. Im vorausgegangen Kapitel 7 wurden die Standardverfahren Befragung, Beobachtung, Test, Materialanalyse dargestellt. In diesem Kapitel soll nun die für alle Verfahren der Datenerhebung geltende Warnung erfolgen: Der Vorgang der Datensammlung und die gesammelten Daten müssen gewisse Gütekriterien erfüllen. Es geht also um die Qualität von Instrumenten und Verfahren.

Auch die Standards der Deutschen Gesellschaft für Evaluation (siehe Anhang) weisen unter dem Stichwort »Genauigkeit« ausdrücklich auf dieses notwendige Qualitätsmerkmal hin, insbesondere unter »G5 Valide und reliable Informationen: Die Verfahren zur Gewinnung von Daten sollen so gewählt oder entwickelt und dann eingesetzt werden, dass die Zuverlässigkeit der gewonnenen Daten und ihre Gültigkeit bezogen auf die Beantwortung der Evaluationsfragestellung nach fachlichen Maßstäben sichergestellt sind. Die fachlichen Maßstäbe sollen sich an den Gütekriterien quantitativer und qualitativer Sozialforschung orientieren.«

Es gibt Daten, die nutzen nichts, weil man nicht weiß, was sie eigentlich aussagen. Zum **Beispiel**:

① Sie lassen einen Lehrtext von drei verschiedenen Personen begutachtet. Person A hält ihn für gut, Person B für schlecht, Person C meint »teils / teils«. Sie wissen jetzt zwar, dass Ihre Beurteiler offenbar an die gleiche Sache einen unterschiedlichen Maßstab anlegen, aber wissen Sie jetzt auch, welche Qualität der Lehrtext hat? Was fangen Sie mit den Ergebnissen an?

② Auf der Grundlage eines Abschlusstests, bei dem alle Teilnehmer gute Ergebnisse erbringen, deklarieren Sie eine Weiterbildungsmaßnahme als erfolgreich. Leider sind die Vorgesetzten nach Rückkehr ihrer Mitarbeiter an den Arbeitsplatz nicht dieser Meinung; in einer Befragung geben sie überwiegend an, dass keine verbesserte Leistung festgestellt wurde. Stimmt Ihr Test nicht, oder was bedeutet die Datendiskrepanz?

③ Die Fragebogen am Kurs-Ende verschwinden auf Nimmerwiedersehen unausgewertet in einem Schrank. Niemand scheint an den schönen Daten interessiert.

④ Im Rahmen einer Befragung stellen Sie eine wichtige Frage aus Sicherheitsgründen an zwei verschiedenen Stellen des Interviews. Bei einem Drittel der Befragten stimmen die beiden Antworten nicht überein.

In all diesen Fällen stehen Sie mit Erhebungsverfahren bzw. mit Daten da und wissen, dass sie irgendwie nicht brauchbar sind: Sie erfüllen wichtige Anforderungen (»Gütekriterien«) an brauchbare Verfahren nicht.

Ziele

Nach diesem Kapitel sollen Sie folgende Gütekriterien definieren und an Beispielen erläutern: Didaktische Nützlichkeit, Objektivität, Reliabilität, Validität, Ökonomie, Normierung; hinzu kommen die besonders für qualitative Forschung geforderten Gütekriterien Regelgeleitetheit, Triangulation, Verfahrensdokumentation, kommunikative Validierung, argumentative Interpretationsabsicherung und Nähe zum Gegenstand.

Die Berücksichtigung dieser Gütekriterien hilft, Evaluationsuntersuchungen sowohl besser zu planen als auch kritisch auf Schwächen zu befragen.

Übungsaufgabe 43

Falls Sie diese Begriffe bereits kennen, versuchen Sie bitte, die obigen Beispiele ① bis ④ zuzuordnen. Kreuzen Sie an, in welchem der Beispiele ① bis ④ das jeweilige Gütekriterium das Problem verursacht:

a) Didaktische Nützlichkeit	①	②	③	④
b) Objektivität	①	②	③	④
c) Reliabilität	①	②	③	④
d) Validität	①	②	③	④

Sofern Ihnen diese leichtgefallen ist, genügt es, wenn Sie dieses Kapitel nur kurz überfliegen.

8.1 Didaktische Nützlichkeit

Bei der Evaluation im Sinne dieses Buches geht es – siehe die Definition am Beginn von Kapitel 1 – um Wirkungskontrolle, Steuerung und Reflexion im Bildungsbereich. Evaluation im Ganzen wie auch im Detail soll einen didaktischen Zweck erfüllen.

Nicht alles, was sich Evaluation nennt, erfüllt einen didaktischen Zweck. Mit Evaluationsuntersuchungen kann man Menschen bedrohen – Bildungsprogrammverantwortliche, Kursleiter, Kursteilnehmer –, man kann mit großem Getöse Staub aufwirbeln, ohne etwas zu bewirken, man kann durch Evaluationsuntersuchungen im Bereich A davon ablenken, dass die eigentlichen Probleme im Bereich B liegen, man kann wichtigtuend-wissenschaftlich Daten sammeln, die zu nichts nütze sind und deshalb entweder unbeachtet in irgendwelchen Schränken verrotten oder in Broschüren erscheinen, die keine Folgen haben. In all diesen Fällen kommt der Evaluation keine didaktische Bedeutung zu.

Erstes Gütekriterium für Evaluation im Bildungsbereich und die dabei gesammelten bzw. zu sammelnden Daten ist also die Frage:

> Welchem didaktischen Zwecke nutzen die erhobenen Daten bzw. das angewandte Evaluationsverfahren?

Oberstes Kriterium für die Entscheidung, eine Evaluationsmaßnahme einzuleiten, ist ihre didaktische Nützlichkeit; alle weiteren Gütekriterien sind nur dann von Interesse, wenn dieses erfüllt ist. Evaluation ist nur dann ein sinnvolles Element im erwachsenenpädagogischen Zusammenhang, wenn man sich über die andragogischen und didaktischen Intentionen und Folgen im Klaren ist. Zur didaktischen Nützlichkeit wird man etwa folgende Fragen stellen:

- Ist an dieser Stelle eine Evaluation überhaupt angebracht?
- Hat die Evaluation möglicherweise Effekte, die der Bildungsintention widersprechen?
- Kann das angewendete Verfahren, können die erhobenen Daten missverstanden oder schädigend eingesetzt werden?
- Ist die Evaluationsmaßnahme so angelegt, dass die gesammelten Daten überhaupt einen didaktischen Zweck absehen lassen?
- Ist nach dem Zeitplan Information dann verfügbar, wenn sie noch etwas nützt?
- Lohnt sich der Aufwand der Evaluation im Verhältnis zu den absehbaren Ergebnissen?

Evaluieren lässt sich alles Mögliche, abfragen und beobachten kann man ebenfalls alles Mögliche; auf diese Weise entstehen nutzlose Datenansammlungen mit Informationen, die alle auch »irgendwie interessant« sind. Nur: Es geht bei Weiterbildungsevaluation nicht um »irgendwie interessante« Einblicke, sondern um didaktisches Verstehen und Gestalten, also um Nützlichkeit.

Praxishinweis

Unter didaktischen Gesichtspunkten können Evaluationsaktivitäten sowohl schaden als auch wertlos sein, sie können aber auch wichtige didaktische Hilfestellung leisten. Dies alles lässt sich bereits bei der Planung von Evaluationsuntersuchungen berücksichtigen, indem Evaluationspläne und Instrumente mit der oben genannten Fragenserie durchgeprüft werden. Nur wenn das Gütekriterium »didaktische Nützlichkeit« von Anfang an mitreflektiert wird, kann Evaluation zu einem besseren Verstehen und Gestalten von Erwachsenenbildung beitragen.

»Nützlichkeit« ist auch eine der vier grundlegenden Eigenschaften, die Evaluationen gemäß den »Standards für Evaluation« (*Joint Committee ...* 1999, *Deutsche Gesellschaft für Evaluation* 2001, siehe Anhang) aufweisen sollen. Dort wird gefordert: »Die Nützlichkeitsstandards sollen sicher stellen, dass die Evaluation sich an den geklärten Evaluationszwecken sowie am Informationsbedarf der vorgesehenen Nutzern und Nutzerinnen ausrichtet«.

8.2 Objektivität

Der im Bereich der Psychodiagnostik am meisten missverstandene Begriff ist der Begriff der »Objektivität«. In psychodiagnostischem Sinne meint Objektivität lediglich, dass subjektive Einflüsse von Durchführern und Auswertern auf die Ergebnisse ausgeschlossen werden. Nicht gemeint ist, dass eine Aussage »objektive Wahrheit« ist. Wahrscheinlich wäre der Begriff »Nicht-Subjektivität« oder der der »interpersonellen Übereinstimmung« weniger missverständlich.

Definition

»Unter Objektivität eines Tests verstehen wir den Grad, in dem die Ergebnisse eines Tests unabhängig vom Untersucher sind. Ein Test wäre demnach vollkommen objektiv, wenn verschiedene Untersucher bei demselben Probanten zu gleichen Ergebnissen gelangen. Man spricht deshalb auch von ›interpersoneller Übereinstimmung‹ der Untersucher« (*Lienert* 1969, S. 13). Oder mit den Worten eines anderen Klassikers der Leistungsmessung: »Verschiedene Prüfer sollen bei der Messung des gleichen Verhaltens zu gleichen Ergebnissen kommen« (*Ingenkamp* 1972, S. 27).

Die Objektivität von Messungen lässt sich leicht überprüfen, wenn man verschiedenen Beurteilern dieselbe Sache vorlegt. Denn (siehe oben): »Verschiedene Prüfer sollen bei der Messung des gleichen Verhaltens zu gleichen Ergebnissen kommen«. Ist dies nicht der Fall, dann sind die Daten wertlos, denn man weiß nicht, ob die Daten Unterschiede in der beschriebenen Sache widerspiegeln (was man erfassen möchte) oder aber durch Hirngespinste oder Wunschdenken der Beurteiler zustande gekommen sind.

> *Mit diesem Begriff von Objektivität kann man ein absurdes Beispiel konstruieren: Wenn im Lösungsschlüssel eines Tests vorgegeben wird, dass bei der Aufgabe 2 mal 2 = ? der Beurteiler die Lösung 4 als falsch, 5 als richtig zu beurteilen habe, und alle Beurteiler (Subjekte) machen den Unsinn mit, dann ist das Kriterium »Objektivität = interpersonelle Übereinstimmung« erfüllt: Denn alle Beurteiler/Subjekte stimmen bei der gleichen Sache mit dem gleichen Ergebnis überein (aber keine Angst, es gibt noch weitere Gütekriterien – in diesem Beispiel die »Validität« –, die solchen Unsinn ausfiltern).*

Die Objektivität kann an drei Stellen einer Untersuchung – in der Durchführung, der Auswertung und der Interpretation – gefährdet sein (und damit möglicherweise auch verbessert werden):

Durchführungsobjektivität

Zunächst muss die Durchführung einer Untersuchung so angelegt werden, dass Ergebnisse unabhängig von der durchführenden Person entstehen. Wenn Befrager A bei der gleichen Sache durchweg »bessere« Ergebnisse bringt als Befrager B, dann sind diese Ergebnisunterschiede offenbar nicht durch die Sache, sondern durch die subjektiven Unterschiede der Befrager zustande gekommen. Solche »Ergebnisse« sind wertlos. Um dies zu vermeiden, muss man den Befragern entweder einen eindeutigen Fragekatalog mit auf den Weg geben (vielleicht fragt A anderes als B), oder sie müssen einheitlicher trainiert werden (vielleicht lächelt A mehr als B), oder sie müssen sorgfältiger ausgewählt werden (A ist Vorgesetzter, B ist Kollege).

Auswertungsobjektivität

Ein Problem der Auswertungsobjektivität liegt vor, wenn unterschiedliche Auswerter den gleichen Sachverhalt unterschiedlich auswerten. Zum Beispiel: Die Gesamtfehlerzahl eines Diktates ist als Messwert unbrauchbar, wenn Auswerter A Kommafehler als ganze Fehler zählt, Auswerter B als halbe und Auswerter C nicht als Fehler rechnet; ein Diktat mit vier Kommafehlern hätte bei C null Fehler, bei B zwei und bei A vier. Ebenfalls ein Problem der Auswertungsobjektivität liegt vor, wenn zwei Auswerter das gleiche Bewerbungsschreiben unterschiedlich bewerten, weil der eine Wert auf die Form, der andere auf den Inhalt legt: unterschiedliche Untersucher legen unterschiedliche Auswertungskriterien an und kommen so beim gleichen Prüfgegenstand zu unterschiedlichen Ergebnissen. Auch in unserem Beispiel ① am Anfang dieses Kapitels 8, bei dem verschiedene Beurteiler einen Lehrtext unterschiedlich beurteilten, ist das Kriterium Auswertungsobjektivität nicht erfüllt: Denn nicht die Unterschiede in der Sache führen zu unterschiedlichen Daten, sondern die Unterschiede bei den urteilenden Subjekten (Beurteilern).

Interpretationsobjektivität

Zum Teil überschneiden sich unsere Beispiele bereits mit der Interpretationsobjektivität. Während bei der Durchführungs- und Auswertungsobjektivität unbrauchbare Daten entstehen, liegt bei der Interpretationsobjektivität das Problem zwischen den (brauchbaren) Daten und der Interpretation: Gleiche Daten werden unterschiedlich interpretiert. Zum Beispiel: Wenn bei der Evaluation eines virtuellen Seminars von 64 Teilnehmern 18 in einem Diskussionsforum aktiv teilgenommen haben (44 also nicht) und dann diese objektiv feststehenden Daten interpretiert werden: »Dieses Ergebnis zeigt, dass die Interaktion im virtuellen Seminar für die Lernenden unabdingbar ist«, dann wird man diesem Beurteiler viel Subjektivität, Fantasie und halbblindes Wunschdenken zugestehen, aber keine »Objektivität«. Denn jeder einigermaßen unvoreingenommene Beurteiler wäre zu einer anderen Interpretation gekommen. Wird so eklatant gegen die Objektivität verstoßen, liest man am besten gar nicht oder nur mit höchster Vorsicht weiter: Der Untersucher hat gezeigt, welche Vorurteile er sich – Daten hin, Daten her – bestätigen möchte; vermutlich wird auch der restliche Bericht eine solche Wunschfabel bleiben. Besonders bei Selbst- und interner Evaluation besteht die Gefahr solcher Wahrnehmungsverzerrung.

Ein typisches Beispiel für den Versuch der Überwindung einer subjektiven Beurteilung ist die Einschätzung von Leistungen beim Eiskunstlauf: Um subjektive Willkür bei der Endbeurteilung möglichst gering zu halten, wählt man mehrere erfahrene Spezialisten als Kampfrichter, gibt genaue Richtlinien vor, lässt den besten und den schlechtesten Wert weg und errechnet ein Durchschnittsergebnis.

Für die Anlage, Durchführung und Beurteilung von Evaluationsaktivitäten ist deshalb immer mitzubedenken, ob die Evaluation und ihre Ergebnisse möglicherweise durch die Subjektivität von Durchführern, Auswertern oder Interpreten beeinflusst wurde. Wenn man nicht ausschließen kann, dass Ergebnisse bei anderen Beobachtern anders ausgefallen wären, dann ist man mit seinen Daten in einer schlechten Lage. Dies gilt ganz besonders dann, wenn man lediglich einen Durchführer, Auswerter oder Interpreten hat (und das ist insbesondere bei Selbstevaluation oft der Fall). Denn man kann nicht vergleichen, wie eine andere Person die Dinge sehen und werten würde.

Dass am Gütekriterium »Objektivität« kein Weg vorbei geht, muss den selbstkritischen Untersucher nicht über Maß unter Druck setzen. Das Vorausbedenken des Einwandes »Das hätte man aber auch anders sehen können!« hilft, sein Vorgehen so anzulegen, dass gegen solche Einwände gleich Gegenstrategien eingesetzt werden können.

Verbesserung **durch Standardisierung**

Die Objektivität von Untersuchungen kann dadurch erhöht werden, dass soweit wie möglich eine »Standardisierung« vorgesehen wird:

- indem den Durchführern einheitliche schriftliche Vorgaben in die Hand gegeben werden,
- indem Beobachter ausführliche Beobachtungsschemata erhalten und möglicherweise für ihren Einsatz trainiert werden,
- indem bei Befragungen Interviewleitfäden und Auswertungskriterien schriftlich vorgegeben werden,
- indem Lösungsschlüssel formuliert sind, die eine eindeutige Auswertung ohne Ermessensentscheidungen ermöglichen,
- indem mehrere Beurteiler herangezogen werden und eine gemeinsame Gruppeneinschätzung formuliert wird.

In Kapitel 7 wurde bei den Verfahren Beobachtung, Befragung, Test und Materialanalyse jeweils darauf hingewiesen, dass die Vorgaben für diese Verfahren hoch strukturiert oder sehr offen sein können. Je offener die Verfahren sind, desto größer ist die Gefahr, dass unterschiedliche Durchführer, Beobachter, Auswerter die gleiche Sache unterschiedlich beschreiben. Je enger die Vorgaben für die jeweiligen Verfahren sind, desto eher überdecken sich auch die Urteile verschiedener Personen. Dies spricht dafür, die Vorgaben für Beobachter, Befrager und Beurteiler klar und eng zu formulieren, sofern nicht andere Gründe dagegen sprechen. In vielen Untersuchungen ist es ein Leichtes, durch eine engere schriftliche Formulierung der Vorgaben den Vorwurf zu reduzieren, dass subjektive und unüberprüfte Meinungen Daten produziert haben.

Zur Steigerung der Güte offen-qualitativer Untersuchungen wird auch das Kriterium »**Regelgeleitetheit**« vorgeschlagen (z. B. *Mayring* 1999, S. 120): Untersucher sollen Verfahrensregeln festlegen und explizit formulieren, nach denen sie vorgehen. Dies vermeidet subjektive Willkür im Untersuchungshandeln und verdeutlicht dem Leser des Evaluationsberichtes, an welchen Stellen wie systematisch vorgegangen wurde.

Standardisierung und Regelgeleitetheit werden oft als Widerspruch zum offen-qualitativen Vorgehen empfunden, da damit spontane Erkenntnisse, die sich im Laufe des Untersuchungsprozesses einstellen und einen besseren Zugang zur Fragestellung ermöglichen, nicht mehr berücksichtigt werden könnten. Sicherlich muss hier im Einzelfall mit Augenmaß verfahren werden. Aber eine Regel wie »Spontane und nachträgliche Änderungen müssen schriftlich dokumentiert und begründet werden« führt auf jeden Fall zu einer besseren Güte einer Untersuchung.

Stößt man bei seinen Untersuchungen auf Objektivitätsprobleme, dann hat dies auch sein Gutes: Es zwingt dazu, den offensichtlich unklaren Untersuchungsgegenstand stärker zu präzisieren. Diese Präzisierung ist bereits ein Untersuchungsergebnis und Erkenntnisgewinn und gehört in den Bericht!

Praxishinweis

Legen Sie bei Evaluationsuntersuchungen die einzelnen Schritte so fest, dass unterschiedliche Personen zu den gleichen Ergebnissen kommen. Auch wenn Sie selbst der einzige Beobachter sind, sollten Sie sich zu einer schriftlichen Formulierung zwingen. Sicherlich wird man im Verlaufe einer Untersuchung gescheiter und sieht Dinge anders als am Anfang (z. B. werden Beobachtungskategorien genauer ausdifferenziert oder neue Fragen gefunden). Solche Änderungen sollten dann aber auch auf die vorausgegangenen Beobachtungen angewendet oder – falls das nicht möglich ist – zumindest im Bericht reflektiert werden.

Übungsaufgabe 44

Kreuzen Sie an: Welche der folgenden Maßnahmen soll die Objektivität einer Untersuchung sichern?

a) Verbindlicher Lösungsschlüssel
b) Parallelform des Tests
c) Arbeitsanweisungen vom Tonband
d) Kontrollgruppe
e) Expertenurteil über Angemessenheit des Inhalts

8.3 Reliabilität – oder doch lieber »Consistency«?

Von einem Messinstrument oder Untersuchungsverfahren wird erwartet, dass es bei wiederholter Messung desselben Gegenstandes jedes Mal das gleiche Ergebnis erbringt; diese Reproduzierbarkeit eines Ergebnisses setzt die Reliabilität (auch: »Zuverlässigkeit«) des Instruments oder Verfahrens voraus.

Definition
»Unter Reliabilität eines Tests versteht man den Grad der Genauigkeit, mit der er ... misst, gleichgültig, ob er dieses Merkmal auch zu messen beansprucht (welche Frage ein Problem der Validität ist)« (*Lienert* 1969, S. 14).

Wiegt man sich mehrmals mit derselben Waage hintereinander, ohne dass sich das Gewicht verändert hat, und zeigt das Instrument jedes Mal einen anderen Wert, dann ist dieses Messinstrument nicht zuverlässig, nicht reliabel. Oder: Sie stellen dieselbe Frage kurz hintereinander zweimal und erhalten bei einem Teil der Befragten eine andere Antwort. Beispiel 4 am Anfang dieses Kapitels beschreibt ein solches Reliabilitätsproblem.

Unter Reliabilität eines Verfahrens versteht man also den Grad der Genauigkeit, der Zuverlässigkeit, der Stabilität, mit der er misst. »To rely on« heißt im englischen »sich verlassen auf«. Je niedriger die Reliabilität ist, desto instabiler wird das Messergebnis (obwohl sich die Sache selbst nicht verändert hat).

Die Reliabilität kann statistisch geprüft werden durch Wiederholung der Befragung (Retest-Reliabilität) oder durch die Durchführung eines Paralleltests (Paralleltest-Reliabilität). Liegt nur eine einzelne Befragung vor, die aus einer Serie von Fragen zum gleichen Sachverhalt besteht, dann kann die Verlässlichkeit durch Halbieren der Frageserie und Vergleich der Hälften miteinander (Split-half-Reliabilität) oder eine Konsistenzanalyse erfolgen. Mit dem »Split-half«-Verfahren wurde die Reliabilität des Kursbeurteilungsbogens KBB (Kapitel 2.2) errechnet.

Allen diesen Methoden ist gemeinsam, dass sie einen Schätzwert für den Anteil liefern, in dem eine Messung fehlerhaft ist. Reliabilitätskoeffizienten liegen, da sie Korrelationsmaße sind, zwischen +1 und -1. Sollen mit Tests individuelle Unterschiede beurteilt werden, so ist für informelle Tests (nach *Lienert* 1969, S. 309) ein Wert von +0,70 noch ausreichend, standardisierte Tests sollten wenigstens +0,80 aufweisen; für Gruppenurteile sind Tests mit Werten ab +0,50 verwendbar. Aus dem Reliabilitätskoeffizienten lässt sich errechnen, innerhalb welchen Bereiches um den gemessenen Wert der wahre Wert mit einer bestimmten Wahrscheinlichkeit erwartet werden kann (Vertrauensbereich bzw. Standardmessfehler). Dieser Reliabilitätskoeffizient und/oder der Messfehler muss im Testbeiheft angegeben sein.

Über diesen engeren, auf Testdaten bezogenen Reliabilitätsbegriff wird mit diesem Begriff allgemein darauf verwiesen, dass Verfahren zur Datengewinnung in vielen Fällen Unschärfen haben und damit die gewonnenen Daten in einem bestimmten Bereich streuen, obwohl die beobachtete Sache stabil ist. Bei reliablen Instrumenten und Verfahren ist dieser Unschärfebereich gering, bei schlechten ist er groß. Ganz problematisch ist es, wenn gar keine Überlegungen dazu angestellt wurden, ob das Untersuchungsinstrument tatsächlich so zuverlässig ist, dass bei einer Wiederholung das gleiche Ergebnis herausgekommen wäre.

Steigerung der Reliabilität

Reliabilitätsfehler entstehen oft durch missverständliche Formulierungen (der Befragte versteht zuerst A, bei der Wiederholung dann B, und antwortet entsprechend inkonsistent) und bei Fragen, zu denen der Befragte keine Meinung hat (und deshalb mal A, mal B sagt). Ein Weg, die Reliabilität zu steigern, liegt deshalb darin, dass man Fragen und Anweisungen eindeutig formuliert. Hierzu hat es sich bewährt, mit mehreren Leuten (zunächst mit unbeteiligten Kollegen, dann mit Freund/in, dann mit zwei oder drei Personen aus der Zielgruppe) zu besprechen, wer was wie versteht und ob Fragen von dem angezielten Personenkreis überhaupt sinnvoll beantwortbar sind. Mit diesen Korrekturen muss dann das Verfahren überarbeitet werden.

Die Reliabilität lässt sich in der Praxis außerdem dadurch steigern, dass Fragen/Aufgaben/Beobachtungen wiederholt werden bzw. der gleiche Sachverhalt mit mehreren verschiedenen Fragen erhoben wird: Wird mehrfach in die gleiche Richtung geantwortet, dann kann man sich auf diese Antwort sicherer verlassen als bei einer einzelnen Frage. Deshalb verwendet der in Kapitel 2.2 vorgestellte Kursbeurteilungsbogen auch 39 Fragen, um vier Dimensionen verlässlich zu erfassen. Leider führen diese Wiederholungen zur Reliabilitäts-Sicherung zu Ökonomieproblemen: Man möchte den Befragten (und Auswertern) nicht so viele Fragen zumuten. Wir kennen eine Reihe von Praxisanwendungen, bei denen aus unseren 39 KBB-Fragen lediglich »die acht wichtigsten« gestellt wurden. Wie reliabel dies noch ist, wagen wir nicht einzuschätzen.

Kritik und alternative Konzepte

Während dieser Begriff der Reliabilität in der traditionellen Testtheorie essenziell ist, tut sich qualitative, naturalistische Forschung eher schwer mit diesem Konzept und seiner statistischen Prüfung (vgl. zusammenfassend *Merriam* 1988, S. 170ff.). Wenn Beobachtungen einmalig sind, wenn künstliche Messverfahren nicht anwendbar sind, wenn keine Zahlen, sondern Worte ausgewertet werden, wie soll dann »Re-Test« oder »Split-Half« berechnet werden? Andererseits steht außer Frage, dass ohne Forderung nach verlässlichen Daten auch keine verlässlichen Aussagen möglich sind. Um den Unterschied zu den Bedingungen der qualitativen Forschung zu betonen, wird von *Lincoln/Guba* (1985, S. 288) vorgeschlagen, statt »Reliabilität« lieber die Begriffe »Dependability« oder »Consistency« zu verwenden. Dies führt auch zu anderen Techniken, die ein Evaluator anwenden kann, um die Verlässlichkeit seiner Untersuchung zu sichern (vgl. *Merriam* 1988, S. 170, *Mayring* 1999, S. 119ff.):

1. Der Untersucher soll seine eigenen Erwartungen, seine Beziehung zum untersuchten Bereich, seine **Hintergründe für Entscheidungen im Evaluationsbericht offen legen**; damit wird es für ihn, aber insbesondere für die Leser des Berichtes sichtbar, wo möglicherweise ein blinder Fleck oder »Bias« (wahrnehmungsverzerrendes Vorurteil) unzuverlässige Daten produziert hat.
2. **Triangulation:** Wenn sich mit verschiedenen Methoden die gleichen Aussagen ergeben, dann bestärkt dies die Verlässlichkeit der Aussagen.
3. **Verfahrensdokumentation:** Der Forscher stellt ausführlich dar, auf welchen Wegen und mit welchen Verfahren Daten gewonnen wurden, wie Kategorien entwickelt wurden und wie welche Entscheidungen im Untersuchungsverlauf getroffen wurden. In der traditionellen Forschung dient dies dazu, dass andere Forscher die Untersuchung »replizieren« (wiederholen) können. In der sozialwissenschaftlichen Forschung insgesamt und bei Evaluationen insbesondere ist dieses Replizieren in

der Regel nicht möglich. Aber diese »rich, thick description« macht den Forschungsprozess und seine Hintergründe nachvollziehbar – und damit seine Verlässlichkeit beurteilbarer.

»Sich selbst gegenüber misstrauisch sein«, »nicht gleich beim ersten Hauch in die erwünschte Richtung ›Erfolg‹ schreien«, »neugierig sein: Was finde ich, an das ich nicht gedacht hätte?« – das sind gute Charakteristika für Evaluatoren. Dies reduziert leichtsinnige Behauptungen über erwünschten Erfolg und kostet zusätzliche Mühe; der Lohn ist das Gefühl, verlässliche Aussagen getroffen zu haben. Und darum geht es in einer professionellen Evaluation.

Übungsaufgabe 45

Bei dieser Aufgabe ist nur eine Alternative anzukreuzen! Welche der folgenden Alternativen enthält die korrekte Definition von Reliabilität?

Unter Reliabilität (Zuverlässigkeit) eines Messverfahrens versteht man:

a) den Grad der Genauigkeit, mit denen ein Test zwischen Personen zu differenzieren vermag,

b) den Grad, in dem die Ergebnisse einer Beobachtung unabhängig vom Untersucher sind,

c) den Grad der Genauigkeit, mit dem ein Messverfahren das misst, was es zu messen vorgibt,

d) den Grad der Genauigkeit, mit dem ein Instrument misst, egal ob es dieses Merkmal auch zu messen beansprucht,

e) den Grad, in dem ein Merkmal operationalisiert ist.

8.4 Validität

Definition

»Die Validität eines Testes gibt den Grad der Genauigkeit an, mit dem dieser Test dasjenige Persönlichkeitsmerkmal oder diejenige Verhaltensweise, das (die) er messen soll oder zu messen vorgibt, tatsächlich mißt« (*Lienert* 1969, S. 16).

Bei der Validität eines Verfahrens oder einer Untersuchung geht es um die Frage, ob das, was gemessen, trainiert, untersucht wurde, auch tatsächlich das ist, was gemessen, trainiert, untersucht werden sollte.

Ein Rechentest soll die Rechenleistung messen und nicht die Lesefertigkeit, wie dies Textaufgaben oft tun. Ein Erste-Hilfe-Schein soll die Fähigkeit zur Hilfeleistung prüfen, und nicht allgemeine Gesundheitsregeln. Um dies zu gewährleisten, müssen die Messverfahren so konstruiert werden, dass sie das zu erfassende Merkmal repräsentieren; die einzelnen Aufgaben oder Fragen (»Items«) oder Beobachtungen sollen eine repräsentative Auswahl aus dem Themenbereich umfassen.

Über Tests hinaus wird dieser Validitätsbegriff auch generell zur Beschreibung der Tatsache verwendet, dass eine Sache mit dem richtigen Etikett versehen ist:

Beispiele:

- Nach einem zweitägigen Kursleitertraining über Themenzentrierte Interaktion wird behauptet: »Die Teilnehmer können moderne didaktische Methoden anwenden«. Diese Aussage ist nicht valide, denn das Etikett »moderne didaktische Methoden anwenden« ist viel zu groß für »Durchnehmen von TZI«.
- Wenn eine beobachtete Sache auf das Lebensalter zurückgeführt wird, diese Sache aber durch andere Lehrpläne damals verursacht ist, dann wurde das falsche Etikett erwischt; denn nicht das, was als Ursache vorgeben wird (Alter), hat den Effekt bewirkt, sondern die damals andere Schule.
- Auch im Eingangsbeispiel ② dieses Kapitels 8 ist ein Validitätsproblem beschrieben: Wenn nach einem Test behauptet wird, die Teilnehmer seien erfolgreich, und die Vorgesetzten hinterher in der Praxis keinen Erfolg sehen, dann stimmt etwas mit dem Etikett »erfolgreich« nicht: Offensichtlich gibt es unterschiedliche Vorstellungen davon, was dieses Etikett meint.

Praxishinweis

Zur Absicherung der Validität dient neben dem Vergleich mit Literatur (»Wie haben andere Untersucher dieses Etikett inhaltlich gefüllt?«) als gängiges Praxisverfahren das Gespräch mit Fachleuten, Beteiligten und / oder Betroffenen, mit denen man zusammen klärt, ob das gewählte Etikett angemessen ausgewählt ist (**»kommunikative Validierung«**). Besonders bei Evaluationen ist dieses Verfahren dringend nahezulegen: Wenn Evaluation dem Zwecke dient, Verbesserungen zu bewirken, dann ist es notwendig, die Betroffenen und Beteiligten auch direkt an der Diskussion zu beteiligen, ob das Evaluationsergebnis auch tatsächlich das umfasst, was man beabsichtigt hat. Dieses Bemühen um die Übereinstimmung zwischen dem, was man beabsichtigt(e) und dem, was tatsächlich stattfindet, hat zumeist auch eine hilfreiche didaktische Funktion, indem sie zur Präzisierung der didaktischen Absicht beiträgt; außerdem fördert die Abstimmung mit den Betroffenen und Beteiligten und ihre Zustimmung die Akzeptanz der Ergebnisse; dies ist ein erster Schritt zur erfolgreichen Umsetzung.

Vor einer solchen kommunikativen Validierung wird der Evaluator – und zwar insbesondere bei qualitativem Vorgehen – selbst seine **Interpretationen begründen** müssen. Dies geschieht, wie zum Teil bereits bei der Reliabilität in 8.3 diskutiert, durch Offenlegen des eigenen Vorverständnisses und seines Interpretationshintergrundes sowie der Begründung seiner Vorgehens-, Bewertungs- und Verwertungs-Entscheidungen. Dazu gehört insbesondere auch die bereits in Kapitel 1 geforderte Begründung für Soll-Werte (und die Argumentation, ob und warum sie sich im Laufe der Evaluation geändert haben).

Evaluation befasst sich mit konkreten Praxisprojekten – so definierte auch Kapitel 1. Ob eine Evaluation das untersucht, was man untersuchen möchte, lässt sich auch daran ablesen, wie **nahe am Evaluationsgegenstand** sie durchgeführt wurde. »Naturalistische« Strategien, die nicht in künstlichen oder laborähnlichen Situationen stattfinden sondern die Alltagssituation aufsuchen, versprechen eher praxisrelevante und gegenstandsangemessene Ergebnisse. Auch hierbei spielt die Absprache mit den Beteiligten und Betroffenen eine wichtige Rolle.

Übungsaufgabe 46

Welche Maßnahme(n) soll(en) die Validität einer Untersuchung sichern? Kreuzen Sie an:

a) Verbindlicher Lösungsschlüssel

b) Repräsentative Aufgabenauswahl

c) Arbeitsanweisung vom Tonband

d) Wiederholung der Befragung

e) Expertenurteil über Angemessenheit des Inhalts

8.5 Normierung

»Unter diesem Güte-Kriterium versteht man, dass über einen Test Angaben vorliegen sollen, die für die Einordnung des individuellen Testergebnisses als Bezugssystem dienen können« (*Lienert* 1969, S. 28).

Unter Normierung eines Verfahrens versteht man, dass ein Bezugssystem für die Einordnung individueller Leistung vorhanden ist. Im einfachsten Fall ist dies eine Tabelle, in der die in einer Stichprobe erhaltenen Werte zusammengestellt werden. Die in Ihrer Stichprobe erhaltenen Werte können dann mit diesen Werten verglichen werden.

Von mehrdimensionaler Normierung spricht man, wenn mehrere solche Skalen angegeben werden, z. B. für Männer und Frauen oder verschiedene Altersgruppen.

Solche Normwerte finden sich bisher für die Evaluation in der Erwachsenenbildung höchst selten. Deshalb schwimmt man bei der Beurteilung von Ergebnissen auch meistens im Ungewissen. Man weiß zwar, was im konkreten Einzelfall erreicht wurde, kann aber mangels Vergleichdaten nicht beurteilen, ob andere unter ähnlichen Bedingungen mehr oder weniger erreicht haben. Hier kann nur die Hoffnung geäußert werden, dass mit mehr Evaluation in Zukunft auch mehr standardisierte und normierte Verfahren entwickelt werden. Vielleicht können Sie und ich dazu beitragen?

8.6 Ökonomie

»Ein Test ist dann ökonomisch, wenn er:

1. eine kurze Durchführungszeit beansprucht,
2. wenig Material verbraucht,
3. einfach zu handhaben ist,
4. als Gruppentest durchführbar,
5. schnell und bequem auswertbar ist« (*Lienert* 1969, S. 19).

So einleuchtend das gesagt ist, so schwierig ist die Umsetzung: Alle bisher genannten Gütekriterien legen eine möglichst überkomplette Datensammlung nahe – damit scheint man auf der sichereren Seite. Aber: Niemand mag in der Praxis solche ellenlangen Evaluationsbemühungen über sich ergehen lassen. Besonders in der Erwachsenenbildung wird man schnell die

Erfahrung machen, dass die Teilnehmer sich verweigern und nicht bereit sind, bei allzu aufwändigen Erhebungsverfahren mitzumachen.

Praxishinweis

Deshalb:

1. Wenn Informationen direkt bei den Beteiligten erhoben werden müssen, dann lassen Sie alles weg, von dem Sie ohnehin nicht wissen, wozu es erhoben wird, und fragen Sie nur nach dem, was Sie tatsächlich auch auswerten werden.
2. Überarbeiten Sie die Formulierungen so lange, bis sie so knapp und eindeutig, typografisch ansprechend und sprachlich fehlerfrei sind, dass die Bearbeiter nicht das Gefühl bekommen, die Versuchskaninchen für eine Ersterprobung zu sein.
3. Erklären Sie den Grund für die Datenerhebung.
4. Versuchen Sie, wenn irgend möglich, den Befragten die Ergebnisse so bald wie möglich zurückzumelden. Viel Bereitschaft zur Mitarbeit bei Datenbeschaffung wurde verschüttet, weil nie jemand erfährt, was bei den eigenen und den anderen Daten herausgekommen ist.
5. Prüfen Sie, ob die Datenerhebung auf verschiedene Personen(gruppen) verteilt werden kann, dann wird niemand überstrapaziert.
6. Prüfen Sie, ob Dokumente oder Materialien, z. B. Protokolle, Projektentwürfe oder -berichte, Anträge oder Akten vorliegen, die einen Teil der notwendigen Informationen enthalten und nicht gesondert erhoben werden müssen.
7. Verwenden Sie mehrere verschiedene Verfahren und setzen Sie daraus das Gesamtbild zusammen.

Und das Wichtigste:

Begrenzen Sie Ihre Fragestellung! Eine einzelne Untersuchung kann nicht alles und jedes erfassen. Legen Sie einen engen Fokus, eine überschaubare Fragestellung Ihren Evaluationen zu Grunde – sonst bleibt Ihre Arbeit zugleich endlos und Stückwerk!

8.7 Zusammenfassung

Evaluationsuntersuchungen, die diesen Namen verdienen, müssen bestimmte Qualitätsstandards erfüllen. Die in diesem Kapitel dargestellten Gütekriterien Didaktische Nützlichkeit, Objektivität, Reliabilität, Validität,

Normierung und Ökonomie sowie die neben bzw. innerhalb diesen Kriterien stehenden, besonders für qualitatives Vorgehen wichtigen Gütekriterien Regelgeleitetheit, Triangulation, Verfahrensdokumentation, kommunikative Validierung, argumentative Interpretationsabsicherung und Nähe zum Gegenstand können Ihnen bei Evaluationsaktivitäten an drei Stellen helfen:

Praxishinweis

1. In der Planungsphase: Deklinieren Sie diese Liste von Gütekriterien durch – Sie werden sehen, dass sich in der Planungsphase eine Reihe von Problemen vermeiden lässt, die Ihnen sonst hinterher Kopfzerbrechen bringen können.
2. Während der Durchführung: Hier geht es immer wieder um Entscheidungen für konkrete kleine Schritte. Dabei können Ihnen diese Gütekriterien Entscheidungshilfen sein.
3. Beim Schreiben des Evaluationsberichtes: In jedem professionellen Evaluationsbericht müssen die Gütekriterien diskutiert werden – und zwar sowohl die Stärken als auch die Schwächen Ihrer Untersuchung.

Insgesamt führt die Beachtung dieser Gütekriterien dazu, dass man bei der Evaluation mehr Distanz zur eigenen Untersuchung erhält. Man betrachtet seine Unternehmungen gewissermaßen ein Stück von oben, aus methodischer Sicht. Dies führt dazu, dass Entscheidungen weniger aus Intuition oder unter spontanem Handlungsdruck getroffen werden müssen.

Dieses Kapitel ist mit der Überschrift »Warnung« versehen. Dies könnte als **Drohung** missverstanden werden. Denn oft wird der Hinweis auf die Notwendigkeit solcher methodischen Standards als Miesmachen aufgefasst oder als überzogene Theoretikerforderung aus dem akademischen Elfenbeinturm. Ich hoffe, dieses Kapitel ist bei Ihnen nicht so angekommen: **Übergreifendes Ziel** dieses Lehrbuchs ist, Ihnen Sicherheit zu vermitteln und Sie zu stärken und zu ermutigen, Evaluationsuntersuchungen anzugehen.

Dazu sollte dieses Kapitel folgende **konkreten Ziele** erreichen:

1. Begriffe erklären: Didaktische Nützlichkeit, Objektivität, Reliabilität, Validität, Normierung, Ökonomie; sowie Regelgeleitetheit, Triangulation, Verfahrensdokumentation, kommunikative Validierung, argumentative Interpretationsabsicherung und Nähe zum Gegenstand.

2. Bessere Planung eigener Untersuchungen.
3. Identifizieren eventueller Schwächen bei den Gütekriterien bei fremden Untersuchungen.

Wie schätzen Sie selbst das Erreichen des übergreifenden Zieles »Sicherheit, Stärke, Ermutigung« und der Ziele 2 und 3 ein?

Ob Sie das »konkrete Ziel 1« erreicht haben, können Sie an den abschließenden Aufgaben prüfen.

Übungsaufgabe 47

Was stimmt? Kreuzen Sie an:

a) Ein Test kann nicht reliabel sein, wenn er nicht objektiv ist.
b) Reliabilität bezieht sich auf die Reproduzierbarkeit des Ergebnisses.
c) Validität meint die Unabhängigkeit der Ergebnisse vom Untersucher.
d) Eine Untersuchung ist valide, wenn sie an einer repräsentativen Stichprobe durchgeführt wird.
e) Je ausführlicher ein Untersuchungsgegenstand operationalisiert ist, desto besser lässt sich die Validität beurteilen.

Übungsaufgabe 48

Sie wiegen sich mehrmals unmittelbar hintereinander auf einer Waage. Jedes Mal zeigt sie ein etwas anderes Gewicht. Welches Gütekriterium erfüllt dieses Messinstrument nicht?

....

Übungsaufgabe 49

Eine Waage zeigt konstant 10 Prozent zuviel an. Welches Gütekriterium ist nicht erfüllt?

....

Und falls Sie es noch nicht getan haben: Bearbeiten Sie jetzt auch noch die Aufgabe 43 am Anfang dieses Kapitels.

Damit sind Sie am Ende von Teil II dieses Lehrbuchs angekommen. Dieser Teil bestand aus drei Informationsblöcken: Kapitel 4 und 5 wendeten sich vor allem an den Kopf. Sie sollten Probleme kennen lernen, warum

Evaluation in der Erwachsenenbildung selten ist, und über eine Liste von »Vokabeln« differenzierte Möglichkeiten für Evaluation erfahren. Die Intention dieser beiden Kapitel ging aber über »Definitionen und Argumente kennen« hinaus. Insbesondere Kapitel 5 sollte auch grundlegende Kompetenzen zur reflektierten Planung von Evaluationsuntersuchungen vermitteln.

Kapitel 6 illustrierte »Evaluation in Aktion«. Zentrale Intention war »Information und Motivation«. Informiert werden sollte über ein Spektrum unterschiedlicher Evaluationen; sowohl die jeweilige Untersuchungs-Anlage als auch die berichteten Ergebnisse sollten motivieren, selbst solche Untersuchungen zu versuchen.

Bei Kapitel 7 und 8 ging es zunehmend um die Frage: Wie macht man das? Mit Hilfe der Praxishinweise sollte neben der Reflexionskompetenz auch Ihre Handlungskompetenz gestärkt werden. Denn Ziel soll nicht allein sein, dass Sie schön über Evaluation reden, sondern dass Sie Evaluation auch kompetent durchführen. Handlungskompetenz und Reflexionskompetenz gehören für pädagogische und andragogische Professionalität unlösbar zusammen.

Und damit sind wir beim Ausblick auf Teil III. In diesem steht das »Können« im Vordergrund: Wie fertigt man eine Zielanalyse an? Was muss man beim Formulieren von Fragen beachten? Wie werte ich fünfzig Seiten wörtlicher Protokolle aus? Was muss ein Evaluationsbericht enthalten? Mit diesen Fragen beschäftigt sich der nächste Teil.

Sicherlich fordert dies viel Lesearbeit. Dennoch wäre es wichtig, die Anregungen auch in der Praxis zu erproben! Selbst wenn Sie nur drei Leute befragen, eine 45-Minuten-Einheit unter einer einzigen Fragestellung beobachten, nur für eine kleine Teilmaßnahme die Kosten oder einen Ausschnitt aus dem Nutzen erheben, werden Sie einen mehrfachen Gewinn haben gegenüber dem »Lesen-und-später-mal-Anwenden«. Scheuen Sie sich nicht vor Nicht-Perfektem und Halb-Gekonnten: Lernen ist ein Weg, und Professionalität steht leider erst am Ende – am Anfang holpert es immer. Aber ohne diesen holpernden Anfang erreicht man kein Ziel.

Teil III: Das Machen – Planung und Durchführung von Evaluationsuntersuchungen

Ziele von Teil III (Kapitel 9–13)

Die entscheidenden neuen Inhalte haben Sie bereits hinter sich: Nachdem in Teil I die wichtigsten Definitionen, Hauptgründe und Hauptprobleme für Evaluation genannt wurden, wissen Sie, was Evaluation (nicht) ist und was damit bezweckt werden soll. Und Sie haben sich mit den Besonderheiten von Evaluation als andragogisches Handeln auseinandergesetzt. Einen entscheidenden Schritt haben Sie getan, wenn unsere Angebote zum »Machen« Sie angeregt haben, selbst Evaluation auszuprobieren. Denn ohne das begleitende Ausprobieren bleibt das Lesen dieses Lehrbuches noch Schall und Rauch.

Teil II eröffnete einen differenzierten Einblick in verschiedene Arten von Evaluation, in Daten-Erhebungsverfahren und in die für die methodisch vertretbare Qualität notwendigen Gütekriterien. Praxishinweise zeigten Ihnen in den verschiedenen Kapiteln, wie die jeweiligen Grundsätze und Anregungen im Evaluations-Handeln Berücksichtigung finden können.

Damit sind Sie gerüstet für Teil III. Dieser Teil soll konkretes Können für das Planen und Durchführen von Evaluationsuntersuchungen aufbauen. Nach erfolgreichem Abschluss sind Sie in der Lage:

- eine Zielanalyse durchzuführen (Kapitel 9),
- Fragen und Aufgaben in unterschiedlicher Form zu formulieren sowie Fragebogen und informelle Tests zu konstruieren (Kapitel 10),
- qualitative Daten auszuwerten (Kapitel 11),
- Gefahren bei der Ergebnisinterpretation aufzuzählen und mit Bezug zu eigenen Untersuchungen zu diskutieren (Kapitel 12),
- einen Evaluationsbericht zu schreiben (Kapitel 13).

Auf **Grenzen** dieses Teils muss noch hingewiesen werden. Das Thema »Evaluations- und Forschungsmethoden« ist im Prinzip endlos. Alles könnte man besser machen, genauer beschreiben. In der sozialwissenschaftlichen Methodenliteratur gibt es umfangreiche Handbücher zu Themen, die hier lediglich mit einem Unterkapitel abgehandelt werden. Deshalb wird mancher Leser – insbesondere nach einem sozialwissenschaftlichen Studium mit einer guten Ausbildung in Forschungsmethoden – manches als leichtgewichtig empfinden, während es für Neulinge auf dem Gebiet zu dicht und zu kurz ist. Wie im Vorwort beschrieben orientiert sich die Auswahl der Inhalte daran, was in einem Semester erarbeitbar erscheint und was ein brauchbares Fundament zum Weiterbauen ist.

9. Die Technik der Zielanalyse

Andragogisches Handeln verfolgt immer einen Zweck: Auf makrodidaktischer Ebene, also bei der Planung und Organisation, sollen die Bedingungen für Bildung förderlich vorbereitet werden, auf mikrodidaktischer Ebene (also im unmittelbaren Kursgeschehen) soll Wissen und Können erfolgreich vermittelt werden. Ob Sie planend / organisatorisch (makrodidaktisch) oder unterrichtend / beratend (mikrodidaktisch) in der Weiterbildung tätig sind: Ihr Handeln will Ziele erreichen.

Und Evaluation will prüfen, ob diese Ziele erreicht wurden.

Auch hier lässt sich wieder der Zusammenhang zwischen Didaktik und Evaluation zeigen: Je genauer Sie wissen, was Sie erzielen wollen und was nicht, desto besser (zielerreichender) können Sie Ihre makro- / mikrodidaktischen Maßnahmen planen. Dies ist die didaktische Funktion der Zielanalyse. Und desto besser können Sie in einer Evaluation feststellen, ob das erreicht wurde, was erreicht werden sollte. Dies ist die evaluative Funktion der Zielanalyse.

Manchmal glaubt man am Beginn einer Untersuchung noch nicht genau zu wissen, nach welchen Zielen man genau sucht; auch wurde in diesem Lehrbuch immer wieder betont, dass sich manche Ziele und Absichten erst im Laufe einer Evaluation »entdecken«. Und auch Maßstäbe findet man manchmal erst im Laufe der Arbeit. Doch müssen auch die Gefahren eines solchen allmählichen Herausarbeitens von Zielen gesehen werden:

a) Stimmt es wirklich, dass keinerlei Ziele bekannt sind? Oder schaut man nur in die falsche Richtung? Oder will man sich um die harte Formulierung von Zielen drücken?

b) Die Suche nach und das Herausarbeiten von Zielen ist eine notwendige Voraussetzung von Evaluation, ist jedoch – wenn es nur bei »Wir wollen mal sehen, was im Untersuchungsfeld so läuft« bleibt – (noch) keine Evaluation. Denn Evaluation als Bewertung enthält per definitionem den wertenden Vergleich zwischen Zielen (Soll-Werten) und real Erreichtem (Ist-Werten).

c) Das Herausarbeiten von Zielen und Maßstäben während einer Evaluation ist nur die zweitbeste Lösung: Ohne frühe Formulierung von Zielen fehlt einer Evaluation der Fokus, man übersieht leicht Effekte, die bereits erfolgt sind, und man ist bereits voreingenommen durch die bisher erfolgte Arbeit.

Deshalb: Versuchen Sie, so viele (Teil-) Ziele so früh wie möglich so präzise wie möglich zu formulieren. Hilfestellung dazu gibt dieses Kapitel.

Lesehinweis

Eine Kurzfassung der zentralen Gedanken dieses Kapitels kennen Sie bereits aus den Kapiteln 1.3 und 4.7 (Indikatorenschaukel). Blättern Sie nochmals kurz zurück, damit sparen wir uns hier die Wiederholung von Bekanntem und können schnell in das Technische der Zieldefinition und Zielanalyse einsteigen.

9.1 Unterscheiden Sie »Inhalt – Ziel«!

Inhalte beschreiben, was während einer Tätigkeit behandelt wird. Ziele beschreiben einen in der Zukunft liegenden wünschenswerten Zustand – was am Ende herauskommen soll.

In folgenden **Beispielen** werden durchgängig **Inhalte** von Tätigkeiten beschrieben, nicht Ziele:

a) Ich verhandle mit dem Gemeinderat über Zuschüsse für Bildungsmaßnahmen.

b) Sollen zehn Video-Trainingsanlagen gekauft werden?

c) Wir bringen junge Leute ins Altenheim – davon profitieren die Alten und die Jungen.

d) Die Teilnehmer sollen Evaluation lernen.

e) Der Kurs umfasst eine Einführung in MS-DOS sowie grundlegende Tabellenkalkulation und Textverarbeitung.

f) Ich verwende im Kurs möglichst viele Methoden, bei denen die Teilnehmer aktiv sind.

Übungsaufgabe 50

Kreuzen Sie an:						
Welche der Beispiele stammen aus dem makrodidaktischen Bereich?	(a)	(b)	(c)	(d)	(e)	(f)
Welche aus dem mikrodidaktischen?	(a)	(b)	(c)	(d)	(e)	(f)

Robert Mager, der Anfang der 70er Jahre die Diskussion um Lehrziele auch bei uns angefacht hat, illustriert die Unterscheidung »Inhalte – Ziele« mit folgendem Bild:

Voraussetzungen
Was der Lernende können muss, um sich für den Kurs zu qualifizieren.

Beschreibung
Inhalt des Kurses.

Ziele
Was ein erfolgreicher Teilnehmer am Ende des Kurses kann.

Abb.7: Unterscheidung Inhalte – Ziele (aus *Mager* 1969, S. 6)

Prüfen Sie nach, indem Sie (a) bis (f) auf dieser Abbildung lokalisieren: Sie werden sehen, dass jeweils »Tätigkeiten während« und nicht »Ergebnisse danach« beschrieben werden.

Lerninhalte beziehen sich auf den Prozess des Lehrens und sagen etwas darüber aus, was im Unterricht angeboten wird (z. B.: »Einführung in MS-DOS«, »Evaluation in der Erwachsenenbildung«, »Ausländer unter uns?!«). Dagegen bleibt mit der Angabe der Lerninhalte für Lehrende wie Lernende gleichermaßen unklar, was am Ende des Lehrgangs herauskommen soll. Für den Lehrer erschwert dies den Entwurf und die Bewertung von Unterricht und Lernmaterial, die Lernenden verunsichert es, da sie erst erraten müssen, was an konkretem Können hinter den allgemeinen Formulierungen erwartet wird.

Im Gegensatz dazu beschreibt das Lernziel das gewünschte Ergebnis eines Lehrgangs, also ein Produkt. Das Lernziel zählt nicht Inhalte auf, sondern gibt an, was nach der Bildungsmaßnahme herauskommen muss (z. B.: »Der erfolgreiche Teilnehmer formatiert und kopiert Disketten, legt Subdirectories an, …«). Zentrale Frage ist: Was soll nach dem Unterricht herauskommen? Die Formulierung und Angabe von Lernzielen verhilft dem Lehrenden zu einem zielgerichteten Unterricht und dem Lernenden zu einem zielbewussten und wirksamem Lernen.

Die Diskussion um Lehrziele und Lernziele beschränkt sich bisher auf Ziele von Lehrern und Unterricht und damit auf den mikrodidaktischen Bereich. Die Unterscheidung zwischen »Tätigkeit während« und »Ergebnissen nach« sind aber auch für makrodidaktische Überlegungen von Bedeutung: Auch makrodidaktische Tätigkeiten werden ausgeführt, um etwas zu erreichen. Zieldefinitionen und Zielanalyse sind deshalb auch hier von Wichtigkeit.

Übungsaufgabe 51

Versuchen Sie für jede der angegebenen Beschreibungen zwei Ziele aufzuschreiben, die damit angestrebt sein könnten. Also: Was soll bei den beschriebenen Handlungen, Inhalten oder Überlegungen jeweils herauskommen?

a) Ich verhandle mit dem Gemeinderat über Zuschüsse für Bildungsmaßnahmen.

Ziel: ....

Ziel: ....

b) Sollen zehn Video-Trainingsanlagen gekauft werden?

Ziel: ....

Ziel: ....

c) Wir bringen junge Leute ins Altenheim – davon profitieren die Alten und die Jungen.

Ziel: ....

Ziel: ....

d) Die Teilnehmer sollen Evaluation lernen.

Ziel: ....

Ziel: ....

e) Der Kurs umfasst eine Einführung in MS-DOS sowie grundlegende Tabellenkalkulation und Textverarbeitung.

Ziel: ....

Ziel: ....

f) Ich verwende im Kurs möglichst viele Methoden, bei denen die Teilnehmer aktiv sind.

Ziel: ....

Ziel: ....

Für die Evaluation sind präzise und detaillierte Zielbeschreibungen eine wichtige Hilfe, da damit der Soll-Wert beschrieben wird, mit dem der Ist-Wert verglichen werden kann.

Ziele beschreiben die Ergebnisse, die Produkte, die Sie erreichen wollen, und nicht Ihre Tätigkeit, die Inhalte, die Prozesse!

Am einfachsten kommt man von einer Inhaltsbeschreibung (»Folgendes wird be-/erarbeitet: ...«) zu einer Lernzielbeschreibung (»Folgendes soll am Ende herauskommen: ...«), wenn man an die Inhaltsangabe ein Wort wie »wissen, kennen, verstehen, können ...« anhängt. Überprüfen Sie die einzelnen Beispiele an obiger Zeichnung (Abb.7):

Inhalte	Ziele
Finanzierungsmodelle für Bauherren	Finanzierungsmodelle für Bauherren kennen, berechnen
Textverarbeitung	Textverarbeitung können
Evaluation in der Erwachsenenbildung	– Nennt Definition von Evaluation – Entwirft Fragebogen – Wertet Interviews aus

Zunächst mag das als spitzfindige Sprachspielerei erscheinen. Doch es verändert die Perspektive für makro-/mikrodidaktisches Handeln entscheidend: Man schaut zuerst auf das, was man erreichen möchte – und damit auf das, was als Kriterium für die Evaluation zu gelten hat. Und sucht dann als zweites die Strategien und Methoden und Inhalte, mit denen man diese Ziele am besten erreicht.

Beispiel

In der ersten Fassung lautete die Überschrift zu diesem Unterkapitel:	Nachdem ich beim Schreiben noch mal über Inhalte und Ziele nachgedacht habe, lauten sie:
9.1 Der kleine Unterschied: Inhalt – Ziel«!	9.1 Unterscheiden Sie »Inhalt – Ziel
9.2 Was sind operationalisierte Lernziele?	9.2 Formulieren Sie »operationalisierte Lernziele«!

Merken Sie den Unterschied? Zwar klingt die erste Fassung etwas besser, man erkennt in beiden Fassungen die enthaltenen Inhalte, aber was herauskommen soll, sagt nur Fassung zwei: Erfolgreiche Lerner sind nach 9.1 in der Lage, zu unterscheiden, nach 9.2 – als Ergebnis – zu formulieren. Bei dieser Formulierung wissen Sie, was am Ende herauskommen soll, ein Evaluator weiß, an welchem Soll-Wert das Erreichte zu messen ist.

9.2 Formulieren Sie »operationalisierte Lernziele«!

Wenn sie Ergebnisse formulieren, nicht Inhalte, Tätigkeiten oder Prozesse, dann haben Sie schon den wichtigsten Schritt getan. Allerdings: Auch Zielbeschreibungen können so vage sein, dass sie nichts nützen – darauf wurde bereits in Kapitel 1.3 hingewiesen.

Zur Konkretisierung und Objektivierung von Lernzielformulierungen hat *Mager* (1969, 1973, 1994) ein Verfahren zur »operationalen Lernzieldefinition« vorgeschlagen. Er empfiehlt, abstrakte und daher für subjektive Interpretation offene Zielformulierungen dadurch zu präzisieren und eindeutiger zu machen, dass das (beobachtbare) **Verhalten** angegeben wird, das nach erfolgreichem Lernen erwartet wird. Dieses Endverhalten soll so eindeutig beschrieben sein, dass im konkreten Fall verschiedene Beurteiler übereinstimmen, ob das Ziel erreicht ist.

Eine operationale Zielbeschreibung beschreibt Verhalten, an dem jeder ablesen kann, ob das Ziel erfolgreich erreicht ist. Bei Lernzielen wird die zentrale Frage beantwortet: Was tut (»operates«) der Lernende, wenn er nachweist, dass er das Ziel erreicht hat?

Die Eindeutigkeit von Lernzielbeschreibungen erhöht man durch die Verwendung von Wörtern, die möglichst wenig Interpretationsspielraum zulassen. *Mager* (1969, S. 11) gibt u.a. folgende Beispiele:

Beispiel

Wörter, die viele Interpretationen zulassen (Vagheiten)	Wörter, die wenig Interpretationen zulassen
wissen	schreiben
verstehen	auswendig hersagen
wirklich verstehen	lösen
zu würdigen wissen	vergleichen
die Bedeutung erfassen	unterscheiden
glauben	aufzählen
können	gegenüberstellen

Prüfen Sie: Welche der folgenden Zielformulierungen beschreibt ein Verhalten (*Mager* 1969, S. 14ff.):

a) Musikverständnis entwickeln

b) Quadratische Gleichungen lösen

Es ist wohl eindeutig, dass (b) ein Verhalten beschreibt: Man löst Gleichungen. Diese Zielbeschreibung deckt übrigens »Gleichungen herleiten« oder »Gleichungen beweisen« nicht ab – will man das ebenfalls, dann muss man das auch in die Zielbeschreibung aufnehmen: Praktisch immer muss man komplexe Ziele in eine Liste von Unterzielen zerlegen – schauen Sie einmal auf der Einleitungsseite der drei Teile dieses Buches nach!

Dieses Beispiel wurde vor allem deswegen ausgewählt, weil der Kommentar Magers zur falschen Antwort (a) so plastisch ist:

> *»Stellen wir uns die Schlüsselfrage zu dieser Beschreibung. Was tut der Lerner, wenn er Musik »versteht«? Sie werden jetzt sicher erkennen, dass die Beschreibung des Ziels keine Antwort auf diese Frage enthält. Da mit dieser Beschreibung weder irgendein Verhalten ausgeschlossen noch näher bestimmt wird, müsste man jede der folgenden Verhaltensweisen als Zeichen für das Musikverständnis gelten lassen:*
>
> *a) Der Lernende seufzt ekstatisch, wenn er Bach hört.*
>
> *b) Der Lernende kauft eine Hi-Fi-Einrichtung und Schallplatten im Werte von 500 Dollar.*
>
> *c) Der Lernende beantwortet 95 Auswahl-Antwort-Fragen zur Musikgeschichte richtig.*
>
> *d) Der Lernende schreibt einen flüssigen Aufsatz über die Bedeutung von 37 Opern.*
>
> *e) Der Lernende sagt, ›Mann, glaub mir, ich bin Fachmann. Es ist einfach großartig‹.*
>
> *Wir möchten damit natürlich nicht sagen, dass es nicht ein erstrebenswertes Ziel sei, ›Musikverständnis zu entwickeln‹. Nur hat bei einer so vagen Formulierung niemand die geringste Ahnung, was derjenige, der dieses Ziel ausgewählt hat, sich darunter vorgestellt haben mag« (Mager 1969, S. 15).*

Für die Eindeutigkeit eines Lernzieles ist es mitunter günstig, die **Bedingungen** anzugeben, unter denen der Lernende den erfolgreichen Abschluss des Lernens zeigen soll (z. B. »ohne Hilfsmittel – das Grundgesetz darf benutzt werden – auswendig – in fünf Minuten«).

Die Genauigkeit der Lernzielbeschreibung wird weiterhin erhöht, wenn ein **Maßstab** für das als ausreichend geltende Verhalten vorhanden ist (»von zehn Aufgaben wenigstens sieben lösen« – »von drei Problemfällen müssen mindestens zwei den Kriterien einer vorliegenden Liste genügen«).

Eine operationale Lernzieldefinition enthält also folgende Elemente:

1. ein als Ergebnis formuliertes Verhalten (»Was tut der Lernende, um zu zeigen, dass er das Ziel erreicht hat?«),
2. die Bedingungen, unter denen dieses Verhalten zu zeigen ist,
3. einen Maßstab, der ein Kriterium dafür angibt, ab wann das Ziel erreicht ist.

Beschreibt man das Lernziel eines ganzen Lehrgangs, dann wird dies in einer zumeist umfangreichen Sammlung von Einzelzielen bestehen. Ein vages Grobziel lässt sich dadurch präzisieren, dass man es in eine Liste von Einzelzielen auflöst.

Abb. 8: Der Weg ist eben doch nicht das Ziel! (Aus: Hägar ohne Furcht und Tadel. Goldmann 1984)

Um festzustellen, ob eine Aussage zu allgemein für eine eindeutige Lernzielbeschreibung ist, empfiehlt *Mager* (1973, S. 38) den **»Du-Papa-Test«**: Man benutzt den Kern der Aussage, um den Satz zu vervollständigen: »Du Papa, ich zeig Dir mal, wie ich … kann!« Provoziert der um das Lernziel ergänzte Satz Gelächter oder ist die Aussage absurd oder weiß man nicht, wie der Beweis angetreten wird (z. B. bei dem Satz: »Du Papa, ich zeig Dir mal, wie ich Musikverständnis entwickeln kann«), dann ist die Formulierung des Lehrziels noch nicht eindeutig genug (vgl. dagegen: »Du Papa, ich zeig Dir mal, wie ich die Vor- und Nachteile von Beobachtung als Evaluationsmethode aufzähle.«).

Ausdrücklich sei darauf hingewiesen, dass die Zieloperationalisierung nicht etwa die »Richtigkeit« von Zielen beweist oder widerlegt. Sie sagt nichts über die Wichtigkeit, Wünschbarkeit und Realisierbarkeit von Zielen aus. Das Verfahren der Operationalisierung konkretisiert lediglich die Formulierung; dies erleichtert dann die Beurteilung der Ziele: »Ist das wirklich das, was wir wollen?«

Übungsaufgabe 52

Kreuzen Sie an: Welche Formulierungen beschreiben eine Handlung des Lernenden, die auf erfolgreiches Lernen schließen lässt (und wenden Sie bei Zweifeln den »Du-Papa-Test« an):

a) Die Regeln des Verkaufs verstehen.

b) Vier Verfahren zur Datenerhebung aufschreiben.

c) Das Kreditformular XY ausfüllen können.

d) Andragogische Prinzipien wirklich verstehen.

e) Die Grundlagen der Textverarbeitung gut kennen.

f) Zielformulierungen erkennen können, die Handlungen beschreiben, die auf Zielerreichung schließen lassen.

g) Dorthin gehen, wo immer Sünde und Sittenlosigkeit herrschen.

Übungsaufgabe 53

Schreiben Sie hinter jede Beschreibung ein V, wenn ein Verhalten,ein M, wenn ein Maßstab genannt ist, ein B, wenn Bedingungen genannt sind (mehreres möglich):

a) Der Teilnehmer soll ein Gefühl für Blumenstecken entwickeln. Dies zeigt er durch Gestalten einer Vase mit Schnittblumen. Er hat dazu 30 Minuten Zeit. Die Grundregeln beiliegender Liste sollen berücksichtigt sein. ....

b) Der Prüfling füllt ein normales Unfallprotokoll aus. ....

c) Der Student soll einen fundierten kritischen Aufsatz über die Theorie XY schreiben. Dabei darf das Lehrbuch benutzt werden. ....

d) Der Student muss Datenerhebungsverfahren gut kennen. ....

e) Nicht mehr als 20 Prozent der Teilnehmer dürfen vor Kursende aussteigen. ....

f)	Mindestens 15 % des Programmangebotes müssen sich speziell an Familien wenden (mit Logo gekennzeichnet).	....
g)	Das Lehrbuch sollte ca. alle zwei Seiten eine Übungsaufgabe enthalten.	....
h)	Das Lehrbuch sollte aktivierend wirken.	....

9.3 Fertigen Sie eine Zielanalyse an!

Sicherlich reicht Ihnen das bisher Gesagte schon aus, einzelne makrodidaktische oder mikrodidaktische Ziele operational zu formulieren. Sie werden dabei gemerkt haben, dass man bei einer konkreten Maßnahme (a) gleich eine ganze Liste von Einzelzielen erhält. Und dass (b) diese Ziele unterschiedlich konkret sind: Manche verlangen eindeutiges Verhalten (»Schaltet den Computer 3-fach ein: Zentraleinheit, Monitor und Drucker«), manches beschreibt Nicht-Verhalten (»Bricht beim Booten des Computers nicht in Tränen aus«, manches bleibt vage (»Weiß sich bei Problemen zu helfen«).

Im Folgenden sollen Sie lernen, in fünf Schritten (in der Praxis werden Sie noch einige Wiederholungsschlaufen einlegen müssen) eine Zielanalyse durchzuführen.

Zwar wurde dieses Verfahren für Unterrichtsziele entwickelt. Eine Zielanalyse ist aber auch bei planend/organisierenden Entscheidungen im Bildungsbereich von Nutzen – und zwar sowohl für die Sachentscheidung als auch für die Evaluation. Deshalb wird hier auch immer von »Zielanalyse« gesprochen, »Lernzielanalyse« wäre zu eng. Ein Beispiel aus dem planend/organisatorischen Bereich:

Beispiel

»Der Eingangsbereich des Bildungszentrums soll so gestaltet sein, dass er nicht nur Durchgangsraum ist, sondern auf Bildungsprozesse einstimmt.«

Dies ist eine Zielangabe, wenn auch noch eine recht vage. Auch hier kann gefragt werden: Woran erkennt man, dass dies erreicht ist? Was tun Leute in einem solchen Raum (nicht)? Damit sind wir beim Auflisten konkreter Zielvorgaben. Ähnlich gehen Sie bei anderen makrodidaktischen Zielanalysen vor, also beispielsweise bei »die richtigen Angebote im Programm haben« oder »anregende Referenten« suchen.

Wann führt man eine Zielanalyse durch? Sie wird immer dann notwendig, wenn bei Zielbeschreibungen eine jener beeindruckenden Vagheiten auftaucht, die so wichtig ist, dass man sich darum bemühen sollte, aber zunächst niemandem klar ist, was das konkret bedeutet.

Übungsaufgabe 54

Prüfen Sie folgende Ziele mit dem »Du-Papa-Test« (siehe eine Seite weiter vorn):

- »die richtigen Angebote zusammenstellen«,
- »zu staatsbürgerlichem Verhalten erziehen«,
- »den selbständigen, verantwortlichen Mitarbeiter fördern«,
- »eine positive Einstellung zu unserer Firma haben«,
- »Kundenorientierung entwickeln«,
- »eine förderliche Lernumgebung gestalten«,
- »jedermann mit dem Angebot erreichen«.

Können Sie inzwischen Vagheiten und Abstraktionen in Zielformulierungen erkennen? Nicht, dass die genannten Ziele nicht wichtig wären – sie sind bisher nur so vage und allgemein formuliert, dass niemand erkennen kann, wann sie erreicht sind. Damit fehlt die Grundvoraussetzung für eine Evaluation (und auch für eine zielgerichtete makro-/mikrodidaktische Planung). An dieser Stelle setzt die Zielanalyse an: Vage Ziele werden in operationale Ziele übersetzt.

Bei der Analyse und Formulierung der Ziele empfiehlt *Mager* (1973) fünf Schritte:

9.3.1 Erster Schritt: Niederschreiben des Grobziels – Was soll erreicht werden?

Zunächst schreibt (!) man sofort (!) bei der ersten Planung von Bildungsmaßnahmen auf, was man alles durch diese Maßnahme erzielen will. **»Aufschreiben«** und **»sofort«** sind wichtig: Geschriebenes lässt sich besser beurteilen, leichter mit anderen teilen, verlässlicher korrigieren und dauerhafter fixieren; solche Sofort-Fixierungen enthalten oft schön problemnahe Formulierungen. Diese Zielformulierung beschreibt das beabsichtigte Endverhalten, das beabsichtigte Endprodukt, und nicht Wege, Prozesse oder Inhalte!

Beispiel A stammt aus dem mikrodidaktischen, Beispiel B aus dem makrodidaktischen Bereich; beide Beispiele werden in den fünf Schritten durchgespielt.

Beispiel

Beispiel A: »Den Overhead-Projektor gut bedienen können.«

Beispiel B: »Einen Eingangsbereich in unserem Bildungszentrum haben, in den man gerne hineingeht und in dem man sich wohlfühlt.« (Hier war die Ausgangsvorgabe gewesen: »Den Eingangsbereich unseres Bildungszentrums besser gestalten.« Merken Sie: Diese Ausgangsvorgabe war keine Beschreibung eines Endproduktes, eines Zieles, sondern einer Tätigkeit. Als das klar wurde, erfolgte die obige Umformulierung und der Kommentar »Das ist es auch, was wir wirklich wollen«.)

9.3.2 Zweiter Schritt: Brainstorming – Was wäre ein Indikator für Zielerreichung?

Die zunächst allgemeine (und damit zumeist vage) Zielangabe wird präziser, wenn man von der Grobplanung zu einzelnen Teilabschnitten weiterplant. Für jeden Abschnitt werden Ziele gesammelt und aufgeschrieben und damit das allgemeine Ziel in eine Sammlung von Einzelzielen aufgegliedert.

Schreiben Sie alles auf, was Ihnen einfällt: Bei Brainstorming wird wild darauf los gesammelt, ohne viel Nachdenken. Haben Sie keine Angst vor Wiederholungen, Banalitäten, Trivialitäten, Nebensächlich- und Kleinigkeiten. Die Kritik- und Sortierphase kommt später, jetzt kommt es darauf an, möglichst viel »Masse« zu schaffen. Man kann nichts verbessern, sortieren, durchstreichen, was man nicht aufgeschrieben hat! Hilfreich für das spätere Sortieren, Korrigieren, Überarbeiten ist es, wenn man die Einfälle auf Moderations- oder Karteikärtchen schreibt.

Stellen Sie folgende **Hilfsfragen** (vgl. *Mager* 1973, S. 48); sie helfen, den Blick auf »expected outcomes«, auf beabsichtigte Ergebnisse zu schärfen:

a) Was würde man als Beweis dafür ansehen, dass das Ziel erreicht ist?

   Beispiel A: »Den Overhead-Projektor überhaupt einsetzen – fertigt anregende Folien – schreibt groß genug – …«

   Beispiel B: »Menschen treffen sich dort – man sieht fröhliche Gesichter – …«

b) Nach welchen Kriterien würde ich in zwei Haufen sortieren: Hier war meine Maßnahme erfolgreich, dort erfolglos?

   Beispiel A: »Vergisst, Projektor scharf zu stellen – spricht zur Wand – …«

   Beispiel B: »Menschen rennen durch – muffig – …«

c) Woran wird ein anderer erkennen, dass mein Ziel erreicht ist?

   Beispiel A: »Folie ist ansprechend – Projektion über Kopfhöhe – …«

   Beispiel B: »Besucher bleibt stehen – Sitzmöglichkeit, Getränkeautomat vorhanden – …«

d) Wie sieht eine reale Person oder Situation aus, wenn das Ziel erreicht ist? Beschreiben Sie diese!

   Beispiel A: »Die Folien von Dozent A sehen super aus – er lässt Folien lange genug liegen, bespricht sie – …«

   Beispiel B: »Bei der Firma B ist der Eingangsbereich genau so, wie ich es gerne hätte: Allein schon der Teppich. Und es ist immer hell – das Licht schaltet sich automatisch ein – …«

Zu diesem Schritt noch zwei Hinweise:

1. Sie können Situationen / Menschen sowohl positiv als auch negativ beschreiben: »Dozent X ist wirklich ein Overhead-Profi. Er hat folgendes gemacht …«. Oder auch: »Dozent Y ist wirklich ein Overhead-Projektor-Flop. Folgendes war alles falsch …«. Oder im makrodidaktischen Beispiel: »Der Eingangsbereich bei Z ist abschreckend: Schmuddelig, eng, …«. In beiden Fällen erhalten Sie konkrete Details, bei der negativen Beschreibung manchmal besonders drastische K.O.-Kriterien: Wer das macht, was so ist, ist indiskutabel. Z.B.: »ein Elektriker, der bei einem defekten Gerät nicht zuerst prüft, ob das Gehäuse unter Spannung steht«, »ein Eingangsbereich mit Sturzgefahr (glatt, dunkel, schlechte Stufen)«.
2. Falls Sie keinen konkreten Fall finden, bei dem Ihr Ziel erreicht ist, könnte das ein Hinweis sein, dass Sie in Wolken schweben: Prüfen Sie nach, ob Ihr Ziel schlichtweg unerreichbar ist. Eventuell müssen Sie es modifizieren oder ganz als »heiße Luft« abschreiben – auch dies ist ein Ergebnis einer Zielanalyse.

Mit dieser im zweiten Schritt gesammelten Liste weiß man schon ein ganzes Stück genauer, was man mit zunächst großen und vagen Zielen meint.

9.3.3 Dritter Schritt: Sortieren und überarbeiten Sie!

Damit liegt eine Mischung von Zielen und Verhaltensweisen, die als Anzeichen für Zielerreichung gelten, vor. Diese werden nun sortiert. Technisch ist das am einfachsten, wenn Sie jedes einzelne Ziel auf Kärtchen geschrieben haben. Zusammengehöriges kann zusammensortiert werden, man kann hierarchisch ordnen (»unter ›gute Folien‹ gehören Schrift, Grafik, Textmenge«), Verbesserungen können leicht vorgenommen werden. Wiederholungen und Unerwünschtes werden weggelassen.

Dieses Zielanalyse-Verfahren – nicht nur in diesem dritten Schritt, sondern im Ganzen – ist besonders fruchtbar, wenn man es in einer Gruppe durchführt. Gerade die dabei auftretenden Missverständnisse, Erklärungen, Beispiele und Bekenntnisse verhelfen zu einer Zielliste, die das Wichtigste erfasst und von verschiedenen Menschen gleich verstanden wird.

Kennzeichnen Sie beim Sortieren und Überarbeiten die verbliebenen Vagheiten. Mit diesen werden Schritt 1 und 2 wiederholt, bis jeder Punkt nach den Kategorien »tut es« oder »tut es nicht« beurteilt werden kann (und was gar nicht geht, das bleibt eben vage). Halten Sie Kärtchen und Schreiber bei der Diskussion über »Vagheiten« bereit: Dabei fallen viele operationale Formulierungen:

Beispiel

In einem Personalentwicklungsseminar diskutierten Führungskräfte über erwünschte Eigenschaften ihrer Mitarbeiter, und wie man diese Eigenschaften fördern könnte. »Ist engagiert« stand auf einem im zweiten Schritt geschriebenen Kärtchen. Bei der Frage (dritter Schritt) »Verhalten oder Vagheit?« gab es Zwist: »Das ist ein Verhalten – ich sehe es, und zwar daran, dass jemand am Feierabend länger bleibt, wenn es brennt!« »Und ich sehe es daran, wenn jemand von sich aus Vorschläge macht!« »Die Klugredner, die viel vorschlagen, aber nicht zupacken, für die habe ich eine ganz andere Bezeichnung als ›engagiert‹!« Solche Diskussionen sind bei diesem Schritt normal und tragen zur schrittweisen Klärung bei. In diesem Fall wurde die Liste konkretisiert durch »bleibt länger wenn's brennt« und durch »macht umsetzbare Vorschläge«.

Fortsetzung Beispiel A:

Eine Reihe der in Schritt 2 entstandenen Kärtchen befasste sich mit der Lesbarkeit von Overhead-Folien: »lesbar«, »nicht zu klein«, »groß genug beschreiben«, »nicht geschmiert«, »keine Doktor-Handschrift«, »nicht grau auf grau«, »fette Schrift«, »nicht zu viel« – diese Kärtchen ließen sich schnell als zusammengehörend sortieren. Nach mehrfachem Hin und Her, wie groß »groß genug« ist, einigte man sich auf folgende Formulierung: »Schriftgröße mindestens 18 Punkt = Schreibmaschine auf 140 Prozent hochkopieren = zwei (Kleinbuchstaben ein) Kästchen hoch bei Handschrift mit untergelegtem karierten Blatt. Bei Handschrift Druckbuchstaben. Schrift/Hintergrund klarer Kontrast.« Es gab noch einige

Diskussionen, was denn »klarer Kontrast« sei (die Idee der operationalen Zieldefinition hatte Fuß gefasst), aber man war dann der Meinung, dass diese Formulierung hinreichend für alle Beteiligten sei.

Fortsetzung Beispiel B:

Eine Reihe der Kärtchen befasste sich mit dem Vermeiden von Unfallgefahren: »ein Eingangsbereich mit Sturzgefahr (glatt, dunkel, schlechte Stufen)«, »unbequeme Stufen ohne Geländer«, »automatisches Licht«, »hell«, »breit genug (Panik bei Brand)«. Daraus wurde dann: »Unfallgefahren sind durch folgende Maßnahmen vermieden: Glastüren sind durch Markierung sichtbar, Bodenbelag ist griffig, Treppen haben ein Geländer, Rampe für Rollstuhlfahrer ist farblich abgehoben, Lichtautomat vorhanden, Stellwände stehen nicht im Durchgangsbereich.«

9.3.4 Vierter Schritt: Fassen Sie die Aussagen zusammen!

Damit ist eine Liste entstanden, die – zumeist in Gruppen gegliedert – eine Serie von Verhaltensweisen enthält. Nun wird damit eine komplette Aussage zusammengestellt. Dazu wird das in Schritt 1 formulierte Ziel über diese Liste gestellt. Diese Liste wird so umformuliert, dass sich für jedes Verhalten vollständige Aussagen über Art, Qualität und Quantität ergeben.

Beispiel

Fortsetzung Beispiel A:

»Ein Kursleiter kann den Overhead-Projektor gut bedienen, wenn:

a) die Folien lesbar und ansprechend sind. Dies bedeutet:
   - Die Schriftgröße ist ....
   - ....
b) die Projektion so erfolgt, dass
   - das Bild zu Beginn scharf gestellt wird.................................
c) der Einsatz didaktisch förderlich ist. Das bedeutet:
   - ....«

Fortsetzung Beispiel B:

»Der Eingangsbereich in unserem Bildungszentrum ist so gestaltet, dass man gerne hineingeht und sich wohlfühlt, wenn:

a) Unfallgefahren vermieden werden durch.................................
b) ....«

9.3.5 Fünfter Schritt: Beurteilen Sie: Trifft's das?

In diesem letzten Schritt geht es nur noch darum, die Vollständigkeit und Angemessenheit der in Schritt 4 gemachten Aussage zu überprüfen. Also: Wenn jemand all das tut, wenn alles so ist wie in Schritt 4 beschrieben, würden Sie dann sagen, dass das von Ihnen beabsichtigte Ziel erreicht ist? Wenn Sie meinen, Wichtiges fehlt noch, dann müssen Sie nochmals zurück zum Brainstorming und die Lücken füllen, wenn das Ziel hinreichend genau beschrieben, dann ist die Zielanalyse beendet.

Sicherlich lassen sich nicht alle Ziele erschöpfend operational formulieren. Dennoch sollte man die Warnung *Magers* nicht zu leicht nehmen: » ... wenn Sie aber Fertigkeiten lehren, die nicht gemessen werden können, sind Sie in der misslichen Lage, nicht einmal beweisen zu können, dass Sie überhaupt etwas lehren« (1969, S. 47). Und das soll Evaluation: nachweisen, ob das herauskommt, was man beabsichtigt.

9.4 Zusammenfassung

Ziele geben an, was am Ende einer makro- oder mikrodidaktischen Maßnahme herauskommen soll. Je eindeutiger Ziele formuliert werden, desto zielbewusster kann man darauf hinarbeiten, desto leichter ist auch eine Evaluation: Der Soll-Wert ist damit eindeutig vorgegeben.

Ein »operationalisiertes Ziel« beschreibt, an welchen Handlungen (»Operationen«) man erkennt, dass das Ziel erreicht ist. Es wird präzisiert durch die Angabe der Bedingungen und eines Maßstabs. Die Zielbeschreibung einer Maßnahme besteht zumeist aus der Sammlung und Beschreibung vieler Einzelziele.

> Eine Zielanalyse – wenn auch nicht immer in der ausführlichen Form – muss bei jeder Untersuchung angestellt werden.

Denn immer wird man zu Beginn abklären müssen, was genau untersucht werden soll. Und im Verlauf einer Untersuchung tun sich dann schrittweise weitere Facetten des untersuchten Konzeptes auf. Diese zunehmende Klärung des Untersuchungsgegenstandes reicht bis in das Schreiben des Evaluationsberichtes hinein: Es ist nicht ungewöhnlich, dass man erst beim Ringen um die schriftliche Abfassung, wenn man gezwungen ist, die eigenen Absichten und Gedanken stringent und für Leser und sich selbst nachvollziehbar niederzuschreiben, allmählich das Gefühl bekommt, jetzt zu wissen, was man untersucht hat.

Diese Klärung (»Was meint man mit ›gutem Overheadeinsatz‹?«, »Was ist ein ›freundlicher Eingangsbereich‹?«) ist nicht nur notwendiger Hilfsschritt für die Evaluation. Die Klärung des Untersuchungskonzeptes ist bereits ein Ergebnis der Evaluation: Man kennt den Untersuchungsgegenstand auf einer abstrakt-konzeptionellen Ebene besser als zuvor. Dies ist ein Erkenntnisgewinn noch bevor empirische Daten erhoben oder ausgewertet sind! Diese Überlegungen zur Klärung des Untersuchungsgegenstandes gehören als Ergebnis deshalb auch in den Evaluationsbericht – in Kapitel 13, in dem es um das Schreiben des Evaluationsberichtes gehen wird, wird darauf nochmals hingewiesen. An dieser Stelle soll Sie dieser Hinweis ermutigen, solche Überlegungen zum Ziel und zur Präzisierung Ihres Untersuchungskonzeptes gleich niederzuschreiben. Selbst wenn sich noch manches verändert: Dieses Überlegen und Niederschreiben hilft:

a) die Zieldimension während der Evaluationsarbeit im Auge zu behalten,

b) Präzisierungen im untersuchten Konzept explizit zu erfahren und zu gestalten, und

c) bereits in einem frühen Stadium des Evaluationsprojektes Bausteine für den Schlussbericht zu schreiben.

Und jetzt sind Sie dran: Versuchen Sie, in Ihrem Praxisfeld in der Weiterbildung Ziele zu formulieren. Versuchen Sie es ruhig gleich und sofort mit einer Sache, die heute anliegt. Es ist gut, wenn es sich um eine kleine und überschaubare Maßnahme handelt; das erleichtert den Einstieg. Sie brauchen auch keine erschöpfende Zielanalyse zu machen; es genügt, wenn Sie zunächst nur einige konkrete Ziele formulieren. Bevor Sie zu denken beginnen, nehmen sie ein leeres Blatt und einen Stift, denn der wichtigste erste Ratschlag (und erste Satz in Zielanalyse Schritt 1 in Kapitel 9.3.1) lautet:

Übungsaufgabe 55

....

....

Und jetzt brainstormen Sie drauf los: Was soll am Ende Ihrer Maßnahme erreicht sein? Nur durch diese konkrete Erfahrung kommen Sie dort an, wohin Sie dieses Kapitel transportieren wollte: »Der erfolgreiche Lerner führt eine Zielanalyse durch. Dabei werden Ziele mit einer Liste von Handlungen beschrieben, an denen das Erreichen des Ziels ablesbar ist.«

10. Provozieren mit Fragen*

Nach einer Zielanalyse (Kapitel 9) wissen Sie, was Sie evaluieren wollen und an welchen Kriterien und Indikatoren Sie Erfolg oder Misserfolg ablesen können. Für eine Reihe von Absichten reicht das als Grundlage für eine Evaluation:

- Sie können abmessen, ob die Schrift auf einer Overheadfolie eine Mindestgröße hat,
- Sie sehen, ob Eingangstreppen ein Geländer haben und ob Zugänge/Fluchtwege verstellt sind.

Damit können Sie erfassen und beurteilen, ob eine Maßnahme das erbringt, was beabsichtigt wurde. Je mehr es möglich ist, erwünschte Ziele zu operationalisieren, das heißt als beobachtbares Handeln bzw. Produkt zu beschreiben, desto leichter ist es möglich, zu erfassen und zu beurteilen, ob die Ziele erreicht wurden (»erfassen« und »beurteilen« – haben Sie die Evaluations-Definition von 1.1 wieder läuten hören?).

Oft aber beginnt jetzt ein weiterer Arbeitsschritt: Es müssen Instrumente entworfen werden, mit denen die notwendigen Informationen (»Daten«) über das Untersuchungsgebiet gesammelt werden. Was im Innern eines Menschen abläuft oder was in der Vergangenheit und in der Zukunft liegt, lässt sich nicht beobachten, und manches wäre per Beobachtung nur höchst aufwändig zu erfassen.

Mit Fragen lassen sich Informationen herausrufen (das wäre die Übersetzung von »provozieren«). Dies ist oft eine ökonomische, manchmal die einzige Art, Daten zu erhalten. Deshalb geht es in diesem Kapitel um das Stellen von Fragen.

Übungsaufgabe 56a:

Unterstreichen Sie das richtige Wort »Inhalt« oder »Ziel«:
Ist mit diesem letzten Satz ein Inhalt oder ein Ziel beschrieben?

Fragen werden bei unterschiedlichen Datenerhebungsformen eingesetzt, insbesondere bei schriftlichen und mündlichen Befragungen, in Ratings, Fragebogen und bei Tests. Um Wiederholungen zu vermeiden, wurde dieses Thema, da vieles für jede dieser Formen gilt, in einem Kapitel zusammen-

* Dieses Kapitel entstand in Zusammenarbeit mit Dr. Klaus Dieckhoff

gefasst. Nach diesem Kapitel sollen Sie in der Lage sein, Fragebogen und Testaufgaben zu formulieren.

Übungsaufgabe 56b:

Ist mit diesem letzten Satz ein Inhalt oder ein Ziel beschrieben?..

10.1 Welche Art von Befragung?

Sie sind auf der Suche nach Informationen, und Sie müssen sich darüber klar werden, um welche Art von Informationen es Ihnen eigentlich geht.

- **Tests:** Wollen Sie das Lernergebnis eines Kurses und damit die Kenntnisse und Fähigkeiten der Teilnehmerinnen und Teilnehmer prüfen? Dann müssen Sie Ihre Informationen mit Hilfe eines Tests gewinnen nach dem Muster einer »Klassenarbeit«, einer Klausur (also in der Art: »Mit welchem Befehl formatiert man eine Diskette?«).
- **Rating:** Oder wollen Sie wissen, wie jemand einen Kurs oder eine andere Sache beurteilt? Dann ist ein Instrument wie der Kursbeurteilungsbogen, den Sie in Kapitel 2.2 kennengelernt haben, das Richtige. Die Besonderheit dieser Methode besteht darin, dass Sie Aussagen (auch »Statements« oder »Items« genannt) formulieren, die als Indikatoren für die Qualität eines Kurses in bestimmten Aspekten gelten können (»Ich beherrsche die Inhalte dieses Kurses« – Ankreuzen 1 bis 5). Die Informationen, die Ihnen die Befragten geben, sind der Grad der Zustimmung zu jeder Aussage: Sie wird ausgedrückt durch die Stelle, an der die Teilnehmer ihr Kreuzchen hinter jede Aussage machen. Dafür haben sie ein begrenztes Spektrum von Möglichkeiten (hier 1 bis 5). Man nennt dieses Verfahren Rating.
- **Fragebogen:** Sie wollen Informationen haben, die Ihnen bei der Lösung eines Problems, bei der Verwirklichung eines Planes in Ihrer Bildungsarbeit helfen sollen? Nehmen wir an, Sie wollen den Eingangsbereich Ihres Bildungszentrums verschönern und von den Teilnehmern wissen, unter welchen Bedingungen sie sich wohl fühlen, gerne lernen oder arbeiten. In diesem Fall sind Sie auf der Suche nach Informationen, aus denen Sie Schlüsse über Bedürfnisse Ihrer Zielgruppe ziehen können. Hier geht es nicht um Aufgaben, welche die Befragten richtig oder falsch lösen sollen, auch nicht um Statements, zu denen sie Stellung nehmen sollen, sondern es geht im ursprünglichen Wortsinn um Fragen, auf die der Untersucher Antworten haben möchte (»Was stört Sie an unserem

Eingangsbereich?«). Mit der Auswahl der Fragen bestimmt der Fragebogenkonstrukteur über Inhalt und Art der Informationen (auch durch die Antwortform: Linie 4 cm oder drei Zeilen lang, fünf Alternativen zum Ankreuzen ...). Der Untersucher ist sozusagen der Produzent der Informationen, die Befragten sind die Lieferanten.

- **Narrative Befragung:** Eine vierte Methode überlässt den Befragten weitgehend auch die Rolle des Informationsproduzenten. Der Befragte »ist nicht nur Datenlieferant, sondern er determiniert als Subjekt das Gespräch quantitativ und qualitativ: Prinzip der Zurückhaltung durch den Forscher« (*Lamneck* 1989, S. 64). Gesprächsimpulse werden sehr offen gestellt (»Wie war Ihr erster Eindruck, als Sie in unser Bildungszentrum traten?«). Sie bitten die Befragten nicht um bestimmte Auskünfte, sondern um eine persönliche Erzählung. Man nennt diese Methode daher auch narrative Befragung. Sie wird nicht statistisch ausgewertet mit dem Ziel quantitativer Informationen; ihr Ziel ist vielmehr ein verstehend-qualitativer Zugang zu einer Zielgruppe oder zu einem Problem, und die Methoden der Auswertung sind auf dieses Ziel abgestimmt.

Dieses Kapitel vermittelt Ihnen Frageformulierungen für die drei Methoden, bei denen der Befrager die Verantwortung für die Produktion der Informationen übernimmt: Test, Rating, Befragung. Mit der Analyse qualitativer Daten beschäftigt sich das nächste Kapitel.

10.2 Hintergrundüberlegungen

Was man fragt und wie man fragt, ist von den Ziel- und Hintergrundüberlegungen zu Sinn und Absicht der Evaluationsuntersuchung abhängig. Meist wird empfohlen, diesen Hintergrund zuerst abzuklären und dann nach geeigneten Fragen zu suchen. In der Praxis läuft das zumeist anders: Das Formulieren von Fragen bzw. Fragebündeln wechselt spiralförmig ab mit den Hintergrundüberlegungen, mit denen man sich klar zu werden sucht, was man wissen will und wie man dies am besten erhält. Wenn im Folgenden zunächst die Hintergrundüberlegungen dargestellt werden und dann (in 10.3 und 10.4) die Methode der Fragekonstruktion, dann ist dies nicht die Praxisrealität; dort interagieren diese Entwicklungsschritte miteinander.

10.2.1 Wen will ich befragen?

Art und Inhalt der Befragung hängen davon ab, wen man befragt. Denken Sie an das Beispiel aus dem vorigen Kapitel: Sie wollen den Eingangsbereich in Ihrem Bildungszentrum umgestalten. Ihre Vision, Ihr Ziel ist: Lernende, sich wohl fühlende Menschen in einem schönen, praktischen Raum. Und nun müssen Sie sich überlegen, von wem Sie Informationen bekommen können, die Ihnen helfen, diese Vision Wirklichkeit werden zu lassen. Sie können zum Beispiel professionelle Experten für ästhetische Kriterien befragen, Architekten oder Innenarchitekten. Oder aber Hausmeister, die ihre Erfahrungen damit haben, was es bedeutet, einen Raum in 45 Minuten vom großräumigen Foyer umzugestalten in einen gegliederten Arbeitsraum für kleine Gruppen. Sie können auch Teilnehmer befragen, die sich dort wohlfühlen und zur Zusammenarbeit angeregt werden sollen. Je nachdem, wen Sie befragen, werden Sie andere Antworten, Problemsichten erhalten. Bei den Architekten und Hausmeistern können Sie damit rechnen, dass diese Profis schon viel über Räume und deren Gestaltung nachgedacht haben – aber haben sie auch schon über Menschen nachgedacht, die sich wohlfühlen, kommunizieren und lernen sollen? Den Teilnehmern können Sie unterstellen, dass sie wissen, wann und wo sie gerne lesen, reden, zusammensitzen und arbeiten – aber haben sie damit auch schon ein zuverlässiges Urteil über die lernfördernde Gestaltung eines Raumes? Woher sollen sie etwa wissen, welche Möbel auf dem Markt sind oder welche Unfallverhütungsvorschriften es gibt? Unterschiedliche Menschen kennen sich in unterschiedlichen Themen unterschiedlich aus. Also:

Vor jeder Befragung muss man überlegen: Von welchen Befragten kann man sinnvollerweise welche Information erwarten? Warum werden gerade diese befragt? Worüber können diese Personen besonders treffend Auskunft geben? Und wo haben sie ihren blinden Fleck?

Warnung

Nach meiner Beobachtung liegt in der Nichtbeachtung dieser Regel eine große Schwäche vieler Befragungen: Es werden Fragen gestellt, auf die die befragten Gewährsleute keine qualifizierte Antwort geben können (z. B. wegen Nichtwissens, Desinteresse), oder es werden Personenkreise befragt, deren Antworten man ohnehin vorhersagen kann (z. B. wegen politischer Position oder Strategie, Rücksichtnahme). Die gesammelten Aussagen werden dann in der Auswertung so dargestellt, als ob sie die Wahrheit wären (»Die Teilnehmer sind der Meinung ... Sie wünschen sich ...«), dabei sind es durch vielfältige Faktoren zustande gekommenen Meinungen. Es genügt also nicht, mechanisch und fleißig das aufzulisten, was Befragte gesagt haben: Evaluatoren dürfen sich bei der Bewertung der befragten Gewährsleute nicht vor dem Selber-Denken drücken: Wie sind die Aussagen bei diesen Gewährsleuten zu werten?

Halten Sie die Überlegungen, warum Sie wen befragen, gleich schriftlich fest: Sie gehören unbedingt in den Schlussbericht und geben dort Rechenschaft über die Sorgfalt, mit der Sie Ihre Gewährsleute auswählen, und ob Sie in der Lage sind, deren Aussagekompetenz einzuordnen.

10.2.2 Was ist bereits über die beabsichtigte Fragestellung bekannt?

Manche Frage braucht man nicht zu stellen, weil sie bereits beantwortet ist (zum Beispiel in Teilnehmerstatistiken, Protokollen, Festvorträgen, Jahresberichten). Manche Instrumente braucht man nicht neu zu konstruieren, weil Brauchbares ganz oder in Teilen schon entwickelt wurde. Manche konzeptuelle Abklärung ist bereits anderswo erfolgt; anstatt wieder bei Null anzufangen wäre es ökonomischer und weiterführender, darauf aufzubauen. Erfinden Sie also das Rad nicht wieder aufs Neue, erheben Sie Daten nicht aufs Neue, wenn diese anderswo greifbar sind.

Hierfür ist Akten- und **Literaturarbeit** angesagt – und/oder die **Suche im Internet**. Dabei werden, bevor ein Instrument entworfen wird, Informationen über das anstehende Untersuchungsproblem zusammengetragen. Lesen, Vergleichen und Systematisieren der Beobachtungen und Gedanken anderer erleichtern dieses Vorhaben. Dabei lernt man Ordnungsmodelle, Frageformulierungen, Befragungsstrategien kennen, mit deren Hilfe andere sich Klarheit über die anstehenden Fragestellungen verschafft haben.

Die Lese-Erfahrungen helfen, einen weiteren Blick auf das eigene Vorhaben zu finden. Aber bedenken Sie auch: Fremdes Vorwissen – auch wenn es von Fachexperten kommt – kann genauso blind machen wie eigenes. Also:

> Sammeln Sie, was andere zum Thema beigebracht haben. Und gehen Sie mit diesem Wissen vorsichtig und nachdenklich um!

Auch diese Auseinandersetzung – was übernehme ich von anderswo, was passt für meine Evaluation nicht? – sollten Sie auf jeden Fall sofort auf Konzeptzetteln festhalten. Besser noch: **Baldmöglichst auf ein paar Seiten zusammenschreiben!** Denn am Schluss, wenn der Schlussbericht geschrieben wird (darauf geht Kapitel 13 ein), ist man froh über alles, was bereits vorformuliert wurde.

10.2.3 Was soll in dieser speziellen Befragung untersucht werden?

Keine Untersuchung kann alles zugleich untersuchen! Legen Sie deshalb **Schwerpunkte** für Ihr konkretes Vorhaben fest. Vielleicht haben sich manche Aspekte schon erledigt: Sie haben in der Lektüre bereits Antworten gefunden. Andere Aspekte können oder müssen als trivial oder zu kompliziert ausgeschieden werden. Sie sind jetzt am Zug. Sie entscheiden, wonach Sie im Einzelnen fragen wollen. Und halten Sie Ihre Überlegungen fest, warum Sie sich bei dieser Befragung gerade auf diese Schwerpunkte festgelegt und warum Sie andere weggelassen bzw. mit anderen Verfahren erhoben haben.

Solche Untersuchungsschwerpunkte werden zumeist mit einer Serie von Fragen erhoben. Die Sozialforscher nennen dies: Auswahl und Definition von Variablen. Kreisen Sie die Fragestellung, die »hinter« dem Fragebogen steht, mit mehreren Fragen ein; operationalisieren Sie damit allgemeine Konzepte (»ein Kurs ist dann gut, wenn A plus B plus C … – vergleichen Sie in 2.2 die Beschreibung »Die Inhalte des Kursbeurteilungsbogens«). Eine alte Regel lautet: Eine Frage ist keine Frage! Mit mehreren Fragen erfassen Sie Variablen verlässlicher und umfassender.

> Legen Sie enge Untersuchungsschwerpunkte fest und begründen Sie diese Schwerpunktsetzung. Und operationalisieren Sie diese Untersuchungsschwerpunkte mit einem Bündel von Teilperspektiven.

Auch diese Überlegungen sollten möglichst sofort niedergeschrieben werden. Korrigieren, kürzen, ergänzen können Sie später immer noch.

10.2.4 Beachten Sie die Gütekriterien!

In Kapitel 8 haben Sie die wichtigsten Gütekriterien kennen gelernt; dabei wurde auch beschrieben, wie sie durch konstruktive Maßnahmen berücksichtigt werden. Hier bei der Konstruktion eines Instrumentes müssen Sie sie jetzt umsetzen.

Didaktische Nützlichkeit: Natürlich kann man tausend Fragen stellen, natürlich ist vieles interessant. Die Prüffrage, mit der Sie entscheiden, ob etwas erfragt werden soll, lautet: Was sind sinnvolle Informationen für das Verstehen und Gestalten von Bildung in meinem speziellen Fall? Im Einzelnen: Warum ist diese Frage wichtig? Welche Informationen geben mir die möglichen Antworten? Brauche ich diese Informationen? Sind sie sinnvoll für die Beantwortung meiner Fragestellung?

Objektivität: Überlegen Sie, ob die Befragung im Ganzen und jede Einzelfrage, die Sie gerade konstruieren, unabhängig vom Durchführer, Auswerter und Interpretierer ist. Wenn dabei viel an subjektivem Spielraum möglich ist, sollten Sie überlegen, wie dieser verringert werden kann. Enge Fragen (vielleicht mehrere), Antwortvorgaben, ein genauer Auswertungsschlüssel, mehrere Beobachter / Beurteiler tragen dazu bei.

Reliabilität / Konsistenz: Daten müssen sich auch zuverlässig ein zweites Mal mit dem gleichen Ergebnis erheben lassen. Richten Sie die Befragungssituation so ein, formulieren Sie jede Frage so eindeutig, dass es keine Unsicherheiten beim Befragten gibt nach dem Motto: Was will der jetzt eigentlich wissen? Und stellen Sie keine Fragen, die der Befragte gar nicht wissen kann und bei denen er deshalb rät. Fragen Sie sich: Ist die Frage dem vermutlichen Informationsstand der Befragten angemessen? Wird sie von allen Befragten in gleicher Weise verstanden werden? Liefert sie also zuverlässige Informationen?

Validität: Gültigkeit dürfen Sie Ihren Informationen dann zusprechen, wenn Ihre Verfahren das ermitteln oder messen, was sie ermitteln oder messen sollen. Bei der Zusammenstellung von Fragen müssen Sie sich selbst immer wieder fragen:

a) Haben Sie Ihre Grundbegriffe klar genug definiert?

b) Haben Sie die Merkmale, die den Begriffen zugeordnet sind, aufgeschrieben; sind diese also nachvollziehbar?

c) Sind sie vollständig? Oder wenigstens für Ihre momentanen Zwecke ausreichend?

d) Sind die zugeordneten Merkmale wirklich Indikatoren für den Sachverhalt, der mit dem Begriff gemeint ist? Gibt es dafür Belege – zum Beispiel in anderen Untersuchungen, die Sie bei der Erarbeitung kennen gelernt haben?

Ökonomie: Wie viel Befragung kann ich dem Befragten zumuten?

> Die Überlegungen, wie Sie die Güte ihrer Datenerhebung verbessern, begleitet Sie bei jedem Schritt Ihrer Befragungsplanung.

Diese Hintergrundüberlegungen erscheinen zunächst aufwändig und mühevoll. Nach einiger Erfahrung geht einem dieses Handwerkszeug aber ins automatische Repertoire über – Sie können bei der Konstruktion von Instrumenten gar nicht mehr anders denken.

10.3 Die Formulierung von Fragen und Aufgaben

10.3.1 Allgemeine Forderungen

Bei Fragebogen und Interviews spricht man von Fragen, bei Tests von Aufgaben. Gemeinsam ist in beiden Fällen bei der Formulierung zu beachten:

1. Die Formulierung muss klar und eindeutig sein:
   - Eindeutige Worte und Begriffe
   - Einfache Satzkonstruktionen: Hauptsätze, Hauptsätze, Hauptsätze
   - Kurz; unnötige Wörter und Informationen vermeiden
2. Die Beantwortungsschwierigkeit darf allein dem Frageinhalt entspringen:
   - Keine hohen Hör- / Leseanforderungen
   - Keine großen Zahlen oder komplizierten Beispiele
   - Keine schwierigen Zeichnungen (evtl. Umrisse vorgeben)
3. Keine Antworthinweise in der Frage / Aufgabe:
   - Wortanalogien vermeiden
   - Keine verräterischen oder suggestiven Schlüsselwörter
   - Bei Antwortvorgaben unterschiedliche Längen vermeiden
4. Jede Frage / Aufgabe soll immer nur ein Problem prüfen.
5. Die optische Darbietung soll übersichtlich gegliedert sein:
   - Deutliche Schrift
   - Eindeutige Symbole, evtl. erläutern
   - Absätze, Einrücken
   - Hervorhebungen durch Unterstreichen, Fettschrift, GROSSBUCHSTABEN, Farbe

Und speziell bei Testaufgaben:

6. Die Frage darf nur eine, die richtige Lösung, zulassen:
   - Aufgaben wenn möglich zunächst erproben
   - Aufgaben mit Kollegen und Laien durchsprechen
   - Evtl. nachträglich zusätzliche Lösungen zulassen

7. Die Items müssen voneinander unabhängig sein:
   - Nachfolgende Aufgaben dürfen nicht unlösbar sein, wenn vorige nicht gelöst wurden.
   - Die Aufgaben dürfen nicht wechselseitig Lösungshinweise enthalten (vgl. Übungsaufgabe 9 in Kapitel 2.1.c).

10.3.2 Aufgaben- und Fragetypen

Aufgaben und Fragen können in verschiedenen Formen gestellt werden. Jede Form hat ihre spezifischen Vor- und Nachteile. Deshalb ist empfehlenswert, sich nicht von vornherein auf einen einzigen Typ festzulegen. Die folgende Darstellung der verschiedenen Typen soll Ihnen ein Repertoire an Frage- und Aufgabenformen zur Verfügung stellen.

In der wohl ausführlichsten deutschen Zusammenstellung von Aufgabentypen, die viele Beispiele und Einzelanregungen enthält, unterscheidet *Rütter* (1973) zunächst drei Grobtypen: Offene Aufgaben, halboffene Aufgaben und geschlossene Aufgaben.

(a) Offene Aufgaben / Fragen

Bei offenen Aufgaben/Fragen ist weder dem, der die Frage bearbeitet, noch dem, der sie stellt oder auswertet, eine definierte Lösung oder Antwort vorgegeben. Die zu produzierende Antwort ist in hohem Maße individuell und kann sehr unterschiedlich ausfallen.

Diese Eigenschaft macht es schwer, offene Aufgaben in Tests aufzunehmen. Wegen ihres unvorhersehbaren Ausgangs ist die Beurteilung von Objektivität und Reliabilität der Auswertung schwer – die Beurteilung von Aufsätzen zeigt dies immer wieder.

Dagegen sind offene Fragen sehr geeignet zur Exploration eines Problembereichs:

Beispiel

- Zählen Sie bitte auf, was Ihnen das Lernen in diesem Kurs schwer gemacht hat!
- Wenn Sie an Ihr Leben mit 40 Jahren denken, was fällt Ihnen dazu ein?
- Zum Schluss bitten wir Sie, wenn Sie noch Lust haben, etwas von Ihren persönlichen Erfahrungen in der evangelischen Erwachsenenbildung zu berichten!

Offene Fragen werden benutzt, wenn:
- der Informationsstand zu einem Thema noch gering ist,
- der Bezugsrahmen der Befragten ermittelt werden soll,
- differenzierte Einstellungen ermittelt werden sollen.

Offene Fragen haben **Vorteile**:
- sie geben Raum für die Individualität der Befragten,
- sie ermöglichen überraschende Informationen, »a fresh approach«,
- sie bilden (manchmal) tiefere Schichten des Bewusstseins (»Deutungsmuster«) ab,
- sie ermöglichen die Formulierung neuer, präzisierter Hypothesen.

Offene Fragen haben aber auch **Nachteile**:
- die Antwortbereitschaft ist meist geringer,
- Antworten kommen meistens von Angehörigen der sprech- und schreiberfahrenen Mittelschicht,
- die Vergleichbarkeit der Antworten ist oft problematisch,
- quantitative Auswertung ist nur begrenzt möglich und sinnvoll.

In dem Moment, wo die Antworten länger und vielseitiger werden, kommt man bei dieser Frageform schnell in die Nähe von narrativen Befragungen mit ihren speziellen qualitativen Auswertungsproblemen. Weiteres hierzu finden Sie im nächsten Kapitel.

(b) Halboffene Aufgaben / Fragen

Bei halboffenen Fragen/Aufgaben sind die erwarteten Antworten dem Untersucher bekannt, nicht aber dem Befragten. Es gibt also im Gegensatz zur offenen Aufgabe bei diesem Aufgabentyp eine oder mehrere vorher bekannte Antworten; sie befindet sich im Kopf des Untersuchers und hoffentlich auch auf einem schriftlichen Auswertungsschlüssel.

Die Domäne dieses Fragetyps ist sicherlich der Test, bei dem solche Aufgaben in vielfältiger Form eingesetzt werden. Doch auch viele Fragebogen arbeiten mit dieser Form. Wenn beispielsweise in obiger Beispielsfrage »Zählen Sie bitte auf, was Ihnen das Lernen in diesem Kurs schwer gemacht hat« der Untersucher vorher eine Liste möglicher Antworten angelegt hat, die er dann je nach Antworten abhakt, dann ist dies eine halboffene Frage: Der Auswerter weiß vorher schon, welche Antworten kommen können; neu ist nur noch die zahlenmäßige Verteilung.

Halboffene Aufgaben für Tests gibt es in unterschiedlicher Form:

- **Freiangebot in Frageform**

  Wie lautet die offizielle Bezeichnung für die in Deutschland arbeitenden Ausländer?

  ____

- **Assoziationsaufgabe**

  Was bedeuten folgende Abkürzungen?

  RAM = ______________________________

  ROM = ______________________________

  CPU = ______________________________

- **Ergänzungsaufgabe**

  Hierzu gehört der bekannte Lückentext (wobei die Lücke am Satzanfang oder -ende oder in der Mitte stehen kann). Aber auch z. B. eine grafische Darbietung ist möglich:

  Ergänzen Sie in folgender Zeichnung das fehlende Element!

- **Substitutionsaufgabe**

  Vorgegebene Elemente werden korrigiert, modifiziert, übersetzt, verdeutlicht, z. B.:

  Ersetzen Sie in folgendem Text alle unnötigen Fremdwörter!

- **Aufbauaufgaben**

  Aus vorgegebenen Elementen ist eine Information aufzubauen, z. B.:

  Bei der Wahl erhält Partei A 48 % der Stimmen, B 42 % und Partei C 10 %. Welche Koalitionen führen zu regierungsfähigen Mehrheiten?

- **Umbauaufgabe**

  Eine vorhandene Information ist nach bestimmten Anweisungen umzuorganisieren, d.h. in andere Form zu bringen, z. B.:

  Übertragen Sie folgende Geschichte aus der Vergangenheit in die Gegenwart!

- **Reduktionsaufgabe / Extraktionsaufgabe**

  Vorhandene Information wird so reduziert, dass eine neue, sinnvolle Information entsteht:

Welche drei juristisch unzulässigen Maßnahmen enthält folgender Bericht?

oder:

Welches sind die für die Entscheidungsfindung ausschlaggebenden Sachverhalte in beiliegendem Protokoll? Geben Sie die Seiten- und Zeilenzahl an!

► **Erweiterungsaufgabe**

Dem Lerner wird eine Information angeboten, die er frei zu einer neuen sinnvollen Information erweitert:

Welche Folgen hätte folgendes neue Gesetz für Arbeitsmöglichkeit, Arbeitszeit, Verdienst, soziale Sicherheit der Gastarbeiter?

Die vielbenutzte Kurzaufsatzaufgabe zu einem eng umrissenen Thema gehört also auch zu diesem Aufgabentyp.

Vorteile

Halboffene Aufgaben sind in besonderem Maße für informelle Tests geeignet: Sie sind leicht zu konstruieren, variabel, fordern vom Lerner eine aktive Antwortformulierung und sind bei sorgfältiger Konstruktion auch genügend eindeutig auswertbar.

Nachteile

Andererseits kann bei diesem Typ die Auswertungsobjektivität zum Problem werden: Durch die frei formulierte Antwort ergeben sich beim Untersucher wie beim Lerner Ermessensspielräume – dies besonders bei ungenauer Fragestellung. *Rütter* (1973, S. 65) illustriert dies mit dem Beispiel: Auf die Frage »Was enthält Tabak?« wird »Eine gestopfte Pfeife« geantwortet. Dies ist zwar eine Antwort auf die Frage, jedoch kaum im Sinne des Lehrers, der »Nikotin« erwartet hatte. Daher warnt *Rütter* »Zu häufig werden Aufgaben zu ungenau gestellt und die Befragten für Mängel der Aufgabe, die zu Mängeln in der Antwort führen, bestraft« (a. a. O.).

(c) Geschlossene Fragen / Aufgaben

Bei geschlossenen Fragen / Aufgaben formuliert der Befragte die Antwort nicht selbst, sondern wählt aus einem vorgegebenen Angebot aus. Bei Befragungen werden geschlossene Fragen benutzt, wenn das Vorwissen über den Gegenstand der Untersuchung groß genug oder die Fragestellung klar genug ist, um das Spektrum möglicher Antworten durch Antwortvorgaben abdecken zu können. Bei Tests ist diese Aufgabenform beliebt, da sie schnell und objektiv auswertbar ist.

Auch bei diesem Aufgabentyp soll auf die vielfältigen Variationsmöglichkeiten hingewiesen werden, um ein breites Angebot für die Aufgabenformulierung zur Verfügung zu stellen:

► **Alternativfragen**

Haben Sie den Studienführer benutzt?
❍ *ja* ❍ *nein*

Bei wem liegt die Kulturhoheit? Kreuzen Sie an!
❍ *Bund* ❍ *Land*

► **Antwortauswahlfragen**

Dies dürfte die am weitest verbreitete Aufgabenform in standardisierten Tests sein. Neben der Fragestellung besteht die Aufgabe aus Lösung(en) und »Distraktoren« (Falschantworten).

Welche DOS-Befehle können zum Übertragen von Festplatte auf Diskette benutzt werden? Unterstreichen Sie diese!
DISCOPY, FORMATE, XCOPY, COPY, MD, CD

Diese Frageform ist auch für Fragebogen beliebt – manchmal mit der Vorgabe, nur eine oder nur eine begrenzte Zahl von Vorgaben anzukreuzen. Und wenn man nicht sicher ist, ob alle Möglichkeiten aufgeführt sind, kann man auch eine offene Antwortmöglichkeit hinzufügen:

Woher haben Sie erfahren, dass man zum ZEITUNGSKOLLEG zusätzlich schriftliches Begleitmaterial kaufen kann?

❍ *aus der Zeitung*

❍ *von Freunden, Bekannten*

❍ *von der Volkshochschule*

❍ ....

► **Rating** (Auswahlantwort mit Vorgabe einer quantitativen Skala)

Auch dies ist eine der weitverbreitetsten Aufgabenformen, wobei drei bis maximal sieben Abstufungen vorgegeben werden:

Für mich hat sich der Kurs gelohnt ❍ ----- ❍ ------❍
ja zum Teil nein

- **Auswahlantworten mit mehreren Antwortmöglichkeiten**

  Auf der folgenden Liste finden Sie eine Reihe von Freizeitaktivitäten. Wie oft oder wie selten üben Sie diese Aktivitäten aus?

	Sehr oft	*oft*	*manchmal*	*selten*	*nie*
Am Fahrzeug basteln					
Fernsehen					
Am Computer spielen oder arbeiten					
Meinen Träumen nachhängen					

Für Tests sind folgende weitere **Aufgabenformen** geeignet:

- **Identifikationsaufgaben**

  Der Befragte muss bestimmte Elemente der Aufgabe identifizieren und kennzeichnen:

  Kreuzen Sie bei folgender Auswahl alle fehlerfreien Schaltbilder an!

- **Ergänzungsauswahlaufgabe**

  Die Aufgaben enthalten Lücken und eine Auswahl an Ergänzungen:

  Bei fehlerhafter Lieferung ist lt. beiliegenden Verkaufsbedingungen ______________________ oder ______________________ möglich!

  Welche beiden Antworten sind richtig?

  ❍ *Schadenersatz*

  ❍ *Wandlung*

  ❍ *Minderung*

  ❍ *Rückgabe*

Vorteile

In standardisierten Tests finden sich fast ausschließlich geschlossene Aufgaben. Dies ist wohl auf die bei dieser Form am besten garantierte Auswertungsobjektivität und -ökonomie zurückzuführen: Verschiedene Auswerter haben keinen individuellen Ermessensspielraum. Bei entsprechenden Lösungsbogen lassen sich die Markierungen sogar maschinell lesen und verarbeiten. Zudem ist die Auswertung erheblich schneller als bei halboffenen oder gar offenen Aufgaben.

Aber nicht nur die Auswertungszeit, auch die Bearbeitungszeit des Befragten wird durch die Antwortvorgabe in mehrfacher Hinsicht verkürzt: Die Suche nach der Lösung ist bereits auf eine feste Antwortzahl eingegrenzt, unter der die richtige sein muss. Dadurch werden zeitraubende Missverständnisse einer vielleicht nicht ganz geglückten Aufgabenformulierung sowie die Erprobung von nicht durch die Antworten vorgegebenen Lösungswegen vermieden. Außerdem braucht nicht nach einer treffenden Lösungsformulierung gesucht zu werden. Schließlich wird die Schreibarbeit auf ein Minimum reduziert.

Nachteile

Die geschlossene Aufgabe hat aber auch Nachteile: Bereits beim ersten Versuch, geschlossene Aufgaben zu konstruieren, wird man merken, wie schwierig es ist, eine genügende Anzahl eindeutig unzutreffender Antworten zu finden, die so plausibel sind, dass sie nicht auf den ersten Blick als falsch erkannt werden. Dies hätte nämlich zur Folge, dass durch das Ausschließen von offensichtlich unsinnigen Antworten die Lösung eingegrenzt werden kann. Damit erhöht sich die ohnehin hohe Ratewahrscheinlichkeit: Wer willkürlich ankreuzt, wird durch Zufall auch hin und wieder die richtige Lösung treffen. Es lässt sich also nie mit Sicherheit sagen, ob jemand, der richtig ankreuzt, die Antwort gewusst oder geraten hat. Daher kombiniert man manchmal geschlossene und halboffene Aufgaben: Zunächst wird eine Antwort angekreuzt, die Wahl muss dann freiformuliert begründet werden.

Der geschlossenen Aufgabe wird immer wieder vorgeworfen, sie prüfe lediglich Gedächtniswissen und Wiedererkennen. Dies mag zwar oft zutreffen, liegt jedoch eher an der Fantasielosigkeit der Aufgabenautoren.

10.3.3 Die Feinstruktur von Fragen/Aufgaben

Bei der schriftlichen Formulierung von Fragen/Aufgaben lassen sich vier Felder unterscheiden (vgl. *Rütter* 1973, S. 51): das **Informationsfeld**, das **Fragefeld**, das **Anweisungsfeld** und das **Antwortfeld**.

Beispiel

Der Eingangsbereich eines Bildungszentrums kann unterschiedlichen Zwecken dienen. (Informationsfeld)

Was wäre für Sie besonders wichtig? (Fragefeld)

Kreuzen Sie max. drei Aussagen an! (Anweisungsfeld)

- ❍ Wegweiser
- ❍ Aktuelle Veranstaltungen
- ❍ Information über kommende Veranstaltungen } (Antwortfeld)
- ❍ Raum zum Gespräch
- ❍ freundliche Atmosphäre

Diese vier Felder lassen sich nicht immer so deutlich trennen; sie können sich auch überdecken oder fehlen. Zum Beispiel:

Was wäre für Sie im Eingangsbereich eines Bildungszentrums wichtig?

.... , ... , ...

Was gilt es bei dieser Formulierung dieser Felder zu beachten?

a) Das Informationsfeld

Manche Fragen / Aufgaben geben als Informationsgrundlage Sachverhalte vor. Hierfür gilt in besonderem Maße: Inhalt und Stil müssen eindeutig, unmissverständlich und frei von Überflüssigem sein. Die Sätze sollen kurz sein (lieber zwei Hauptsätze als komplizierte Nebensatzkonstruktionen), der Inhalt sich eng auf das dargestellte Problem beschränken (lieber eine Stufe einfacher als den Adressaten zumutbar).

Bei umfangreicher Information ist besonders auf die optische Gliederung zu achten: Absätze, Einrücken, tabellenartiges Untereinanderschreiben erhöhen die Übersicht.

Die Information kann auch grafisch vorgegeben werden (Zeichnung, Fotografie, Grafik). Ein Sonderfall ist das Bereitstellen einer Informationsgrundlage außerhalb des Tests (z. B. Gesetzbücher, Zeitungsausschnitte, Präparate, Versuchsaufbauten).

Ein Informationsfeld kann auch für mehrere Aufgaben gemeinsam gelten. Aus der Aufgabenform muss nur eindeutig hervorgehen, was zusammen gehört. Trennlinien und Nummerierungen helfen dabei.

b) Das Fragefeld

Diese Bezeichnung ist missverständlich: Dieses Feld muss nicht die sprachliche Wendung einer Frage enthalten; auch die Form der Behauptung, Arbeitsanweisung, Aufforderung ist möglich. Entscheidend ist auch hier, dass für den Bearbeiter eindeutig klar wird, was von ihm gefragt wird. Besonders bei offenen und halboffenen Aufgaben hängt die Qualität der Antwort entscheidend von der präzisen Frage ab.

Beispiel

Erhält man auf die Frage: »Wer war Theodor Heuss?« die Antwort »Ein Mann«, so ist diese unbefriedigende Antwort auf die unpräzise Fragestellung zurückzuführen.

Bei Auswahlantworten soll das Fragefeld so gestaltet werden, dass nicht bei jeder Antwort ein bestimmtes Wort wiederholt werden muss. Am einfachsten geschieht dies durch eine direkte Frage oder einen Lückensatz im Fragefeld.

c) Das Anweisungsfeld

Bei jeder Frage muss eindeutig klar sein, was verlangt wird: Soll der Bearbeiter eine oder mehrere Antworten ankreuzen? Wie viele Einzelfakten werden erwartet? Wie ausführlich muss die Antwort sein? Wo wird die Antwort hingeschrieben? Ist für die Lösung eine bestimmte verbindliche Form vorgeschrieben?

Bei vielen Aufgaben ist dies so offensichtlich, dass ausdrückliche Hinweise überflüssig sind. Allerdings sollte man seine Befragten nicht überschätzen; vor allem bei Befragungsunerfahrenen und bei komplexeren Aufgaben sollten Bearbeitungshinweise nicht fehlen.

Das Anweisungsfeld lässt man gerne weg, da dadurch die Aufgabe kürzer wird. Hat man nur einen oder wenige verschiedene Aufgabentypen, kann man die Bearbeitungstechnik zunächst an Übungsaufgaben (an der Tafel oder auf dem Deckblatt des Tests) trainieren und dann in der Einzelaufgabe darauf verzichten. Gekaufte Tests beginnen in der Regel mit Beispielaufgaben, an denen die Antworttechnik geübt wird.

d) Das Antwortfeld

Im Extremfall besteht das Antwortfeld aus einer freien Fläche, in welche die Antwort eingetragen wird, oder aus einer Antwortsammlung, die anzukreuzen ist. Die Gestaltung des Antwortfeldes hängt von der Intention der Fragestellung ab; die Schwierigkeit der Aufgabe kann durch das Antwortfeld bestimmt werden. Dabei ist wieder zu beachten, dass tatsächlich nur die erwünschte Information die Antwort bestimmt und nicht etwa die Schreibgeschwindigkeit o. Ä.

Praxishinweis

Strukturierungshilfen für das Antwortfeld sind bei halboffenen Aufgaben die Linien, auf die die Antwort einzutragen ist. Anzahl und Länge der Linien signalisieren den erwarteten Umfang der Antwort. Probieren Sie aus, ob Sie die Antwort selbst auf die Linien schreiben könnten: oft (besonders wenn der Fragebogen verkleinert wird) erlebt man eine Überraschung!

Bei geschlossenen Fragen/Aufgaben ist durch die Antwortvorgabe das Antwortfeld relativ umfangreich. Es muss darauf geachtet werden, dass es trotzdem übersichtlich bleibt und genügend Raum für die Bearbeitung gegeben ist. Zumeist ist es besser, wenn die Antworten nicht neben-, sondern untereinander stehen.

Bei der Auswertung wird das Antwortfeld kontrolliert und in einen Auswertungsbogen oder eine Computerdatei übertragen. Diese mühsame und fehleranfällige Arbeit kann man sich erleichtern, wenn man bereits bei der Abfassung des Fragebogens durch Layout und Platzierung eine Form wählt, bei der dies leicht möglich ist, beispielsweise mittels Durchnummerieren am Rand.

Bei Testaufgaben wird bei der Formulierung des Antwortfeldes zugleich festgehalten, was als Lösung akzeptiert wird. Eine Testaufgabe ist erst vollständig, wenn sie auch eine eindeutige Vorschrift für die Auswertung enthält. Auf den Ermessensspielraum und die daraus entspringende Problematik bei halboffenen Fragen wurde bereits hingewiesen. Aber auch bei Auswahlantworten kann es Probleme geben, wenn mehr als eine Antwort angekreuzt werden soll: Wer statt drei richtiger Antworten nur zwei richtige und eine falsche angekreuzt hat, wie wird dessen Leistung bewertet? Es ist wichtig, gleichzeitig mit der Aufgabenkonstruktion die Lösungen zu definieren, da man sonst bei der Auswertung in Schwierigkeiten gerät.

10.3.4 Was Sie tun und lassen sollten!

Übungsaufgabe 57

Im Folgenden finden Sie in der linken Spalte Fragebogenfragen (von 1 bis 7). Alle Fragen haben einen Fehler.
In der rechten Spalte finden Sie Hinweise für die Gestaltung von Fragen (von a bis g).
Ordnen Sie zu: Welcher Hinweis trifft welche fehlerhafte Frage? Tragen Sie im nachfolgenden Feld jeweils den Buchstaben des passenden Gestaltungshinweises ein!

Fragebogenfragen mit Fehlern:

1. Der Kursleiter war inhaltlich kompetent.
2. Das Gelernte kann ich in meiner Praxis anwenden.
3. Dieser Kurs war zu theoretisch.
4. Sie haben im Rahmen unseres Lehrganges an den Veranstaltungen von Herrn A, Frau B, und Frau C teilgenommen. Wie beurteilen Sie den Inhalt der Veranstaltungen und die didaktische Kompetenz unserer DozentInnen?
   (1 = sehr gut; 5 = mangelhaft)
5. Ich hatte keine Schwierigkeiten mit dem Stoff.
6. Würden Sie, wenn es in einem Ort, der mindestens 10 km von Ihrem Wohnort entfernt ist, ein Bildungsangebot, für das Sie sich interessieren, gäbe, an diesem Kurs/Seminar/Vortrag (unterstreichen Sie bitte das für Sie ganz persönlich Zutreffende!) auch dann teilnehmen, wenn
   (a) der Preis für die Veranstaltung einerseits relativ hoch ist und Sie andererseits
   (b) das Geld momentan eigentlich nicht übrig haben?
7. Der Kurs hat mich verunsichert.

Hinweise zur Gestaltung von Fragen:

a) Vermeiden Sie schwierige Satzkonstruktionen! Wenn die Befragten erst ins Grübeln kommen, was mit der Frage wohl gemeint sein könnte, wird es um Gültigkeit und Zuverlässigkeit der Antworten schlecht bestellt sein.
b) Fragen Sie nie nach mehreren Dingen zugleich in einer einzigen Frage. Niemand wird wissen, worauf er eigentlich antworten soll, und Sie werden mit den Antworten nichts Vernünftiges anfangen können.
c) Denken Sie an den Kenntnisstand der Menschen, die Sie befragen wollen! Können die Befragten überhaupt sinnvolle, gültige und zuverlässige Antworten auf Ihre Fragen geben?
d) Stellen Sie Fragen nicht in Verneinungsform; stimmt man nicht zu, gibt das eine irritierende doppelte Verneinung.
e) Beschreibt die Frage etwas, was durch die didaktische Maßnahme überhaupt beeinflussbar ist?
f) Prüfen Sie, ob durch die Frage Kausalitäten nahegelegt werden, die so gar nicht bestehen.
g) Überlegen Sie vorher, in welche Richtung (positiv/negativ) Sie eine Antwort interpretieren.

Frage 1 müsste den Hinweis ..... berücksichtigen.
Frage 2 müsste den Hinweis ..... berücksichtigen.
Frage 3 müsste den Hinweis ..... berücksichtigen.
Frage 4 müsste den Hinweis ..... berücksichtigen.
Frage 5 müsste den Hinweis ..... berücksichtigen.
Frage 6 müsste den Hinweis ..... berücksichtigen.
Frage 7 müsste den Hinweis ..... berücksichtigen.

Übungsaufgabe 58

Können Sie in Aufgabe 57 die vier Felder der Fragen-Feinstruktur identifizieren?

Gleichgültig, wie sorgfältig Fragebogen formuliert werden: Wenn andere die Aufgaben kritisch durchsehen, merkt man plötzlich die eigene Betriebsblindheit. Prüfen Sie folgende zunächst einleuchtenden Fragen:

1. Mit Folien und anderen Medien veranschaulichte der Referent die Inhalte.
2. Der Kurs erinnerte mich an die Schule.
3. Die Unterlagen waren vollständig und umfangreich.
4. Dieser Kurs hat meine Erwartungen erfüllt.
5. Das Klima war unpersönlich und kühl.

Überlegen Sie einen Moment, was an jeder dieser Fragen falsch ist, bevor Sie weiterlesen!

> *Zu Frage 1: Wie antwortet man, wenn 24 Folien in drei Minuten nervöses Augenflackern auslösen? (Übrigens: Dies war ein Vorläufer zur jetzigen Frage 2 im Kursbeurteilungsbogen. In Kapitel 2.2 können Sie nachsehen, was daraus wurde.)*
>
> *Zu Frage 2: Ist im Kopf des Fragekonstrukteurs wohl negativ, aber wie sieht es der Befragte?*
>
> *Zu Frage 3: »Nein« wird wohl als »fauler Kursleiter« interpretiert. Aber gibt es nicht auch Seminare, die didaktisch wohlbegründet ohne Unterlagen auskommen?*
>
> *Zu Frage 4: Wie antwortet jemand, dessen Erwartungen übertroffen wurden?*
>
> *Zu Frage 5: »Nein« soll wohl das Positive sein (persönlich und herzlich). Aber zur gleichen Antwort führt auch ein persönlich-beleidigendes und giftig-hitziges Klima! (Ebenfalls eine im Kursbeurteilungsbogen ausgeschiedenes Item – ersetzt durch Frage 24).*

Praxishinweis

Deshalb: Besprechen Sie Ihre Formulierungen mit Freunden, Bekannten, mit wem auch immer. Vier Augen sehen mehr als zwei – mehr als doppelt so viel, wenn es um die Formulierung von Fragen für einen Fragebogen geht. Und wenn Sie glauben, dass Sie nun fertig sind und alles Notwendige bedacht haben: Lassen Sie den Fragebogen probeweise von ein paar »Versuchspersonen« ausfüllen. Dies ist unerlässlich. Ich kann mich an keine Befragung erinnern, in der eine solche Vorerprobung nicht noch zu wichtigen Ergänzungen und Verbesserungen geführt hätte. Der Kursbeurteilungsbogen (KBB) hat aus diesen Gründen inzwischen die Version 8 erreicht!

10.4 Wie gestaltet man einen Fragebogen?

Die Antworten der Befragten werden nicht allein durch die Formulierung der Fragen, sondern auch durch die Art der Präsentation beeinflusst. Einen Fragebogen auszufüllen macht Mühe und kostet Zeit. Je weniger den Befragten davon zugemutet wird, desto ernsthafter werden sie sich mit der Einzelfrage beschäftigen.

Praxishinweis

In vielen Fällen ist es vorteilhaft, die Frage- / Aufgabentypen zu mischen. Manche Informationen lassen sich durch einfaches Ankreuzen angemessen erheben, bei anderen trifft die Rating-Form am besten, manchmal ist eine gepunktete Linie das Geeignete. Auf den vorausgegangenen Seiten wurden so viele verschiedene Aufgabentypen gezeigt, dass Sie bei Bedarf nachschlagen und die angemessenste Form auswählen können. Beachten Sie dabei aber zwei Dinge:

a) Sind die Frageformen sehr unterschiedlich, dann muss sich der Bearbeiter immer wieder auf eine andere Frage- / Antworttechnik einstellen. Dies kann verwirren. Insbesondere wenn man viele Fragen stellt, bleibt man deshalb gerne bei einer Frageform. Deshalb sind beispielsweise beim KBB alle Fragen gleich, obwohl manche Inhalte zunächst anders besser erfragbar waren und die Umformulierung viel Mühe machte.
b) Mischen Sie nicht Fragen, bei denen das Gute in der Mitte steht (Der Kurs war zu lang – gerade richtig – zu kurz) mit Fragen, in denen es an einem der Pole platziert ist (Das Klima war angenehm – unangenehm). Man gerät bei der Auswertung und insbesondere bei der Darstellung leicht ins Schwimmen.

Beim Entwurf des Fragebogens ertappt man sich immer wieder bei dem Gedanken: »Das und das und das wäre eigentlich auch noch interessant.« Geben Sie diesen Gedanken nicht nach – nicht immer! Konzentrieren Sie sich auf Ihre Fragestellung, denken Sie an das Gütekriterium der Ökonomie. Das kommt nicht nur dem Befragungsinstrument, es kommt auch der Antwortbereitschaft der Befragten entgegen.

Achten Sie bei der Vorerprobung auch darauf, wie lange Ihre »Versuchspersonen« für das Ausfüllen des Fragebogens brauchen. Ich lasse bei der Vorerprobung immer die Anfangs- und die Endzeit auf den Bogen schreiben.

Die Abfolge der Fragen sollte für die Befragten plausibel sein. In der Methodenlehre gilt die Regel: Wichtiger als eine logisch richtige Reihung der Fragen ist eine psychologisch richtige Abfolge.

Zur Übersichtlichkeit des Fragebogens gehört auch eine grafisch ansprechenden Gestaltung. In einer unserer Befragungen junger Erwachsener hat es sich als sinnvoll erwiesen, den Fragebogen lieber zwei Seiten länger werden zu lassen als zu viele Fragen auf wenigen Seiten zusammenzudrängen.

Großzügigkeit in der Gestaltung ist besonders dann wichtig, wenn der Fragebogen auch offene Fragen enthält. Es ist ärgerlich für die Befragten, wenn sie um persönlich formulierte Antworten gebeten werden und dann nur drei Zeilen mit 0,5 cm Abstand dafür angeboten bekommen.

10.5 Die Weiterverarbeitung der ausgefüllten Fragebogen

Praxishinweis

Als Erstes werden die Fragebogen mit einer fortlaufenden Kennnummer versehen, abgelocht und entsprechend der Kennnummer sortiert in einem Aktenordner abgelegt. Mit Trennblättern macht man die Ablage übersichtlich; zu jedem Fragebogensatz wird aufgeschrieben, wann, wo und von wem er durchgeführt bzw. ausgefüllt wurde. Unterschätzen Sie diese banalen Handwerkstätigkeiten nicht! Wenn Sie mit der Auswertung und Interpretation zu kämpfen haben, ist ein dauerndes Suchen, Sortieren und Durcheinanderfallen unnötig nervend.

Bei wenigen und kurzen Befragungen kann man ein gutes Stück der Auswertung in einem leeren Fragebogen machen. Strichlisten und Tabellen lassen sich ebenfalls von Hand anlegen. Bei größeren Befragungen kommt man um den Computer als Hilfsmittel nicht herum. Statistikprogramme wie SPSS oder Tabellenkalkulationsprogramme können eine Hilfe sein. Leider kann an dieser Stelle nicht darauf eingegangen werden – die Hard- und Softwareentwicklung ist zu unterschiedlich und zu schnell. Hier müssen Sie also, wenn Sie das selbst nicht können, auf die Hilfe von Spezialisten zurückgreifen.

Codierung

Wenn Sie die Fragebogen/Tests in Dateien abspeichern wollen, müssen Sie erst in einer Codierungsliste festlegen, wie sie die Daten codieren. Sie müssen die Antworten der Befragten in die Zahlensprache des Computers übersetzten: Aus »weiblich« wird eine 1, aus »männlich« eine 2; aus »sehr oft« wird 1, aus »nie« wird 5 – usw. Dies ist die »Codierung« oder »Verschlüsselung« der Antworten.

Übertragen Sie auch die Kennnummern Ihrer Fragebogen in Ihre Datei. Wie sorgfältig Sie auch immer beim Codieren sind – Fehler sind unvermeidlich. Wenn Sie den ersten Computerausdruck in Ihren Händen haben, werden Sie feststellen: Es gibt Befragte, die weder weiblich (1) noch männlich (2) sind, sondern 11 oder 22 oder 3. Offenbar ist der Finger beim Eintippen der Daten ausgerutscht. Sie müssen nun in den Originalbogen kontrollieren, was in Wirklichkeit geantwortet wurde. Dazu brauchen Sie die Kennnummer sowohl auf dem Fragebogen als auch in der Datei. Die Kennnummer vermeidet außerdem, dass versehentlich einen Fragebogen zweimal in die Datei eingetragen wird.

Vertraulichkeit/Datenschutz

Nachdem die Antworten in die Datei eingetragen und die Fehler beseitigt sind, lagern Sie die Aktenordner mit den Originaldaten an einem sicheren Platz. Niemand außer Ihnen soll die Chance haben, den Rückweg von den Daten zu den Personen zu finden. Befragungen setzen ein Vertrauensverhältnis voraus. Sie vertrauen auf die Aufrichtigkeit der Befragten, und die Befragten vertrauen auf Ihre Diskretion.

10.6 Schlussüberlegung

Da die Qualität einer Antwort von der Qualität der Frage abhängt, ist die Formulierung der einzelnen Frage/Aufgabe von großer Bedeutung. Deshalb müssen Inhalt, Formulierung und Darbietungsform der Testaufgabe klar, eindeutig, unmissverständlich und übersichtlich sein.

Es trifft sicherlich zu, die Konstruktion von Befragungsinstrumenten als hochkomplex-professionelle Spezialistentätigkeit zu sehen. Aber genauso trifft zu: Solche Instrumente wurden zu Tausenden von Laien zu allen möglichen Zwecken hergestellt – manchmal mit mehr, manchmal mit weniger Erfolg. Absicht dieses Kapitels war, Sie auf eine Zwischenebene zu bringen: mutig solche Instrumente zu entwerfen und dabei wachsend den Standard zu verbessern. Und das Ganze auch noch mit dem Appetit, der kommt, wenn man merkt, dass die Kochkünste von mal zu mal besser werden! Auch wenn Profis manches besser (und teurer!) machen würden: Sie sind vor Ort in Ihrer Evaluationsaufgabe oft der Einzige, der überhaupt zur Verfügung steht. Und wenn Sie sich in Ihrer Evaluationsarbeit nicht auf ein einziges Instrument verlassen, sondern methodisch erhobene Daten mit verschiedenen Instrumenten gewinnen, deren Messqualität Sie kritisch beurteilen, dann wird Ihre Evaluation mit Sicherheit zum Verstehen und Gestalten Ihres Feldes beitragen.

Selbstzweifel sind dabei normal – das berichten auch *Heiner/Beywl/Spreyermann* aus einem Qualifizierungsprojekt für Evaluatoren: »... artikulierten die TeilnehmerInnen oftmals Zweifel, ob das vermittelte Handwerkszeug ausreichen würde ... Die ... Untersuchungen zeigen jedoch, daß die TeilnehmerInnen durchaus in der Lage sind, das Gelernte so umzusetzen, daß Betroffene und Beteiligte die Untersuchungen als Basis für Qualitätsentwicklung nutzen können« (*Heiner/Beywl/Spreyermann* 1999, S. 28). Diese Erkenntnis mag trösten, wenn auch Sie Zweifel plagen. In diesem Kapitel hat dieses Zitat jedoch noch eine zweite Funktion: Erkennen Sie, welche Datenquelle – einerseits Befragung der TeilnehmerInnen, andererseits Beobachtung der Umsetzung – das Ergebnis der Qualifizierung besser wiedergibt? Dies ist ein schönes Beispiel für die Warnung in 10.2.1, Befragungsergebnisse immer als subjektive Meinungsaussage aus dem Deutungshintergrund der Befragten zu sehen und sie nicht vorschnell als Beschreibung einer Tatsache zu deklarieren. Diese Sicht von Befragungen wird auch im nächsten Kapitel eine grundlegende Rolle spielen.

»Nach diesem Kapitel sollen Sie in der Lage sein, Fragebogen und Testaufgaben zu formulieren« – dieses Ziel stand am Anfang dieses Kapitels. Vielleicht ist das ein wenig hoch gegriffen. Aber »bessere Fragebogen und Testaufgaben zu formulieren« – das müsste auf jeden Fall erreicht sein. Stimmen Sie zu?

11. Qualitative Daten – Vom Umgang mit vielen Worten

11.1 Ist »Mittelwert = 1,2« dasselbe wie »Das war mein bestes Seminar«?

Quantitative Daten sind Zahlen, qualitative Daten entstehen aus Wörtern. Aus quantitativen Daten lassen sich durch mathematische Operationen Mittelwerte, Streuungen, Korrelationen berechnen; aus tausend Messzahlen lässt sich ein Durchschnitt errechnen; damit lassen sich eine Vielzahl von Einzeldaten bequem und handlich zusammenfassen: Das Durchschnittsalter der Besucher einer Volkshochschule lässt sich mit einer einzigen Zahl ausdrücken, die Verteilung auf verschiedene Altersgruppen mit einer Grafik darstellen.

Manche Worte lassen sich auch leicht in Zahlen übersetzen: Die Worte »männlich« und »weiblich« lassen sich leicht als »1« oder »2« codieren und im Computer verrechnen. Zwar macht hier eine Durchschnittsberechnung wenig Sinn, aber man kann Prozente errechnen.

Auch die Worte »Arbeiter – Angestellter – Beamter – Hausfrau – arbeitslos – Rentner« lassen sich leicht mit den Zahlen 1 bis 6 darstellen; auch hier stellt es kein Problem dar, wenn man einige hundert Befragte zusammenfassen soll. Auf sinnlose Zahlenoperationen, wie Durchschnittswerte zu berechnen oder zu meinen, dass »2« doppelt so viel wie »1« sei, kommt bei solchen Daten ohnehin kein vernünftiger Auswerter.

Manchmal ist es leicht, Worte in Zahlen zu übersetzen und auf diese Weise umfangreiche Datenmengen kurz und handlich quantitativ zusammenzufassen. In Befragungen – Fragebogen und Interviews – werden die Fragen oft durch Vorgabe und Ankreuzen von Antworten so formuliert, dass in der Auswertung nur noch Häufigkeiten aufaddiert werden müssen. Bei Beobachtungsverfahren werden den Beobachtern Beobachtungsraster oder Checklisten vorgelegt, die komplexe qualitative Dimensionen in abzählbare Einzelbeobachtungen zerlegen (Freundlichkeit = x-mal Lächeln, y-mal »bitte«, z-mal Nicken). Dies macht die Auswertung ökonomisch und objektiv (im Sinne von »Auswertungsobjektivität« – siehe Kapitel 8). Deshalb bietet sich besonders bei umfangreichen Befragungen das quantitative Vorgehen an.

Diese ökonomische und objektive Auswertung quantitativer Daten bezahlt man allerdings mindestens dreifach:

- Zum einen muss man viel Überlegung, Planung und Erprobung in die Konstruktion solcher Verfahren investieren, damit sie wirklich unzweideutig und umfassend das erbringen, was man wissen will. Was hinterher durch eine schnelle Auswertung gespart wird, muss vorher durch eine sorgfältig-aufwändige Instrumentenkonstruktion bezahlt werden.

- Zum Zweiten erhalten Sie bei diesem Vorgehen zwar Antworten auf Ihre Fragen, aber wenn Sie eine Frage nicht im Voraus erahnen, entgeht Ihnen möglicherweise ein wichtiger Bereich. Auch darauf wurde bei der Diskussion um Befragung bereits hingewiesen.
- Und zum Dritten bleibt die Frage, ob man mit dieser quantifizierenden Methode überhaupt das erfassen kann, was man erfassen möchte. Zum Beispiel: In einen Fragebogen wird mit einer Serie von Fragen abgefragt, ob ein Seminar gut war. Der Befragte A erteilt im Durchschnitt dieser Frage (Skala 1–5) die Beurteilung »1,2«. Gleichzeitig kommentiert er beim Abgeben: »Dieses war das beste Seminar, das ich jemals besucht habe!« Wir haben damit zum gleichen Sachverhalt eine quantitative Aussage (»1,2«) und eine qualitative Aussage. Fühlen Sie selbst einmal nach, ob diese beiden Aussagen das Gleiche sind: Bei der wörtlichen Aussage hört man deutlich Qualitäten heraus – »mir geht's gut«, »danke für das Seminar«, »endlich weiß ich wo es lang geht!«, Stolz, Begeisterung. Bei »1,2« schwingt das nicht mit. Oder mit einem ganz anderen Beispiel: Der Wetterbericht verspricht im März »frühlingshafte Temperaturen« bzw. »14 bis 16 Grad«. Was spüren Sie bei den Worten, was bei den Zahlen? Merken Sie den qualitativen Unterschied zwischen Worten und Zahlen?

Dass Worte ausgewertet werden bedeutet nicht automatisch, dass man eine qualitative Untersuchung durchführt. Wenn die Untersuchungsabsicht darin besteht, Quantitäten zu beschreiben, dann haben wir es mit einer quantitativen Untersuchung zu tun – auch wenn die Worte eine Qualität beschreiben (»Die Qualität dieses Programms ist hoch – mittel – niedrig«). Wenn nach Quantitäten gefragt wird (Wie viele? Welcher Prozentsatz? Mehr? Weniger? Wo besonders stark? Wann eher schwach?) dann geht es darum, Dinge auf einer Skala zu lokalisieren und anzuordnen. Das ist quantitative Forschung. Wenn man bei der Aussage »Dieses war das beste Seminar, das ich jemals besucht habe!« gleich nachfragt: »Und was war das Zweitbeste? Und das Drittbeste?«, dann denkt man ebenfalls auf einer Skala quantitativ. Wer die »frühlingshaften Temperaturen« auf einer Skala vergleicht mit »vorfrühlingshaften, nachfrühlingshaften, vorsommerlichen Temperaturen«, der denkt quantitativ, und dem entgeht vielleicht das Wichtigste: wie der/die WetteransagerIn lächelt, dass seine Krawatte bzw. ihr Kleid ein Stück fröhlicher ist, dass die Luft anders riecht, und dass wir plötzlich ein ganz anderes Gefühl im Bauch haben. Das wären qualitative Beschreibungen. Qualitative Forschung fragt nach anderem als quantitative.

Und qualitative Forschung fragt anders: *Hopf/Weingarten*, die 1979 eine heute noch lesenswerte **Sammlung grundlegender Texte** zur qualitativen Sozialforschung herausgegeben haben, charakterisieren so: »Entscheidendes Merkmal qualitativer Forschung ist ..., daß die vorhandenen Erwartungen und theoretischen Überzeugungen nach Möglichkeit offenen Charakter haben sollen. Sie sollen – idealiter – in einem steten Austauschprozeß zwischen qualitativ erhobenem Material und zunächst noch wenig bestimmtem theoretischen Vorverständnis präzisiert, modifiziert und revidiert werden« (1979, S.15). »Offenheit« der Verfahren, der Vorannahmen, der Fragen und der Forscher wird als Grundcharakteristikum qualitativer Forschung genannt: »Entscheidend ... ist ..., daß die Annäherung an die soziale Realität mit Hilfe offener Verfahren erfolgt« (*Hopf/Weingarten* 1979, S.14). Dies soll im Folgenden an einem Beispiel illustriert werden.

11.2 Von den Transportqualitäten von Sprache

Sammelt man Aussagen zu Themen, die Menschen bewegen, in Form von schriftlichen oder mündlichen Aussagen und Erzählungen, dann erhält man zumeist einen farbigen, vielfältigen, unvorhersehbaren Einblick in Lebenszusammenhänge. Die wörtliche Rede transportiert Informationen, die bei Verkürzung in Ankreuz-Abfragen oder »Wort auf Linie schreiben« nicht mehr enthalten sind (zu Hintergrundtheorien qualitativer Inhaltsanalyse s. *Mayring* 1997, S. 24–41).

Beispiel

Bei der Evaluation des Zeitungskollegs (s. Kapitel 6.3 bzw. *Reischmann* 1988, S. 192f.) wurden die Leser dieses Bildungsangebotes gefragt, zu welchem Teil sie das Material gelesen hatten. Diese Frage wurde geschlossen in Ankreuz-Form angeboten. Es ergab sich:

Zwei bis drei Monate nach Erhalt des Materials hatten

- 36 % alles/den größten Teil gelesen,
- 54 % einen kleinen Teil oder bis zur Hälfte gelesen,
- 11 % nichts gelesen.

Dies ist eine eindeutig quantitative Feststellung. Um den Fragebogen ökonomisch kurz zu halten, aber auch weil zum Zeitpunkt der Fragebogenentwicklung noch nicht klar war, was genau man mit diesem Ergebnis anfangen wollte, wurde nicht weiter gefragt. Nach Auswertung der Fragebögen stellte sich aber die Frage, was denn das Selektiv- bzw. Nicht-Lesen bedeutet. Sind dies enttäuschte Leser, und signalisiert dies, dass das Leseangebot schlecht war? Diese Frage war, da vorher nicht bedacht, nicht zu beantworten. Allerdings war am Ende des Fragebogens ganz allgemein noch um Stellungnahme und Kommentare gefragt worden. Von knapp 800 Befragten hatten etwa 300 dies getan – von einem Satz bis zu einer Seite. Eine Menge an wörtlichen Aussagen lag damit vor. Diese Aussagen wurden daraufhin durchgesehen, ob sie Aussagen zur Selektiv- oder Nicht-Nutzung enthielten. Dabei fanden sich folgende Aussagen:

1. *»Die Textsammlung habe ich mir für ruhigere Zeiten besorgt.«*
2. *»Ich habe mir das Zeitungskolleg ›Drogen‹ für meine Arbeit ab dem nächsten Schuljahr bestellt.«*
3. *»Ich habe aber in der Textsammlung eine Unterlage, auf die ich immer zurückgreifen kann.«*
4. *»... habe mir bei der Bestellung eine gesammelte Textausgabe Ihrer Zeitungsartikel vorgestellt. Auf so umfangreiches Begleitmaterial war ich nicht gefasst. Habe mich daher auch noch sehr wenig damit beschäftigt.«*
5. *»Man kann im Prinzip an beliebiger Stelle einzelne besonders interessante Aufsätze herauspicken und letztlich nach und nach alles durcharbeiten. Ein durchgängiges Lehrbuch, eine Intensivschulung vielleicht, wäre hier angebrachter. In der hier vorliegenden Form wird aber auch das Interesse, bzw. die Lust am Schmökern stärker angesprochen und somit werden leichter und wahrscheinlich auch unbewusst ganz neue Kenntnisse aufgenommen.«*
6. *»Insbesondere Textsammlung und Studienführer sind sehr gut gemacht. Sie regen sowohl zum Schmökern wie auch zur wissenschaftlichen Auseinandersetzung an. Trotz qualifiziertem wissenschaftlichem Niveau wird eine zu prätentiöse Wissenschaftlichkeit vermieden; dadurch gute Verwendbarkeit in Kursen.«*
7. *»Die Zeitungsartikel las ich samstags morgens am Frühstückstisch, dann irgendwann abends im Bett einen Text aus der Textsammlung, je nach Lust und Laune ...«*

8. *»Bisher habe ich mit viel Freude in der Textsammlung ›herumgelesen‹.«*

Die ersten vier Aussagen informieren über Verwendungsintentionen, die durchaus plausibel die Nicht-Nutzung begründen, die zweiten vier illustrieren eine Selektivnutzung, die von den Lesern beabsichtigt ist und nichts mit Enttäuschung oder schlechtem Angebot zu tun haben. Sie sind ein Hinweis auf eine Nutzungsqualität (nicht: -quantität), an die zu Projektbeginn nicht gedacht wurde. Damit führte die qualitative Analyse zu einer Neuentdeckung: Vorher war Nicht-Nutzen und Selektiv-Nutzen als Misserfolg oder Versagen interpretiert worden; diese Aussagen öffneten die Augen für eine veränderte Wahrnehmung: Selektiv-Nutzung als gezielte und gewollte Auswahl, als ein selbstbewusstes Umgehen der Nutzer mit einem Angebot. Hinterher kann man natürlich immer sagen, das hätte man vorher ahnen und abfragen können – die Realität von Evaluationsuntersuchungen ist anders: im Laufe von Evaluationsuntersuchungen beginnt man, seinen Untersuchungsgegenstand von neuen Seiten zu sehen.

Vorteile

In einer solch neuen Sicht liegt ein erster Vorteil von offenen Wort-für-Wort-Antworten und der qualitativen Auswertung: Man bekommt von den Befragten Perspektiven, Deutungs- und Sinnzusammenhänge geliefert, die man selbst nicht oder in dieser Vielfalt nicht hatte.

Ein zweiter Vorteil lässt sich an diesen Antworten erkennen: Sie liefern auch Farbe und Emotion. »Lust am Schmökern – regen zum Schmökern an – je nach Lust und Laune – mit viel Freude herumgelesen«, man spürt in diesen Worten Qualitäten, die Durchschnittszahlen / quantitativen Aussagen fehlen.

Probleme

Dieses Beispiel zeigt allerdings auch die Probleme und Schwierigkeiten der Auswertung solcher sprachlichen Äußerungen:

- Lediglich vier bzw. acht Personen machen Aussagen zu diesem Sachverhalt. Was ist mit den anderen?
- Der Auswerter steckt immer ein Stück seiner Interpretation in die Auswahl und Bewertung der Sätze. Wie steht es da mit der »Unabhängigkeit vom auslegenden Subjekt« = Gütekriterium Objektivität?
- Wie vermeidet man, dass man in Worten ertrinkt bzw. wie reduziert man umfangreiches wörtliches Datenmaterial auf handhabbare Dimensionen?

Die erste Frage wird im Folgenden bearbeitet, die beiden anderen in 11.4 und 11.5, wo es um die technische Abwicklung qualitativer Datenanalyse geht.

11.3 Qualitative Verfahren beweisen nicht – sie erleuchten

Mit qualitativen Studien versucht man ein vertieftes Verständnis über Situationen und die Bedeutungen, welche die Beteiligten damit verbinden, zu erlangen. »The interest is in process rather than outcomes, in context rather than a specific variable, in discovery rather than confirmation« (*Merriam* 1988, S. XII).

Bei qualitativer Forschung und Evaluation steht die einfühlende Beschreibung, die verstehende Deskription, im Vordergrund mit dem Versuch, die Bedeutung von Dingen in ihrem jeweiligen **Kontext** zu erfassen und zu verstehen. »Wie ist es, was bedeutet das, und warum ist es so?« sind die zentralen Fragen dieser Forschungsstrategie. Es geht weniger darum, Hypothesen zu bestätigen oder zu verwerfen, sondern Zusammenhänge zu entdecken. Es werden auch kaum Variablen experimentell manipuliert, man sucht den natürlichen Kontext. Ziel ist als Endprodukt eine »**rich, thick description**« (*Merriam* 1988, S. 11), eine Beschreibung, die das untersuchte Phänomen in seiner komplexen Einbettung verstehbar macht.

Gerade für die Evaluation in der Erwachsenenbildung bietet das qualitative Vorgehen eine Reihe von Vorteilen: Indem die Beteiligten in wörtlichen Aussagen schriftlich oder mündlich ihre Perspektive darstellen, erhält man die kontextorientierte Selbstinterpretation der Betroffenen. Der Evaluator lässt sich von den Aussagen der Betroffenen leiten, er greift nicht mit einer experimentellen Variablenkontrolle in die Situation ein. Die Beteiligten sind nicht Untersuchungsobjekte, sondern werden als Subjekte wahr- und ernstgenommen. Teilnehmerorientierung, Lebensweltbezug und Deutungsmusteransatz als andragogische Theorien liegen hier nahe.

Da bei Evaluationsuntersuchungen in der Regel keine allzu großen Personenzahlen befragt werden, wiegt das Argument der ökonomischen Auswertung, welches für quantitative Verfahren spricht, nicht so schwer. Und da Evaluation nicht generalisieren, sondern den einzelnen konkreten Fall bewerten will, kommt der Kontextbezug und der Einzelfallbezug qualitativer Untersuchungen den Evaluationsabsichten entgegen.

11.4 Worte als Datenbasis vorbereiten

Wörtliche Ausführungen kann man durch verschiedene Verfahren als Datenbasis gewinnen: durch Interviews und offene Fragen in Fragebögen, aus Dokumenten wie Tagebüchern, Briefen, Protokollen, Zeitungsausschnitten, als Tonbandmitschnitte, aus Büchern und Zeitschriften. Manche dieser Daten provoziert der Evaluator selbst, andere findet man vor.

Fast immer steht man vor einer erheblichen Textmenge, sei es in Form von beschriebenem oder bedrucktem Papier oder von bespielten Tonbändern. Und man fragt sich, wie man diese Textmenge am besten zur Analyse aufbereitet.

Die Verführung ist jetzt groß, sich aus Arbeitsgründen vor dem kompletten Abschreiben (Transkribieren) der Texte zu drücken. Etwa:

- Man versucht, alles im Kopf zu behalten und zu sortieren und direkt in den Bericht hineinzuformulieren.
- Man kopiert Fragebögen, Protokolle ... und streicht mit Markierstift in verschiedenen Farben an.
- Man zerschneidet solche Kopien und sortiert die Schnipsel.
- Hafties (evtl. mit kurzen Anmerkungen) werden an den entsprechenden Stellen in die Texte geklebt.
- Transparentfolien werden mit Zeilennummern versehen und über Bücher, Manuskripte, Dokumente gelegt und damit Wichtiges (Seite, Zeile) lokalisiert.
- Man hört Tonbänder ab und schreibt das Wichtigste heraus bzw. fasst in eigenen Worten zusammen.
- Man legt anhand des Tonband-Zählwerks ein Inhaltsverzeichnis an und kann damit schnell wörtliche Aussagen finden, wenn man sie abschreiben möchte.

Sicherlich ist das eine oder andere Verfahren manchmal ausreichend. Trotzdem sei vor diesen scheinbar arbeitssparenden Hilfsverfahren gewarnt! Selten reichen sie über eine erste Grobanalyse hinaus – und dann resigniert man entweder und verschenkt vorhandene Informationen, oder man muss dann doch noch alles transkribieren.

Praxishinweis

Stellen Sie sich darauf ein, dass am Anfang Ihrer Auswertung qualitativer Daten zunächst eine erhebliche Schreibarbeit auf Sie zukommt!

Natürlich gibt es auch Grenzen: 500 Seiten Protokolle kann man nicht abschreiben; hier muss man dann mit Inhaltsverzeichnissen, Transparentfolien, Auszügen etc. arbeiten. Aber bei Evaluationsprojekten wäre dies eine ungewöhnliche Dimension.

Für das Transkribieren von Texten müssen Sie über einen Computer und Textverarbeitung verfügen. Korrektur-, Bearbeitungs- und Formatierungsmöglichkeiten machen dies unumgänglich.

Spätestens beim Schreiben in die Textverarbeitung werden die Daten **anonymisiert**. Originalfragebogen erhalten eine Kennziffer, bei Tonbandprotokollen werden die Kennziffern in einem Inhaltsverzeichnis festgehalten. Auf der Textdatei im Computer tauchen als Textkopf nur noch die Kennziffer sowie evtl. notwendige Beschreibungsmerkmale auf (Geschlecht, Alter …). Die Originaldaten kommen unter Verschluss, so dass kein Außenstehender mehr den Weg von den Texten zu den Befragten zurückverfolgen kann. Die Anonymisierung setzt sich im Text fort. Namen werden durch Buchstaben und Funktionsbeschreibung ersetzt; »... sagte Herr X (Teilnehmer) zu Frau Y (Kursleiterin …)«, »… bei der Firma Z (Großhandel) …«. Dabei muss im Einzelfall entschieden werden, wie weit die Anonymisierung gehen muss.

Besonders beim Transkribieren von Tonbandaufnahmen taucht die Frage auf, wie wörtlich ein »wörtliches« Protokoll zu sein hat. Zwei Prinzipien gelten:

1. Das Protokoll muss leicht lesbar und verständlich sein.
2. Alle für den Evaluationszweck wichtige Informationen müssen erhalten bleiben.

Wenn Dialektsprache, »Ähs«, Versprecher oder Satzfehler Informationswert für die Auswertung haben, dann müssen sie erhalten bleiben; wenn sie unerheblich sind, dann können sprachliche Glättungen zur besseren Lesbarkeit vorgenommen werden.

Formatierung

Es empfiehlt sich, den Text reichlich durch Absätze zu untergliedern.

Die Transkripte werden auf eine Breite von ca. 50 Zeichen pro Zeile formatiert. Dies lässt rechts neben dem Text einen breiten Rand, auf dem die Bearbeitung erfolgen kann.

Die meisten Textverarbeitungsprogramme verfügen über die Funktion »Zeilen nummerieren«; diese sollte beim Ausdruck aktiviert werden.

Mit der Angabe der Personenkennziffer und der Zeilennummer können Aussagen leicht lokalisiert werden. Aber Achtung: Jetzt dürfen keine Textänderungen mehr vorgenommen werden, die die Zeilenzahl verändern. Bevor man mit dem Codieren beginnt, sollten die Texte deshalb endgültig korrekturgelesen sein.

Das Abschreiben und Korrekturlesen hat auch einen inhaltlichen Sinn: Je öfter man sich mit solchen Aussagen befasst, desto mehr beginnt man, die Texte von innen heraus zu verstehen. Wer seine Transkripte selbst tippt, der hat damit durchaus einen Vorteil. Die Ideen (oder auch nur Ideensplitter), die dabei kommen, halten Sie sofort fest, auch wenn sie noch unausgegoren, bruchstückhaft, voreingenommen oder banal erscheinen. Sie fangen jetzt an, einen Dialog mit den Texten zu führen: Sie befragen, bezweifeln, kommentieren, gliedern, sortieren die Texte. Sie stellen Regelmäßigkeiten, Erwartetes und Unerwartetes fest. Und damit hat der nächste Auswertungsschritt begonnen.

11.5 Kategorien bilden – deduktiv und induktiv

Um die zumeist umfangreiche Textmenge auf ein überschaubares Maß zu reduzieren, müssen Sie Kategorien bilden, die Ähnliches zusammenfassen. Dazu gibt es im Prinzip zwei verschiedene Zugänge:

1. Man hat sich bereits vor der Datenerhebung Fragen überlegt, auf die man Antworten haben möchte. Unter diesen Fragestellungen durchsucht man danach die Texte. Oder:
2. Man liest die Texte und entwickelt daraus Kategorien, unter denen man dann Informationen ordnet.

In der Evaluationspraxis kommt zumeist beides zum Tragen: Natürlich stellt man zunächst die Fragen, unter denen man die Datenerhebung durchgeführt hat. Hier geht man **deduktiv** vor: Zu vorgegebenen Fragen werden Antworten gesucht. Gleichzeitig lässt man sich von den Texten und Beobachtungen anmuten, von den Aussagen inhaltlich und emotional anrühren und versucht auf diesem induktiv-offenen Weg, in die Sicht der Befragten einzutauchen und ihre Perspektive zu gewinnen. Hier geht es nicht um Bestätigen oder Widerlegen von bekannten Fragen, sondern um Entdecken von Neuem, an das man bisher nicht gedacht hat. Hier liegt die eigentliche Domäne qualitativer Studien; je nach der Sensibilität und dem analytischen Können des Untersuchers können sich neue Perspektiven auf den Untersuchungsgegenstand eröffnen.

Diesen zirkulär-iterativen Prozess beschreiben schon die Urväter der qualitativen Forschung, *Glaser* und *Strauss*:

> *»Sehr oft haben die Forscher schon im Prozeß des Datensammelns ein ›Aha-Erlebnis‹, wenn sie erkennen, daß ein beobachtetes Ereignis zu einer bestimmten Kategorie gehört. Darüber hinaus lassen strategisch bemerkenswerte Ereignisse neue Kategorien und Hypothesen entstehen oder erzeugen Zweifel an der Tragfähigkeit bestimmter Kategorien oder stellen früher formulierte Hypothesen in Frage. Solche bemerkenswerten Ereignisse werden entweder sofort, wenn sie geschehen, analysiert; andernfalls tauchen sie immer wieder mit unerträglich werdender Hartnäckigkeit in der Erinnerung auf, bis sie systematisch bei der Anfertigung von Vermerken ausgewertet werden« (Glaser/Strauss 1979, S. 94).*

Abkürzungsschlüssel

Für das deduktive Vorgehen greift man meistens auf einige Standardkategorien zurück (in Klammer die zugehörigen Abkürzungsschlüssel), zum Beispiel:

positive Aussage	= POS
negative Aussage	= NEG
gefühlsbetonte Aussage	= EMO
bildhafte Sprache	= BIL
stützt meine Vermutung	= STÜ
widerspricht meiner Vermutung	= WID

Dann sucht man nach den Schlüsselbegriffen, um die sich die jeweilige Untersuchung dreht. Bei der Untersuchung zur kirchlichen Erwachsenenbildung in unserem nachfolgenden Beispiel waren das zum Beispiel Aussagen zu folgenden Kategorien:

Kirche	= KIR
Glauben	= GLA
Toleranz	= TOL

Die Kategorien und ihre Abkürzungsschlüssel hält man in einer **Kategorienliste** fest. Diese wird kontinuierlich aktualisiert, wenn neue Kategorien dazukommen oder alte zusammengefasst, aufgesplittet, gestrichen oder umbenannt werden.

Diese Kategorienliste legt man dann neben die Texte und beginnt zu lesen. Sie haben also die Kategorien und suchen dazu Text. Immer wenn man auf Passendes stößt, schreibt man an den Rand des Transkriptes die Abkürzung und die Endzeile, in der die interessante Aussage aufhört. Dabei können Aussagen auch mehrfach zugeordnet werden.

Dieses Zuordnen zu deduktiv entstandenen Kategorien ist der einfache Teil der Auswertung: Man weiß, wonach man sucht, und da die Kategorien zumeist gut ausformuliert sind, halten sich die Zuordnungsprobleme in Grenzen.

Wenn man sich nicht mit Scheuklappen stur auf das Vorgedachte beschränkt, dämmert einem bei dieser Arbeit aber bald, dass das richtig Spannende und Schwierige noch vor einem liegt. Denn meistens passieren gleichzeitig ein paar Dinge: Man stößt auf Sätze, die spontan neue Kategorien formulieren lassen. Und man findet Sätze, die einen aufhorchen lassen – man weiß nur noch nicht, warum. Und man hat das Gefühl: Weiter vorne war doch auch noch etwas – würde ich das nochmals finden, dann würde das mit dem jetzigen zusammenpassen. Aber was war das nur?

Jetzt sind Sie beim **induktiven** Kategorisieren: Sie haben Sätze und müssen zu diesen einen gemeinsamen Nenner, eine gemeinsame Kategorienbezeichnung finden. Manchmal liegt eine übergreifende Kategorie, zu der dann auch andere Aussagen zugeordnet werden können, auf der Hand. Sie wird dann wie oben beschrieben zur Kategorienliste hinzugefügt. Allerdings darf man nicht vergessen, diese neue Kategorie auch noch rückwirkend auf die bereits kategorisierten Texte anzuwenden. Manchmal jedoch weiß man noch nicht, was der mögliche Oberbegriff sein könnte. Diese Aus-irgend-einem-Grund-wichtigen-Sätze werden ebenfalls am Rand markiert – im einfachsten Fall mit einem Strich, vielleicht auch einem Kommentar oder einer Frage.

Manchmal klären sich solche Kategorisierungsprobleme bei der Weiterarbeit: Man findet einen zweiten, einen dritten Satz, merkt, das passt zusammen, und dabei stellt sich das Gemeinsame und damit die Kategorienbezeichnung heraus. Dieses ist oft mit einem »Aha-Gefühl« verbunden: Man hat das Gefühl, dass sich ein Schleier hebt, dass sich Puzzlestücke zusammenfügen, dass man etwas Neues entdeckt hat.

Bleiben dann immer noch Sätze, die wichtig erscheinen, aber sich einer Klassifizierung widersetzen, dann hilft vielleicht das **»Schneide-und-Sortierverfahren«**: Die Sätze werden ausgeschnitten. Man legt einen beliebigen ersten Satz auf den Tisch, nimmt einen zweiten Satz in die Hand und prüft: Passt er zum ersten? Ist das der Fall, legt man ihn unter Satz 1, sonst daneben. So verfährt man mit dem dritten Satz: Passt er zu Satz 1 oder 2, legt man ihn darunter, sonst daneben. Und so verfährt man weiter. Für die dabei entstehenden Spalten muss man dann eine Kategorienbezeichnung finden. In vielen Fällen gelingt das, in anderen nicht. In diesem Fall lässt man diese einfach offen und arbeitet an einer anderen Stelle weiter. Die qualitative Auswertung braucht aller Erfahrung nach auch eine gewisse Reifungszeit: Manche Zusammenhänge dämmern erst bei mehrfachem Überschlafen. Und manchmal muss auch erst eine gewisse Distanz entstehen, damit man klarer sehen kann.

Zirkulärer Auswertungsprozess

Bei diesem Finden und Eintragen von Kategorien in das Transkript passiert unausweichlich bereits ein Weiteres: Man beginnt darüber nachzudenken, zu theoretisieren, was welche Daten eigentlich für die Evaluation der untersuchten Maßnahme aussagen. Man spekuliert, macht probeweise Annahmen und schaut, wie das mit den Daten zusammen passt. Während man einerseits noch Daten sichtet und kategorisiert, stellt man gleichzeitig bereits Hypothesen auf, hat sie an manchen Stellen sogar schon durch Daten (Textausschnitte) untermauert. Dies macht auf den zirkulären Charakter dieses Auswertungsprozesses aufmerksam: Man macht nicht einen abgeschlossenen Schritt nach dem andern (wie dies hier nacheinander dargestellt wird), sondern vieles passiert gleichzeitig. Man bewegt sich hin und her zwischen konkreten Daten und abstrakten Kategorien, zwischen Beschreibung und Interpretation, zwischen Induktion und Deduktion. Damit erschließt sich zunehmend »Sinn im Kontext« – und darum geht es bei der qualitativen Analyse.

Sind die Kategorien identifiziert und definiert, dann lässt sich auch die **Objektivität** der Codierung kontrollieren: Mehrere Personen codieren den gleichen Text mit der gleichen Kategorienliste. Kommen die verschiedenen Personen zur gleichen Codierung, ist die Objektivität dieses Schrittes gesichert. Meistens findet man in der Praxis, dass bestimmte Kategorien problemlos einhellig identifiziert werden, andere recht unterschiedlich. Dann muss man diese Problemkategorien nochmals genauer klären, definieren, mit Beispielen umschreiben. Dies trägt nicht nur zur Messobjektivität bei, sondern auch zur inhaltlichen Klärung der Kategorien.

Übungsaufgabe 59

Beispiel einer qualitativen Auswertung
(Befragung zur evangelischen Erwachsenenbildung)

Folgende Kategorien wurden während und nach Lesen aller Antworten und einigem Herumprobieren festgelegt:

TOL = Toleranz
EMO = emotionales Erleben
MME = Mitmenschlichkeit
REF = reflexives Lernen
REL = religiöses Lernen

Schreiben Sie rechts neben die Zeilen, in denen Ihrer Meinung nach die Kategorie auftritt, die entsprechende Kodierung und die Zeile, in der die Kategorie endet.

0001 *(74. Gedächtnistraining, chem.-biolog. Assistentin*
0002 *Kinder großgezogen, 56, konfessionslos)*
0003 Ich schätze das breite Angebot der ev.
0004 Erwachsenenbildung und die große Toleranz
0005 gegenüber anders Gesinnten. Mein Mann und
0006 ich haben eine Woche auf der Helenenburg
0007 (»Zeit für mich – Zeit für uns«) verbracht,
0008 die uns unvergessen bleibt, weil das
0009 Miteinander so viele positive, neue Erleb-
0010 nisse in einem so harmonischen Haus hat
0011 entstehen lassen. Es war ein Seelenbad.
0012
0013 *(82. Neuerungen der Rentenreform 92, Industrie-*
0014 *kaufmann, 44)*
0015 Bei Veranstaltungen im evangelischen Forum
0016 treffe ich auf ein Publikum, das stärker am
0017 Mitmenschen orientiert ist. Es ergeben sich
0018 viele Gespräche. Auch ich verhalte mich anders
0019 als bei Veranstaltungen eines Fachverbandes.
0020
0021 *(200. Bibliodrama, Pfarrersfrau, 55)*
0022 Es hat mich verblüfft, dass beim Bibliodrama das
0023 Spiel nicht Spiel bleibt, sondern dass
0024 Situationen einen wieder einholen (Schmerz,
0025 Trauer, Schuld ...)
0026
0027 *(259. Religion – ein Anachronismus, Arzthelferin, 50)*
0028 Der Workshop »Religion – ein Anachronismus«
0029 wirkte auf mich konfrontativ, provokativ, es
0030 hat sich vieles in mir bewegt, es konnte für
0031 mich noch keine befriedigende Antwort gefunden
0032 werden. Viele Fragen stehen offen, bedürfen auch
0033 einer theologischen Struktur. Ich hoffe und
0034 wünsche mir sehr, dass Herr Pfarrer D. den Kurs
0035 fortführt, vielleicht sogar als Workshop
0036 einmal in der Woche abends.

11.6 Strategien zur Datenanalyse

Dies alles klingt intuitiv – und ist es auch – zum Teil wenigstens. Allerdings: Es ist eine »databased intuition«. Selbst wenn man nicht weiß, wie dieser Einsichtsprozess zustande kam, man kann anschließend das Ergebnis prüfen, indem dem Leser die entscheidenden Textstellen zitiert und die daraus gezogenen Schlüsse angeboten werden; der Leser kann damit die Plausibilität selbst beurteilen. Hier ergibt sich schon ein wichtiger Hinweis auf den Schlussbericht: Die Beschreibung muss so »reichhaltig und dick« sein, dass der Leser daraus erkennen kann, wie der Evaluator zu seinen Schlüssen gekommen ist. Es werden also nicht nur die zusammenfassenden Oberkategorien aufgezählt, sondern reichhaltig Originalzitate in den Text eingebaut.

In einem stärker systematisierten Vorgehen empfehlen *Miles/Huberman* (1984) zwölf Strategien, die als hilfreich angesehen werden insbesondere dann, wenn die Intuition nicht mehr weiter hilft:

1. **Zählen:** Auch bei qualitativen Verfahren kann gezählt werde. Wie oft bestimmte Dinge genannt werden, kann die Augen für Bedeutungen öffnen.
2. **Muster und Themen registrieren:** Welche Themen, welche Argumentationsmuster tauchen immer wieder auf?
3. **Plausibilität sehen:** Finden sich Hinweise, die das Beobachtete plausibel erscheinen lassen?
4. **Zusammenfassen:** Wenn Gleiches zusammengruppiert wird und von Andersartigem getrennt wird, dann wird in diesem Sortierprozess oft das Konzept sichtbar, das auf einer höheren Abstraktionsebene als Beschreibungsmerkmal dienen kann.
5. **Sprachbilder nutzen:** Eine metaphorische, eine bildhafte Sprache kann zur Konzeptualisierung auf einer höheren Abstraktionsebene hinführen. Wenn Sprachbilder aus dem Computerkontext (»Input«, »Output«), dem Militär (»Attacke«, »Angriff«, »Front«), dem Sport (»Teamgeist«, »das Spiel machen«) oder dem Gärtnerbereich (»wachsen lassen«, »Pflege«, »aussähen«) verwendet werden, dann könne sich daraus analytische Hinweis ergeben.
6. **Kategorien unterteilen:** Manche Kategorien stellen sich nachträglich als zu umfassend heraus. URT (Urteil formuliert) muss beispielsweise zerlegt werden in UR+ (positives Urteil) und UR- (negatives Urteil).

7. **Spezielles unter Allgemeines subsumieren:** Hier fragt der Forscher danach, ob sich konkrete Einzelheiten unter einen allgemeinen Oberbegriff ordnen lassen. Es wird gefragt: Wofür könnte diese konkrete Sache stehen?
8. **Faktoren bilden:** Ähnlich wie beim Zusammenfassen werden Cluster oder Kategorien gebildet, die über oder hinter den beobachteten Phänomenen angenommen werden. Auch damit lässt sich umfangreiches Datenmaterial in handhabbare Portionen reduzieren.
9. **Beziehungen zwischen Kategorien registrieren:** Manchmal findet man Hinweise im Text, manchmal muss man die Hypothesen selbst bilden, mit denen man den Zusammenhang zwischen Phänomenen erklären kann. Und manchmal ist es gerade aufschlussreich, dass man keine Beziehungen finden kann. Es ist wichtig, auch immer den Blick für das Gegenteil offen zu halten. In einer Studie über Lebensperspektiven junger Erwachsener fiel beispielsweise auf, dass die Bereiche Familie und Beruf isoliert und ohne Bezug zueinander diskutiert wurden.
10. **Intervenierende Variablen finden:** Gibt es Randbedingungen, unter denen etwas (nicht) zustande kommt? Zum Beispiel: Können die beobachteten Unterschiede beim Computerkurs vom Geschlecht oder Alter des Leiters herrühren?
11. **Eine logische Evidenzkette knüpfen:** Lassen sich die beobachteten Phänomene in einen kohärenten Zusammenhang bringen? Oder gerade nicht – auch das wäre ein Ergebnis!
12. **Konzeptuelle / theoretische Kohärenz bilden:** In dieser aufwändigen Strategie geht es darum, zum Wie und Warum seines Untersuchungsthemas über die einzelne Studie hinaus verlässliche Aussagen zu treffen.

»When these techniques are combined with an intuitive approach to the data, insights and explanations are likely to emerge« – so kommentiert *Merriam* (1988, S. 153) diese Auflistung.

Einsichten, Erklärungen, Verständnis, verändertes Wahrnehmen sind also das Ziel qualitativer Forschung. Eine Zusammenfassung dessen, was Befragte gesagt haben, ist bestenfalls der Anfang qualitativer Forschung. Die Techniken des Codierens, Kategorisierens und Zusammenfassens sind lediglich Hilfsstufen der qualitativen Arbeit. Entscheidend ist, dass die Auswerter mit Techniken und Intuition herausarbeiten und verständlich machen, was hinter den Aussagen steht, was sie bedeuten. Das Ergebnis einer qualitativen Studie ist mehr, als was die Befragten gesagt haben: Untersucher, EvaluatorInnen fügen ihre eigene geistige Arbeit hinzu. Erst diese Verarbeitung macht dann – nicht nur dem Außenstehenden, sondern oft auch den Befragten – sichtbar und verständlich, was vor unseren Augen abläuft.

11.7 Technische Erleichterung durch Computer

Oben wurde vorgeschlagen, die Kategorien an den Rand des Transkriptes zu schreiben. Die meisten Tätigkeiten in 11.6 erfolgten dann mit diesen Kategorien. Besonders bei umfangreichem Datenmaterial wird dies schnell unhandlich. Dennoch: Auch auf dieser Handarbeitsebene lassen sich manche Evaluationen noch ganz gut abwickeln.

Schon die normale Textverarbeitung bietet Verarbeitungshilfen. So kann man beispielsweise Schlüsselwörter mit der Suchfunktion lokalisieren und dann jeweils über die Kategorisierung im Kontext entscheiden.

Es gibt auch spezielle Computerprogramme, die eine Vielzahl weiterer Möglichkeiten des Zählens, Zuordnens, nachträglichen Splitten oder Zusammenfassen von Kategorien ermöglichen (z. B. AQUAD oder WINMAX). Es würde hier zu weit führen, solche Programme darzustellen. Wer jedoch öfters solche Evaluationen durchführt, wird sich aus arbeitsökonomischen Gründen mit solchen Programmen auseinandersetzen müssen.

11.8 Schlussüberlegung

Ausgangspunkt der Überlegungen war: Intuition ist eine wichtige Voraussetzung für eine qualitative Analyse. Diese Ausführungen sollten zeigen, dass es eine Reihe handwerklicher Arbeitsformen zur Analyse qualitativer Daten gibt. Die Befürchtung, dass bei qualitativen Analysen dem wildwuchernden Drauflosfantasieren und subjektiver Beliebigkeit Tür und Tor geöffnet seien, konnte hiermit hoffentlich widerlegt werden.

In diesem Kapitel wurde die qualitative Arbeitsweise anhand der Auswertung von Texten dargestellt. Dies ist sicherlich der am meisten verbreitete Anwendungsbereich. Qualitatives Forschen und Evaluieren mit den zentralen Fragen »Was ist das, was ich eigentlich vor mir sehe? Und was bedeutet es?« ist jedoch auch möglich etwa bei der Auswertung von Beobachtungen oder bei der Erhebung und Auswertung von Dokumenten oder Artefakten. Datenbasis ist dabei das Verhalten von Personen oder die Erscheinung von Dingen. Dieses auslegende Verfahren, in der alten

Pädagogik der Realhermeneutik ähnlich, wird für Evaluation höchst selten eingesetzt. Dies ist bedauerlich, da damit das Instrumentarium der Evaluation sicherlich bereichert werden könnte.

Absicht dieses Kapitels war auch, Mut zu machen, sich einzulassen auf qualitative Evaluationsformen und auf das »Vertrauen in die Glaubwürdigkeit des eigenen Wissens« (*Glaser/Strauss* 1979, S. 100). Gerade in der Erwachsenenbildung, in der die Erwachsenen ihre eigenen Interpretationen an Situationen herantragen, steht es dem Evaluator gut an, sorgfältig auf das zu hören, was die Befragten zu sagen haben. Der Lohn besteht darin, dass man erkennen darf, wie reichhaltig Menschen ihr Leben und Lernen sehen. Und da kann man als Evaluator selbst noch manches für die eigene Entwicklung hinzulernen.

12. Warnung 2: Seien Sie sich nicht zu sicher! Von den Fallen der Ergebnisinterpretation

12.1 Faktoren der internen Validität

Bei der Evaluation einer Erwachsenenbildungsmaßnahme will man nachweisen, dass bestimmte Ergebnisse durch die Bildungsmaßnahme zustande gekommen sind und nicht auf anderes zurückgeführt werden können. Deshalb: Hat man Daten erhoben, dann ist es wichtig, die auf dieser Basis formulierten Ergebnisse noch einmal unter der Perspektive anzuschauen: Sind die Ergebnisse durch das Bildungsangebot zustande gekommen – oder haben vielleicht andere Faktoren das Ergebnis zustande gebracht?

Bei diesem kritischen Blick auf die erzielten Ergebnisse geht es um die **interne Validität** einer Evaluation: Ein Ergebnis ist dann intern valide, wenn es tatsächlich das widerspiegelt, was es zu evaluieren beansprucht. Wird also behauptet, dass die Bildungsmaßnahme X das Ergebnis Y hervorgerufen hat, dann wird man diese Aussage als valide bezeichnen, wenn tatsächlich die Bildungsmaßnahme X die Ursache war und nichts anderes.

Wenn es eine interne Validität gibt, muss es natürlich auch eine **externe Validität** geben. Externe Validität meint, ob und inwieweit Ergebnisse über das konkrete Untersuchungsfeld hinaus verallgemeinert werden können. Also: »Bildungsmaßnahmen vom Typ X bewirken ein Ergebnis Y – auch über den untersuchten Fall hinaus!« Da solche Generalisierungen nach unserem Verständnis nicht Intention von Evaluation sind (hier kämen wir in den Bereich von Forschung – siehe Kapitel 1), wird hierauf nicht weiter eingegangen.

Folgende Faktoren können die interne Validität gefährden, indem sie Effekte vorspiegeln, welche jedoch nicht durch die Bildungsmaßnahme verursacht werden (wir verwenden hier die Originalbegriffe von *Campbell/Stanley* 1967, S. 175):

1. **History**: Zwischen der Anfangsbeobachtung und der Endbeobachtung treten äußere Ereignisse ein, die sich mit der untersuchten Maßnahme vermischen.

   Beispiele: Ein Kurs der politischen Bildung findet gleichzeitig zur Bundestagswahl statt; es lässt sich nicht ausschließen, dass die Ergebnisse durch die Berichterstattung in den Medien bewirkt wurden und nicht durch den Kurs. Oder: Während eines Managementkurses wird Kurzarbeit eingeführt; möglicherweise beeinflusst die damit verbundene Stresssituation die Ergebnisse mehr als der Kurs.

2. **Maturation:** Damit werden Effekte gekennzeichnet, die mit dem Verstreichen der Zeit zu tun haben, nicht mit dem spezifischen Bildungsangebot.

   Beispiel: Allein durch das längere Zusammensein in einem Kurs werden Teilnehmer untereinander vertrauter und offener; dies braucht nicht auf spezifische Trainingsmaßnahmen zurückgeführt werden. Oder: Wenn man ein didaktisches Produkt mehrfach anschaut, dann wird es allein durch die verstrichene Zeit vertrauter und wirkt verständlicher als am Anfang. Oder: Hungrige Teilnehmer werden einen Kursbeurteilungsbogen um 12.15 Uhr (das Mittagessen hätte eigentlich schon begonnen) anders ausfüllen als um 11.40 Uhr.

3. **Testing:** Werden Teilnehmer am Anfang einer Maßnahme befragt oder mit einem Wissenstest geprüft, dann werden sie allein durch diese Befragung auf Sachverhalte hingewiesen, die sie dann im Kurs besonders aufmerksam verfolgen und damit zu Ergebnissen kommen, die ohne diese vorausgehende Befragung nicht zustande gekommen wären.

   Beispiel: Sie befragen die Teilnehmer einer Kunstreise vor der Reise nach ihren Kenntnissen von Baustilen; wenn sie die gleiche Befragung am Ende wiederholen, dann lässt sich nicht ausschließen, dass die Vorbefragung die Teilnehmer für bestimmte Inhalte der Studienreise besonders sensibel gemacht hat, die Befragungsergebnisse also andere gewesen wären, wenn Sie nicht vorausgefragt hätten. Oder: Sie fragen in der beruflichen Weiterbildung in einem Vortest bestimmte Wissensinhalte ab und verwenden den gleichen Test auch als Schlusstest; der Vortest fokussiert die Aufmerksamkeit der Teilnehmer auf bestimmte Fragen während des Tests, außerdem ist der Test am Ende schon bekannt; auch hier sind Zuwächse nicht kausal auf den Kurs allein zurückzuführen.

4. **Instrumentation:** Veränderungen im Beobachtungsinstrument oder bei den Beobachtern können Effekte produzieren, die sich mit dem Bildungsziel überschneiden.

   Beispiel: Man verändert das Instrument zwischen vorausgehender Beobachtung und Schlussbeobachtung, um Erinnerungseffekte auszuschließen; damit wird aber unsicher, ob die Veränderung des Instrumentes scheinbare Effekte produziert hat. Oder: Sind Beobachter (das können auch Selbstbeobachtungen sein) zu Kursbeginn unerfahren, am Kursende aber erfahren, dann mag dies zu einem veränderten Ergebnis geführt haben.

5. **Selektion:** Werden Versuchsgruppe und Kontrollgruppe unterschiedlich ausgewählt, dann mag dies zu scheinbaren Effekten führen. Prüfen Sie also die Zusammensetzung von Versuchsgruppe und Kontrollgruppe und diskutieren Sie, ob möglicherweise von plausiblen Unterschieden ausgegangen werden kann.

   Beispiel: Sie vergleichen den Textverarbeitungskurs vor Weihnachten mit dem nach Weihnachten; es ist denkbar, dass sich ganz bestimmte Teilnehmer zum einen bzw. anderen Kurs gemeldet haben (Frauen / Männer, jünger / älter ...) und von daher die Gruppen nicht vergleichbar sind.

6. **Mortality,** auch (weniger makaber) **Sustainability:** Im Laufe der Bildungsmaßnahme bleiben Teilnehmer weg; dies könnten beispielsweise die Unzufriedenen sein, so dass Sie am Ende nur noch die Zufriedenen im Kurs haben. Dieser Ausfall von Beobachtungen kann zu systematischen Verzerrungen führen: Sie erhalten in der Schlussbefragung gute Beurteilungen nicht, weil alle zufrieden sind, sondern weil die Unzufriedenen wegblieben.

7. **Hawthorne-Effekt:** Dieser nach einer klassischen industriesoziologischen Untersuchung genannte Effekt verweist darauf, dass allein die Tatsache, dass eine Maßnahme beobachtet wird, bereits dazu führt, dass sich die Menschen in dieser Maßnahme anders verhalten – untypisch, nicht so, wie sie sich ohne diese Beobachtung verhalten hätten:

   Beispiel: In einer Firma im Ort Hawthorne bei Chicago wollte man untersuchen, wie hell die Beleuchtung sein sollte, damit in einem Raum möglichst viele Magnetspulen gewickelt wurden. Dazu variierte man die Beleuchtung von grell bis schummrig, und siehe da: Egal, wie hell das Licht war, immer wurde mehr produziert als in der Zeit vor dem Experiment. Des Rätsels Lösung: Die Studenten und Professoren, die mit Protokollblättern an den Arbeitsplätzen auftauchten, beeinflussten die Produktivität mehr als das veränderte Licht. Hawthorne-Effekt heißt also: Die Tatsache der Beobachtung produziert Effekte, die ohne sie nicht aufgetreten wären.

Reaktanz

Evaluationsprojekte, die meist unter nicht sonderlich kontrollierten Bedingungen ablaufen, erlauben es selten, alle diese verfälschten Faktoren zu kontrollieren. Wir müssten also mit Reaktanz rechnen, d.h. mit Veränderungen im beobachteten Feld, produziert durch unsere Beobachtung. Manche Verfahren tendieren eher dazu, solche Reaktanz zu erzeugen, andere Verfahren sind reaktanzarm oder reaktanzfrei, beispielsweise wenn eine Analyse und Bewertung sich auf die nachträgliche Auswertung von Materialien bezieht, die in der Normalsituation vor Untersuchungsbeginn entstanden sind. Es lohnt, sich vor Beginn einer Evaluationsmaßnahme zu überlegen, wie Reaktanz geringgehalten wird. Und in die Reflexion über die Bewertung einer Evaluationsmaßnahme gehört die Reflexion möglicher reaktanzerzeugender Faktoren sicherlich hinein.

Übungsaufgabe 60

Im Folgenden finden Sie eine Liste von Problemen, die bei Untersuchungen auftreten können. Schreiben Sie hinter jedes Problem die Bezeichnung des Faktors, der dabei die innere Validität bedroht. Die Faktoren sind: History, Maturation, Testing, Instrumentation, Selektion, Mortality.

Sie können am Ende eines Kurses nur noch 70 Prozent der Teilnehmer befragen, weil die anderen ausgestiegen sind.

....

Sie wollen feststellen, ob eine bestimmte Kursmethode das selbstständige Lernen fördert. Sie befragen die Teilnehmer vor Beginn nach ihrer Meinung über selbstständiges Lernen.

....

Sie wollen feststellen, ob bestimmte Maßnahmen in Arbeitslosenkursen die Vermittlungschance erhöhen. Während der Kurse verändert sich der Arbeitsmarkt.

....

12.2 Beweis oder Evidenz?

Forschung will beweisen: Wenn man A und B zusammengibt, dann entsteht C. Die Ursache X (und nichts anderes) führt zur Wirkung Y. Auch Evaluation würde das gerne tun, wenn auch begrenzt auf den beschriebenen Fall: Unser Seminar X hat bewirkt, dass ... Unsere neuen Möbel führten dazu, dass ... Der eindeutige Beweis solcher Kausalität ist jedoch nur möglich, wenn man alle Außeneinflüsse ausschließen kann, die diese Kausalität verunreinigen. Leider besteht die Ernstsituation einer Evaluation vor allem aus nicht kontrollierbaren Außeneinflüssen – »such is life!« Realistisch und tröstlich ist deshalb die Position von *Wottawa/Thierau*, wenn sie die »Grenzen der Realisierbarkeit von Idealforderungen« betonen, für »praktikable Kompromisse« plädieren und urteilen: »Falsch wäre es ... eine veröffentlichte Evaluationsstudie nur deswegen negativ zu charakterisieren, weil sie idealen methodischen Ansprüchen nicht entspricht« (1998, S. 129f.). In dem Maße, wie wir Außeneinflüsse ausschließen, machen wir die Situation künstlich und lebensfern. Wir gewinnen Beweiskraft und verlieren dabei Praxisnähe.

In diesem Dilemma helfen zwei Strategien, die beide zu nutzen sind:

1. Legen Sie Ihren Untersuchungsplan und Ihre Untersuchungsinstrumente so an, dass möglichst viele Störvariablen ausgeschlossen werden. Wenn Sie die vorausgegangenen Kapitel durchgearbeitet haben, dann ist das keineswegs ein vage-wohlklingender, aber nicht in Handeln umsetzbarer (nicht operationalisierbarer) Feiertagssatz: Sie haben vielfältige Handlungsmöglichkeiten der sensiblen Datenerhebung und Untersuchungsplanung erhalten. Variablenkontrolle und Praxisnähe sind nicht Entweder-Oder-Entscheidungen, sondern ein Kontinuum: Planen Sie so viel Variablenkontrolle wie möglich, ohne die Untersuchungssituation unrealistisch zu machen: Vieles ist problemlos machbar, wenn man vorher daran denkt.
2. Reflektieren Sie, inwieweit Ergebnisse auf die vermuteten Ursachen (nicht) zurückgeführt werden können. Diskutieren Sie diese Überlegungen im Schlussbericht – dies ist ein unerlässlicher Teil des Schlussberichts.

Evaluation beschreibt konkrete Bildungsmaßnahmen im Alltagskontext. Solche Situationen sind prinzipiell nicht so kontrollierbar wie Laborexperimente. Eine kausale Beweisführung ist damit schwierig – man sollte bei Evaluationsuntersuchungen vorsichtig mit der Behauptung umgehen, die Evaluation hätte etwas »bewiesen«.

Allerdings: In dem Maße, wie Untersuchung und Instrumente angemessen gehandhabt und zugleich Stärken und Schwächen abgewogen und offen diskutiert werden, gewinnt eine Evaluation an Evidenz, an Plausibilität. Wenn man zeigt, dass nach einer Trainingsmaßnahme die Produktivität gestiegen ist, und prüft, dass dies weder auf neue Maschinen noch auf verändertes Management noch auf eine andere Wirtschaftslage noch auf ... zurückzuführen ist, dann bleibt als plausibelste Erklärung – nicht als »Beweis« – übrig, die Änderung auf das Training zurückzuführen. Plausibel machen, Evidenz zeigen – das ist eine ganze Menge, was Evaluation leisten kann.

12.3 Schlussempfehlung: Seien Sie neugierig!

Hinweise zu Forschungs- und Evaluationsmethoden entmutigen oft, weil sie so viele Warnungen aussprechen, sich selbst gegenüber misstrauisch zu sein. Man bekommt dabei den Eindruck, der Forscher sei der Forschung größter Feind.

Sicherlich ist man, insbesondere wenn man ein eigenes Projekt evaluiert, zunächst in der Gefahr, einseitig nach Bestätigung zu fragen. Daran ist nichts auszusetzen, wenn es nicht dabei bleibt. Schlechte Evaluation ist es, wenn Untersucher nur nach dem suchen, was sie gerne haben möchten: schöne Beispielzahlen und Beispielsätze werden herausgepickt, alles andere übersehen. Dies gibt jene langweilige Bestätigungsevaluation, bei der der Untersucher nur auf Bestätigung seiner Vor-Urteile aus ist und der Leser sofort merkt, dass eigentlich gar nichts neugierig und kritisch untersucht wurde. Damit wird die Chance vertan, dass man hinterher mehr oder besser oder anderes weiß als vorher.

Seien Sie neugierig, also gierig auf das Neue! Suchen Sie immer nach Pro und Contra. Lassen Sie sich gerade von dem Erwartungswidrigen herausfordern, auch wenn es zunächst verwirrend scheint. Lassen Sie sich von den Daten über das hinausführen, was Sie bisher gemeint und gedacht haben! Suchen Sie das, was in der amerikanischen Forschung »a fresh approach« genannt wird: einen frischen, neuen Zugang, eine neue Perspektive. Dinge neu sehen, anders sehen, davon lebt der Fortschritt der Pädagogik und Andragogik im Großen ebenso wie eine reflektierte Praxis im Kleinen.

13. Das Schreiben des Evaluationsberichtes

Jetzt kommt der schlimmste Teil der Evaluation: Ein leeres Blatt Papier liegt vor Ihnen, und Sie sollen es füllen!

Die Vorbereitung und Durchführung von Weiterbildungsmaßnahmen – das Abhalten von Kursen oder das Organisieren und Vorbereiten von Erwachsenenbildungsmaßnahmen – macht Spaß. Man plant, man gestaltet, man fühlt sich herausgefordert: Das ist reizvoll. Die Durchführung von Evaluationsuntersuchungen, Fragebogen entwerfen, Personen befragen, über Ziele nachdenken, Forschungsmethoden reflektieren, stapelweise Fragebogen ablegen – das ist schon mühsamer. Aber das Schreiben des Evaluationsberichtes, das ist in den meisten Fällen Horror. Und so vermodern Fragebogen in Schränken, werden viel zu spät ausgewertet und stehen erst dann zur Verfügung, wenn sich niemand mehr dafür interessiert. Das aber ist eine Todsünde wider den Geist einer nutzenorientierten Evaluation.

Evaluation ist keine, wenn sie nicht dokumentiert wird – so definierte Kapitel 1. Mehr noch: Der Sinn aller Evaluationsbemühungen ist nur dann erfüllt, wenn in einem überschaubaren, lesbaren Evaluationsbericht die zentralen Ergebnisse rechtzeitig und bequem zugänglich sind und damit Nutzen für das Verstehen und Gestalten von Bildungsprozessen entsteht. Dieses Kapitel gibt Hinweise, die das Schreiben des Evaluationsberichtes erleichtern.

13.1 Zentrale Schreibperspektive: Wem soll was wozu nützen?

Evaluation beabsichtigt Konsequenzen für die Praxis. »Evaluation sollte so geplant, durchgeführt und dargestellt werden, dass die Betroffenen und Beteiligten dazu ermutigt werden, dem Evaluationsprozess zu folgen, damit die Wahrscheinlichkeit steigt, dass die Evaluation genutzt wird« – fordert das *Joint Committee* (1999, S. 83) als Evaluationsstandard N7. Dies ist damit auch leitende Perspektive für das Schreiben eines Evaluationsbericht: Er soll so geschrieben werden, dass er zu evaluationsbegründeten Konsequenzen hinführt. Der Evaluationsbericht ist nicht Selbstzweck, ist nicht das Ende des Prozesses, sondern ist Zwischenschritt, ist Mittel zum eigentlichen Zweck: zur Nutzung. So betont *Patton*: »Use of the evaluation findings and processes is the desired outcome, not producing a report« (1997, S. 331).

Diese nutzenorientierte Zentralperspektive hat Folgerungen für Inhalt und Form. Die »Schreibe« eines Evaluationsberichtes unterscheidet sich sowohl von einem Forschungsbericht als auch von einem literarischen

Opus. Seitenlange Vorüberlegungen, diffizile Methodenreflektionen, 27 Tabellen mit 64 Variablen, die der Leser sich selbst erklären muss und Ergebnisse voller Wenn und Aber verhindern Praxiskonsequenzen ebenso wie die Fertigstellung am Sankt Nimmerleinstag oder die Nichtbeachtung wichtiger Fragen zentraler Betroffenengruppen.

Patton (1997, S. 331 ff.) empfiehlt, fünf Prinzipien für einen nutzenorientierten Evaluationsbericht zu beachten:

1) **»Be Intentional and Purposeful About Reporting«:** Klären Sie ab, welche Berichtsform (mündlich, schriftlich, lang, kurz, nur Ergebnisse ...) den geplanten Zweck am besten erfüllt.
2) **»Focus Reports on Primary Intended Users«:** Schreiben Sie so, dass die, die etwas damit anfangen sollen, etwas damit anfangen. Wenn Entscheider im Berichtsentwurf Thema A und B wenig bedeutsam, aber C ganz folgenschwer finden, dann sollten Sie überlegen, ob Sie C besser nach vorne stellen und A und B vielleicht sogar in den Anhang auslagern. Dies erhöht die Wahrscheinlichkeit, dass Ergebnisse genutzt werden.
3) **»Avoid Surprising Stakeholders«:** Lesen Betroffene und Beteiligte plötzlich im Schlussbericht zu ihrer Überraschung Aussagen, die sie nicht erwartet haben und die nie vordiskutiert wurden, tendieren sie zum Blockieren von Konsequenzen. Deshalb ist es besser, Berichtsentwürfe vorzudiskutieren: »Share Findings First in Draft Form«.
4) **»Think Positive About Negatives«:** Die Furcht der Evaluierten vor schlechter Beurteilung macht eine Evaluation of schwierig oder gar unmöglich. Werden negative Ergebnisse als »hier liegt noch eine Aufgabe« oder als »gelernt haben wir, dass xy zu keinem Erfolg führt« formuliert, dann erleichtert dieses Vermeiden eines »Schlecht«-Etiketts die nutzende Akzeptanz.
5) **»Distinguish Dissemination From Use«:** Dass ein Bericht geschrieben und verteilt wird, bedeutet nicht, dass aus der Evaluation nützliche Konsequenzen entspringen. Evaluatoren können nützliche Konsequenzen zwar durch die Art ihrer Evaluation und des Schlussberichts mehr oder weniger nahe legen; in der Umsetzung, im Nutzen der Erkenntnisse aber endet der Verantwortungsbereich des Evaluators und beginnt der Verantwortungsbereich der Programmverantwortlichen.

»Wie schreibe ich, dass die Betroffenen und Beteiligten den Bericht nicht nur lesen, sondern praxiswirksam Nutzen daraus ziehen?« ist die zentrale Perspektive, unter der der Bericht geschrieben werden soll. Die Antwort darauf ist in vielfältiger Hinsicht von individuellen und situativen Bedingungen abhängig. Deshalb sollten Sie die nachfolgenden Ratschläge – insbesondere die in 13.3 vorgeschlagene Gliederung eines Evaluationsberichts – durchaus kritisch lesen: Halten Sie sich nicht an die Vorgaben, wenn Sie erkennen, dass ein anderes Vorgehen die Praxisumsetzung besser fördert, denn in dieser Praxisverbesserung liegt das entscheidende Kriterium für die Durchführung einer Evaluation.

13.2 Hinweise zum Schreiben

Warten Sie auf keinen Fall mit dem Schreiben des Evaluationsberichtes bis zum Abschluss der zu evaluierenden Maßnahme! Zwei Drittel lassen sich bereits viel früher niederschreiben.

Eigentlich dürfte der Schock des leeren Blattes nicht auftreten. Denn es wurde in diesem Buch immer wieder darauf hingewiesen, auch zwischendurch zu schreiben: Ideen festzuhalten, ein Evaluations-Tagebuch zu führen, Antragspapiere und Zeitungsartikel zu sammeln, eigene Vorvermutungen zu formulieren und niederzuschreiben. Wenn Sie das getan haben, liegt eine erhebliche Textmenge bereits vor. Und diese bereits bestehenden Texte können Sie beim Schreiben Ihres Evaluationsberichtes nutzen.

Praxishinweis

Bevor Sie dies tun können, ist es notwendig, Ordnung in die gesammelten Unterlagen zu bringen. Wenn jetzt noch Daten, Protokolle, Originalfragebogen, Zwischenberichte, Notizen oder Kommentare irgendwo verstreut in Regalen, Ordnern oder Heftern sind, dann ist jetzt der Zeitpunkt gekommen, sich dieses zerstreute Material so handlich zuzurichten, dass Sie schnell den Zugriff auf Gesuchtes haben. Diese unumgängliche Arbeit kostet eine Stunde Zeit, einen Leitz-Ordner sowie zwanzig Trennblätter. Lächeln Sie nicht über diesen banal erscheinenden Ratschlag; er beruht auf eigener leidvoller Erfahrung und auf der Beobachtung vieler verlorener Stunden und verlorener Motivation bei betreuten Untersuchungen. Ordnen Sie die wichtigen Unterlagen in den Ordner und untergliedern Sie ihn mit entsprechend beschrifteten Trennblättern. Bei umfangreicheren Untersuchungen brauchen Sie einen zweiten Ordner für den entstehenden Evaluationsbericht, bei kleineren Untersuchungen lässt sich dies gemeinsam in einem Ordner ablegen. Dann aber sollte man mit verschiedenfarbenen Trennblättern signalisieren, wo der Berichtstext abgelegt ist und wo das Untersuchungsmaterial. Bei diesem Sichten und Sortieren Ihres Materials sollten Sie Konzeptpapier und Bleistift bereithalten, denn dabei fallen einem immer wieder Inhalte und Formulierungen ein, die gleich im Bericht Platz finden können.

Manche Leute schreiben einen solchen Bericht von vorne bis hinten an einem Stück und haben keine Schwierigkeiten dabei. Sollte dies bei Ihnen der Fall sein, dann können Sie die nächsten Ratschläge überspringen.

Mit dem sofortigen Aufschreiben von spontan eingefallenen Sätzen können sich diejenigen eine Hilfsbrücke bauen, **die Angst vor dem leeren Blatt** haben. Bei diesen spontan niedergeschriebenen Sätzen bemüht man sich gar nicht um eine endgültige Formulierung, sondern schreibt das nieder, was einem gerade einfällt; wichtig ist zunächst nur, dass der Gedanke festgehalten ist – und dass überhaupt etwas geschrieben steht. Vermieden werden soll hier das endlose Ringen mit dem perfekten Ausformulieren jedes Satzes; Verbesserungen und Überarbeitungen lassen sich später immer noch durchführen.

Praxishinweis

Lassen Sie bei diesem Spontanschreiben zwischen den Zeilen genügend Platz für Korrekturen. Machen Sie viele Absätze, an denen Sie die Konzepte zerschneiden und die Streifen neu anordnen bzw. ergänzen können. Sie brauchen in dieser Phase auch nicht gleich eine halbe Seite mit Text zu füllen; es genügen Stichworte oder einzelne Sätze. Fangen Sie dabei oft ein neues Blatt an, damit Sie später ergänzen und korrigieren können und Zusammengehörendes zusammensortieren können. Vielleicht taucht ein solcher Spontansatz später in der Reinschrift unverändert auf, vielleicht korrigiert, vielleicht erwies er sich als überflüssig. Das stellt sich erst im Laufe der Überarbeitungen, Ergänzungen, Korrekturen heraus.

Solche spontanen Niederschriften können aus ganz unterschiedlichen Stellen des späteren Evaluationsberichtes stammen: Es können einführende Überlegungen sein, es können abschließende Urteile sein, es können die Instrumente oder einzelne Ergebnisse beschrieben werden. Vielen Autoren haben die Erfahrung gemacht, dass ihnen immer dann, wenn sie am Kapitel A arbeiten, besonders gute Ideen und Formulierungen für das Kapitel B einfallen. Sollte das bei Ihnen auch der Fall sein, dann nutzen Sie diesen Effekt: Lassen Sie A kurz liegen und schreiben Sie alles nieder, was Ihnen zu B einfällt. Wenn dann die Schreiblust bei B versiegt, kehren Sie wieder zu A zurück, oder springen Sie nach C, falls Ihnen hierzu gerade etwas in die Feder fließt. Wichtig ist vor allem, dass überhaupt etwas geschrieben wird!

Wenn Sie diese spontanen Niederschriften geordnet ablegen, dann sammelt sich damit von selbst ein Schatz an Ideen und Formulierungen an. Legen Sie Zusammengehörendes beieinander ab und blättern Sie diese Entwürfe gelegentlich durch. Sie werden feststellen, dass manches zueinander passt und sich mit geringfügigen Änderungen und verbindenden Texten zu größeren Einheiten zusammenbinden lässt. Bleiben Sie bei dieser Ideensammlung mit Konzeptzetteln noch dem Papier treu und gehen Sie jetzt noch nicht in den Computer, denn 20 bis 40 solcher Konzeptzettel lassen sich auf Papier besser überblicken und einander zuordnen als am Bildschirm.

Bei dieser **»Bottom-Up«-Technik** stellt man zumeist fest, dass sich relativ mühelos eine Reihe brauchbarer Formulierungen ergeben. Da sie nur vorläufig zu sein brauchen, fängt man sich nicht in der Falle der perfekten Formulierung.

Ergeben sich bei diesem Sammeln, Überarbeiten, Zusammenkleben und Weiterformulieren Textstücke, die allmählich an eine Seitenlänge heranreichen, dann lohnt es sich, diese in die Textverarbeitung zu übertragen. Auch dabei ergeben sich natürlich Korrekturen, Ergänzungen, Erweiterungen – und schon ist ein beachtliches Textstück ohne viel Zwang und Verkrampfung entstanden. Es empfiehlt sich, in der Textverarbeitung recht bald ein Inhaltsverzeichnis zu konzipieren. Eine Grobgliederung wird im nächsten Teil dieses Kapitels vorgeschlagen.

Stellt man bei dieser Sammeltechnik fest, dass eigentlich nur noch einige Aspekte ergänzt werden müssen und damit ein Thema mehr oder weniger abgeschlossen behandelt ist, dann entstehen auf diese Weise ganze Unterabschnitte eines Evaluationsberichtes: zum Beispiel die Beschreibung der verwendeten Untersuchungsinstrumente, die Begründung, was diese Untersuchung ausgelöst hat, die Diskussion, welche Schwierigkeiten sich ergeben haben oder die Darstellung des evaluierten Projektes.

Natürlich müssen die so entstandenen Texte hinterher überprüft werden, ob sie in den Gesamtzusammenhang des Evaluationsbogens hineinpassen. Dabei werden sich noch Korrekturen ergeben, aber die Angst vor dem leeren Papier – und darum ging es gerade – hat sich damit erheblich reduziert.

Ergänzt wird diese Schreibstrategie durch die **»Top-Down«-Schreibtechnik:** Mit dem bereits angesprochenen Inhaltsverzeichnis wird festgelegt, zu welchen Themen der Evaluationsbericht Stellung nehmen muss. Versuchen Sie, das Inhaltsverzeichnis zunehmend in kleinere Schritte zu untergliedern, die eine bis maximal drei Seiten umfassen. Erste Stichworte, was in den entsprechenden Unterabschnitten enthalten sein soll, können vorerst im Inhaltsverzeichnis festgehalten und dann später systematisch im Text beschrieben werden. Auch das Zerlegen in kleine Unterabschnitte erleichtert das Schreiben.

Auch wenn nun systematisch vom geplanten Inhaltsverzeichnis herab Unterkapitel geschrieben werden, dann braucht dies nicht von vorne nach hinten abzulaufen. Auch hierbei lassen sich durchaus Abschnitte in anderer Reihenfolge schreiben. Sicherlich wird man später die Verzahnung und die Gelenkstellen entsprechend dem endgültigen Gedankenfluss umformulieren müssen.

Zusammengefasst lautet der Ratschlag an alle diejenigen, die Schwierigkeiten mit dem Schreiben haben: Fangen Sie sofort zu schreiben an! Lieber eine schlechte Formulierung auf dem Papier als eine wundervolle Formulierung in blauer Ferne!

13.3 Gliederung eines Evaluationsberichtes

Bei aller Individualität von Evaluationsberichten gibt es doch eine Reihe fester Elemente, die mehr oder weniger in den meisten Evaluationsberichten auftauchen (vgl. die Evaluationsbeispiele in Kapitel 6). Natürlich spielt insbesondere die Länge des Berichtes eine Rolle; ein vierseitiger Kurzbericht wird auf manches verzichten, was eine hundertseitige Evaluationsdokumentation breit ausführt.

Außerdem muss man sich vor Schreiben des Berichtes klar machen, für wen man diesen Bericht schreibt: Für den Rechenschaftsbericht an den Vorstand wird man anders schreiben als für Kollegen auf dem nächsten Fachkongress – wenn Sie beides wollen, werden Sie wahrscheinlich zwei verschiedene Berichte schreiben müssen. Je näher Sie der Fertigstellung des Berichtes kommen, desto genauer sollten Sie (siehe 13.1) den Bericht am Hauptnutzer ausrichten – an dem, der etwas mit dem Bericht anfangen soll. Dies bedeutet natürlich nicht, Daten zu schönen oder abzufälschen; es bedeutet, den Bericht so zu formulieren und zu gliedern, dass er vom intendierten Benutzer auch tatsächlich genutzt wird. Um dies zu erreichen, ist es vielleicht klüger, den Methodenteil in den Anhang auszugliedern (oder ganz an den Anfang zu stellen), eine Ergebniszusammenfassung an den Anfang zu stellen (oder diese in ein separates Dokument auszugliedern, weil der Auftraggeber seine Schlüsse selbst und unbeeinflusst ziehen möchte), nur wenige zentrale Überlegungen (oder aber einen detailreichen Bericht) anzubieten, Daten als Grafiken (oder in Tabellen) aufzubereiten oder den Schrifttyp »Arial« zu verwenden. All das ist kein Verstoß gegen die Evaluatorenehre, sondern Dienstleistungs-Pragmatik: Wenn der Auftraggeber oder Programmverantwortliche gerne einen grünen Umschlag hätte, warum soll der Evaluator ihm diesen nicht geben, wenn es damit gelingt, Innovations- und Umsetzungswiderstände zu verringern?

Folgende Elemente sind in dieser Reihenfolge – wobei im Einzelfall obiges zu berücksichtigen ist – in den meisten Evaluationsberichten enthalten; die Umfangsangaben beziehen sich auf einen insgesamt etwa 15 Seiten langen Bericht:

0. Abstract:

In etwa 10 bis 12 Zeilen werden die zentralen Fragestellungen und Ergebnisse der Evaluation wiedergegeben.

> *Im Folgenden wird die Evaluation einer Trainingsmaßnahme für nebenberufliche Kursleiter dargestellt. In unserem Unternehmen wurden in zwei Durchläufen pro Jahr mit jeweils 12 Trainingstagen Mitarbeiter weitergebildet. Evaluiert wird diese Maßnahme durch Selbsteinschätzungen, einen standardisierten Fragebogen sowie eine qualitative Befragung. Dabei zeigt es sich, dass ...*

1. Absicht der Untersuchung:

Hier wird auf einer halben bis ganzen Seite dargestellt, welches Problem bzw. welche Probleme Anlass für die Studie waren.

> *Mit der Zunahme der Bedeutung von Weiterbildung in unserem Betrieb stellte sich zunehmend die Frage nach der Qualität von Weiterbildung. Da gemäß unserem Weiterbildungsprogramm von 2001 ca. drei Viertel der Weiterbildungsmaßnahmen durch hausinterne Kollegen durchgeführt werden, stellte sich insbesondere die Frage nach der Vermittlungskompetenz dieser Mitarbeiter. Befragungen sowohl von Weiterbildungsteilnehmern als auch Kursleitern (siehe Jahresbericht 2000) hatten gezeigt, dass ein Training bezüglich der Weiterbildungskompetenz dieser Kollegen notwendig erschien. Deshalb wurden im Jahre 2001 zwei Maßnahmen zu »Train the Trainer« durchgeführt. Im Rahmen dieser Maßnahme ergaben sich eine Reihe von Fragen; insbesondere sollte durch eine Evaluationsuntersuchung geklärt werden: ...*

2. Die zu evaluierende Maßnahme und ihre Probleme

Nun wird das zu evaluierende Projekt ausführlich (ca. zwei Seiten) beschrieben: Ablauf, Historie, Rahmen, Kontext, Beteiligte, Verlauf … In diesem Teil wird auch beschrieben, durch welche Probleme die Untersuchung ausgelöst und auf welche Weise versucht wurde, diese Probleme zu bearbeiten. Oft erfolgt auch hier noch eine Präzisierung der Fragestellung, zum Beispiel die Erarbeitung und Diskussion eines Soll-Wertes. Nach der globalen Zielformulierung in Teil 1 wird hier das differenziertere Ergebnis der Zielanalyse dargestellt.

> *Ein erster Versuch, den unterrichtenden Kollegen Methoden der Kursgestaltung zu vermitteln, bestand darin, dass vom 3. bis zum 6. März von Herrn Dipl. Psych. XX ein Rhetorik-Training angeboten wurde. Dies sollte, so im Angebot versprochen, »die kommunikative Kompetenz von Kursleitern fördern und damit zu besseren Kursen führen«. Bei den 14 Teilnehmern (überwiegend aus den Bereichen Aktionstrainer, Baufinanz und Zentrale) zeigte sich aber bereits im am Schluss durchgeführten Standardfragebogen Kritik. Insbesondere wurde kritisiert ... Daraufhin wurde bei befreundeten Unternehmen recherchiert, wie dort diese Maßnahmen durchgeführt wurden. Dabei ergab sich ein Hinweis auf Herrn Dipl. Päd. Y. Die Kontakte ergaben ... Insbesondere positiv wirkte dabei, ... Eine erste Durchführung erfolgte von ... bis ... Teilnehmer waren ... Im Evaluationsbogen unseres Bildungszentrums (siehe Anlage X) sowie durch unsystematische Befragung der Teilnehmer ergab sich ein positives Bild. Deshalb wurde diesem Trainer im Jahre 2002 zwei weitere Trainings im Umfang von ... angeboten. Dieses Angebot umfasst 12 Tage Training, aufgegliedert in vier Bausteine. Die Bausteine enthalten ... Der Ablauf ...*
>
> *Im Einzelnen stellten sich folgende fünf Fragen an dieses Weiterbildungsangebot: 1. Ist diese Form in unserem betrieblichen Kontext realisierbar? 2. Wie zufrieden sind die Teilnehmer? 3. ...*

3. Die Untersuchungsmethode

Hier werden die Methoden der Datenerhebung und Datenverarbeitung, die Stichproben und das Untersuchungsdesign beschrieben. Dazu gehört auch ein Abwägen, warum welche Methoden gewählt wurden und welche nicht, und wo die Grenzen dieses Vorgehens liegen (Umfang ca. zwei Seiten). Nicht vergessen werden sollten hier auch Hinweise auf spontane

Einzelbeobachtungen, Gespräche, unsystematische Beobachtungsformen, die zur Abrundung des Bildes durchaus beitragen.

> *Zur Beantwortung der Fragen, was diese Maßnahme bewirkt, wurden zwei verschiedene Strategien angewendet: Meinungs-Befragungen der Teilnehmer unmittelbar am Kursende (hierzu wurden drei verschiedene, noch darzustellende Instrumente eingesetzt) sowie eine mündliche Befragung von sechs der 12 teilnehmenden Kollegen am Ende ihres nächsten Kurses. Die Instrumente ... Außerdem ergaben sich beim zuständigen Referenten unserer Bildungsakademie eine Reihe spontaner Einzelbeobachtungen ...*

4. Präsentation der Daten und Darstellung der Ergebnisse

Hier wird nun ausführlich dargestellt, welche Informationen sich mit den einzelnen Instrumenten ergeben haben. Aus dieser Präsentation der Daten folgen dann auch Ergebnisse.

Dieser Teil ist umfangreich und macht zumeist mehr als die Hälfte des Evaluationsberichtes aus. Die Beschreibung dieser Ergebnisse soll so reichhaltig sein, dass der Leser die abgelaufenen Prozesse, Befragungen und Untersuchungsmethoden nachvollziehen und damit die gewonnenen Ergebnisse zumindest zum Teil auch in ihrer Verlässlichkeit einschätzen kann (»rich, thick description«). In diesem Teil werden auch Tabellen und Grafiken aufgeführt; allzu umfangreiches Datenmaterial allerdings wird in den Anhang ausgelagert. Die Darstellung in diesem Teil soll nicht durch detaillierteste Zahlen- oder Zitatkolonnen aufgebläht werden. Es ist darauf zu achten, dass Daten nicht uninterpretiert angeboten werden, die der Leser dann nach eigener Lust und Laune auszulegen hat. Der Evaluator muss selbst Stellung beziehen und Schlüsse ziehen, die er begründen kann (»to evaluate« heißt Bewerten!). Und arrangieren Sie diesen Teil so, dass – wie in 13.1 begründet – die nutzenbedeutsamen Elemente besonders deutlich sichtbar werden.

Eine Evaluation ist ein Prozess, bei dem sich Veränderungen und Ergebnisse bereits während des Verlaufs einstellen, nicht erst am Ende. Werden die bei der Evaluation Beteiligten in die Problem- und Zieldefinition mit einbezogen, wurden Zwischenergebnisse mit ihnen diskutiert und Interpretations- und Handlungsalternativen gemeinsam im Verlauf des Evaluationsprozesses erarbeitet, dann ist zum Zeitpunkt des Abfassens des Evaluationsberichtes bereits eine Menge passiert, was ohne Evaluation nicht passiert wäre. In klassischer Forschungstradition wäre das ein Reaktanzfehler – Evaluation verstanden als Dienstleistung zu Praxiskonsequenzen folgt anderen Gesetzen: Und für Pädagogen/Andragogen verstößt es gegen die Fachethik, Lernende weiterhin mit einer schlechten Lösung zu unterweisen, wenn man eine bessere kennengelernt hat. Wenn Fehler bereits während der Evaluation erkannt und ausgeräumt werden, ist das praxishilfreicher als wenn man erst den Schlussbericht abwartet. Im Extremfall könnte ein Schlussbericht lauten: »Wir haben folgende Schwachstellen identifiziert: … Sie wurden durch folgende Maßnahmen erfolgreich und dauerhaft beseitigt: … Deshalb ergeben sich keine weiteren Empfehlungen aus diesem Evaluationsbericht!« Allerdings: Unabdingbar ist, dass man erfolgte Änderungen identifiziert und dokumentiert hat! Ein Forschungstagebuch, in dem man im Ablauf des Projektes immer wieder seine spontanen und subjektiven Beobachtungen einträgt, ist eine große Hilfe beim Erkennen solcher bereits erfolgten Änderungen. Möglicherweise sind die vor dem Schlussbericht erfolgten Änderungen kostbarer als das, was danach folgt. Deshalb müssen sie hier im Bericht erscheinen. Damit kann der Evaluator auch in Anspruch nehmen, dass er bereits für etwas gut war.

Es gibt zwei Möglichkeiten, diesen Teil zu gliedern: Entweder man baut ihn **chronologisch** auf und beschreibt die Maßnahme im zeitlichen Verlauf. Dies bietet sich bei weniger umfangreichen Untersuchungen an. Oder man gliedert ihn **leitfragenorientiert**, d.h. nach den (3-6) Unter-Leitfragen, die in Teil 2 (siehe Vorseite) entwickelt wurden. Dann werden zu jeder einzelnen Leitfrage die Informationen quer durch alle Instrumente zusammengetragen. Liegen solche Unter-Leitfragen vor, empfiehlt sich dieser Aufbau. Er ist zumeist stärker problemorientiert und vermeidet die Gefahr, dass man sich in nebensächlicher Chronologie verfängt (»Dann haben wir das gemacht ... Und dann haben wir noch jenes gemacht ... Und dann noch ...«) oder dass man bei einer langen und langweiligen Aufzählung landet (Frage 1 wurde so beantwortet, Frage 2 so, …, Frage 34 so …) und darüber die Hauptfragestellung aus dem Blick verliert.

Zumeist gerät man jetzt in den Konflikt: In welcher Reihenfolge bringt man (a) Beschreibung/Fakten- und Datendarstellung, (b) Bewertung/Schlussfolgerung/Teilergebnisse und (c) Methodenkritik? Soll man alle Beschreibungen hintereinander stellen, dann alle Bewertungen, dann alle Kritik? Diese Frage lässt sich nicht eindeutig beantworten, denn sie hängt von der jeweiligen Fragestellung, der Intention des Berichtes und der Länge ab. Ist die Gesamtfrage in Unter-Leitfragen zerlegt, dann hat es sich meistens bewährt, jede einzelne Frage in sich geschlossen in dem Dreischritt Beschreibung/Bewertung/Reflexion abzuhandeln.

► **Chronologischer Aufbau:**

Bei den einzelnen Instrumenten ergaben sich folgende Ergebnisse: Der Einsatz des Kursbeurteilungsbogens bei den insgesamt zwei mal 12 Teilnehmern am Ende der beiden Trainings ergab auf einer fünfteiligen Skala einen Wert von ... Eine differenziertere Betrachtung der Subdimensionen zeigte ... Von besonderem Interesse waren die Fragen ... Unter der Fragestellung, wie dieser Kurs von den Teilnehmern eingeschätzt wurde, kann zusammenfassen gesagt werden ... Dabei ist zu beachten, dass es sich um Selbsteinschätzungen handelt. Dies bedeutet ...

► **Leitfragenorientierter Aufbau:**

Erste Frage war, ob sich die Form dieses Trainings im betrieblichen Kontext realisieren lässt. Hierzu wurden folgende Daten beigezogen ... das bedeutet ... Allerdings ist zu bedenken ...
Zweite Frage war, ...

In diesen Teil gehört als Ergebnis auf jeden Fall auch die Bewertung der Ergebnisse, also der Ist-Soll-Wert-Vergleich. Hier erfolgt also die Bewertung durch den Evaluator.

5. Diskussion

In diesem Teil (ca. zwei Seiten) wird – am Ende des vorigen Beispiels ist das bereits angedeutet – kritisch reflektiert, wo die Probleme, aber auch die Stärken der angewendeten Methode, der verfolgten Fragestellung und der untersuchten Maßnahme liegen. »Was weiß ich wie sicher?« ist der Leitgedanke dieses Teiles. In diesem selbstkritischen Teil werden die Ergebnisse daraufhin abgeklopft, wo möglicherweise Fehlschlüsse oder Fallen denkbar sind. Wenn dies nicht schon bei 3. erfolgt ist, dann muss hier auch noch einmal über die Gütekriterien sowie die Designprobleme der Untersuchung reflektiert werden. Selbstkritisch heißt aber nicht, dass alles in Frage gestellt bleibt; dazu gehört auch, dass man darauf hinweist, wenn keine plausiblen Indizien für bestimmte hypothetisch denkbaren Störvariablen gefunden wurden.

> *Bei der Bewertung der Daten ist Folgendes zu beachten: Da es sich bei den Instrumenten um Selbsteinschätzungen der Teilnehmer handelt ...*

6. Schlussfolgerungen und Empfehlungen

Am Ende der Untersuchung sollen die Ergebnisse noch einmal kurz zusammengefasst werden und daraus Empfehlungen formuliert werden.

Zusammenfassend kann über diese Maßnahme auf Grund der erfolgten Evaluation gefolgert werden ... Folgende Empfehlungen ergeben sich daraus: ...

7. Anhang

Hier werden die ausführlichen Daten (z. B. Instrumente, Tabellen, Transkripte, Dokumente) angehängt. Allerdings ist auch diese Auswahl vom Adressaten des Berichtes abhängig: Für einen kurzen Rechenschaftsbericht ist der Anhang wesentlich kürzer als für eine wissenschaftliche Arbeit.

Mit einer solchen Gliederung strukturiert sich die Aufgabe, einen Evaluationsbericht zu schreiben, und das erleichtert die Abfassung. Deshalb ganz praktisch:

Beschriften Sie gleich am Anfang eines Evaluationsprojektes einen Ordner mit »Schlussbericht« und sieben Trennblätter mit obigen Gliederungspunkten. Und legen Sie auch gleich neun Dateien auf Ihrem Computer an: Inhaltsverzeichnis, Literatur, und die obigen sieben Teile. Sie werden sehen: Es ist keine leere Behauptung, dass noch vor Projektende zwei Drittel des Schlussberichtes geschrieben sein können.

13.4 Das dreifache Ergebnis

Wie jede Untersuchung erbringt auch Evaluation Einsichten und Ergebnisse auf drei Ebenen:

1. Zunächst bringt die Evaluation Ergebnisse zu den Inhalten, die sie untersuchen will. Dieses ist selbstverständlich.
2. Außerdem aber zwingt jede Evaluation dazu, sich genau zu überlegen, was man eigentlich untersuchen will. Worin besteht der richtige Einsatz des Overhead-Projektors? Wie sieht ein freundlicher Eingangsraum im Bildungszentrum aus? Was ist ein guter Kurs? Wann ist ein Lehrtext leserfreundlich? Alle diese Fragen müssen ein Stück weit präzisiert sein, bevor sie beantwortet werden können. Dies kann mit der Methode der Zielanalyse (Kapitel 9) erfolgen. Man weiß am Ende einer solchen Untersuchung besser, was man untersuchen wollte und untersucht hat. Ein zweites Ergebnis von Evaluationsuntersuchungen liegt also darin, dass man die untersuchten Konzepte präziser fassen kann, als dies am Anfang der Fall war.

3. Schließlich erbringt jede Evaluation auch Erkenntnisse über die angewendeten Methoden. Insbesondere wenn Instrumente entwickelt wurden – Fragebogen, Tests, Analyseschemata, Checklisten, ... –, dann stellen diese Instrumente einschließlich der bei der Anwendung gewonnenen Erfahrungen Ergebnisse dar, die für weitere Untersuchungen zur Verfügung stehen.

Auch wenn Evaluationsuntersuchungen nicht beanspruchen, allgemeingültige Ergebnisse zu liefern, sondern begrenzt bleiben auf die jeweilige Evaluationsmaßnahme, so darf doch nicht übersehen werden, dass diese Ergebnisse auf konzeptioneller und methodischer Ebene über die jeweilige Einzeluntersuchung hinausreichen. Deshalb sollte bei jeder Ergebnisdiskussion über die unmittelbaren Einzelergebnisse hinaus ebenso herausgearbeitet werden, inwieweit das allgemeine Konzept präzisiert wurde und welche methodischen Erfahrungen und Instrumente sich auch auf andere Untersuchungen übertragen lassen.

13.5 Zur äußeren Form des Evaluationsberichtes

Neben der inhaltlichen Lesbarkeit spielt auch die Aufmachung eines Berichtes eine nicht zu unterschätzende Rolle. Titelblatt, Inhaltsverzeichnis, klare Gliederung des Textes, übersichtliches Layout, stabile Heftung und ansprechender Umschlag spielen eine Rolle. Lassen Sie diesen Bericht auf jeden Fall von einem Außenstehenden Korrektur lesen – nach einiger Zeit wird man als Autor blind für den eigenen Text, und zwar sowohl hinsichtlich der Formulierungen als auch der Tippfehler. Prüfen Sie unbedingt die kopierte Endfassung, ob Seiten vertauscht oder vergessen wurden, insbesondere das Exemplar, das an wichtige Adressaten (Vorstand, Presse, Verlag, Prüfer) geht. Es wäre schade, wenn die zur Abfassung des Berichtes aufgewendete Mühe durch das Äußere des Berichtes unter Preis gehandelt würde.

13.6 Die Verteilung des Evaluationsberichtes

Ein Evaluationsbericht kann nur dann Wirkung haben, wenn er verteilt wird. Wenn Evaluation zum Verstehen, zur Verbesserung und Rechtfertigung von Weiterbildungsmaßnahmen dienen soll, dann müssen Evaluationsuntersuchungen auch den entsprechenden Ansprechpartnern zugänglich gemacht werden. So fordern die Evaluationsstandards des *Joint Committees*: »Die Vertragsparteien einer Evaluation sollten sicherstellen, dass die Evaluationsergebnisse – einschließlich ihrer relevanten Beschränkungen – den durch die Evaluation betroffenen Personen ebenso wie all jenen, die einen ausgewiesenen Anspruch auf die Evaluationsergebnisse haben, zugänglich gemacht werden« (*Joint Committee* … 1999, S.139, K6).

Es ist natürlich vom jeweiligen Zweck und vom jeweiligen Thema der Evaluation abhängig, an welchen Personenkreis sich der Evaluationsbericht richtet. Es empfiehlt sich, bereits während der Durchführung der Evaluation eine Liste von Interessenten aufzustellen. Dazu gehören diejenigen, die diese Evaluation in Auftrag gegeben haben und an die über die Erfolge der Evaluation berichtet werden muss. Wenn nicht Vertraulichkeitsgründe dagegen sprechen, sollte man aber durchaus eine Weiterverbreitung des Berichtes ins Auge fassen, beispielsweise an interessierte Kollegen, Entscheidungsträger, die Presse und Fachzeitschriften; nicht zu übersehen sind aber auch insbesondere alle an der Evaluation Beteiligten. Die Befragten und Beteiligten werden bei solchen Berichten meistens übergangen. Gerade sie sind aber besonders daran interessiert, zu erfahren, was bei der Untersuchung, an der sie mitgewirkt haben, herausgekommen ist. Dies trägt sicherlich auch zur Bereitschaft bei, bei späteren Befragungen wieder mitzuwirken.

13.7 Abschließende Bewertung

Ziel dieses Kapitels war: Der erfolgreiche Lerner soll bereit und in der Lage sein, einen Evaluationsbericht abzufassen, der die zentralen Gliederungspunkte eines Evaluationsberichtes (gemäß Kapitel 13.2) enthält. Alle Hilfsmittel dürfen benutzt werden.

Übungsaufgabe 61

An welchen Autor und an welche Formulierungstechnik und an welches Kapitel dieses Studienbriefes erinnert Sie diese Formulierung?

....

Übungsaufgabe 62

Auf welchen drei Ebenen bringt jede Evaluationsuntersuchung Ergebnisse?

1. ....

2. ....

3. ....

Rückblickende Bewertung

Und jetzt sollten Sie zurückschauen und werten: Ist nach dem Lesen dieses Kapitels meine Lust gewachsen, einen solchen Evaluationsbericht zu schreiben – oder wenigstens: Hat meine Angst davor abgenommen? Das ist die Motivationsseite. Und die Kompetenzseite: Wenn Sie jetzt einen solchen Bericht schreiben müssen (Sie dürfen dieses Kapitel natürlich daneben legen und nachschlagen), würde er dann besser als vor Lektüre dieses Kapitels?

Zur Bewertung (»to evaluate«!) dieses Lernschrittes gehört auch eine explizit bewertende Formulierung: Welche Bewertung sprechen Sie über dieses Buchkapitel aus? Und welche Bewertung über Ihren Lernerfolg?

14. Zum Schluss noch einmal: Evaluation als didaktisches Handeln

Dieses Lehrbuch sollte die Fähigkeit vermitteln, Evaluation gern (Motivation), gut (Handlungskompetenz) und überlegt (Reflexionskompetenz) einzusetzen. Das Handwerkliche ist mit dem vorigen Kapitel abgeschlossen.

Allerdings: Ob Sie diese Fähigkeit besitzen oder nicht, lässt sich erst dann sagen, wenn Sie tatsächlich in der Praxis eine Evaluation durchführen. Selbst wenn Sie alles gelesen haben, selbst wenn Sie alle unsere Übungsaufgaben perfekt gelöst haben, selbst wenn Sie alle Ratingfragen vom Typ »Ich bin voll zufrieden mit dem Lehrbuch Evaluation – Ich beherrsche alle Inhalte« aus vollem Herzen positiv ankreuzen: Das alles ist nur Vorbereitung. Was zählt ist das, was in der Praxis angewendet wird. Deshalb wurde immer wieder dazu aufgefordert, das Gelernte in der Praxis auszuprobieren.

An diesen Gedanken knüpft der erste von vier Reflexionspunkten an, mit denen dieses Buch enden soll.

14.1 Lernen fürs Leben

Evaluation richtet unseren Blick auf die Ergebnisse unseres Bildungsbemühens, auf die Früchte, die Bildungsarbeit trägt. In einer traditionell an Kindern und Schule orientierten Didaktik liegt die Verwendung des Gelernten, die Ernte der Früchte, irgendwo in ferner Zukunft. In der Erwachsenenbildung ist dies grundsätzlich anders: Lernen bedeutet im Erwachsenenleben weniger das Speichern für irgendwann, sondern das Lösen von Problemen für heute. In vielen Fällen liegt die Anwendungssituation in greifbarer Nähe. In dieser Anwendungssituation muss sich das Gelernte bewähren.

Kurserfolg ist also relativ bedeutungslos; was zählt ist der Anwendungserfolg in der Ernstsituation. Auf die Notwendigkeit, das zu lernen und zwar so, dass die Übertragung auf die spätere Anwendungssituation möglich ist, wird zumeist mit dem Begriff »Transfer« hingewiesen: Das Gelernte sei so aufzubereiten, dass der Transfer auf die Anwendungssituation möglich sei. Und Evaluation habe zu sichern, dass dies auch so erfolgt.

Dieses Argumentationsmuster geht eher von einem pädagogischen, weniger andragogischen Denkmuster aus. In der Kinderbildung liegt eine grundsätzlich unterschiedliche Situation vor: Durch die nicht vermeidbare Ferne der Anwendungssituation in der Pädagogik liegen unausweichlich Welten zwischen der Lern- und der Anwendungssituation. Dieser Abstand zwischen Lern- und Anwendungssituation macht es weitgehend unmöglich, das Lernen auf ein genau beschreibbares Feld hin zu orientieren. Deshalb muss die Bildung im Kindesalter allgemein sein. Und das bedeutet, dass die spätere Anwendung grundsätzlich einen zusätzlichen Schritt, den Transfer-Schritt, tun muss: Allgemeines an Spezielles anpassen, um anwendbar zu sein.

Formelhaft ausgedrückt: Man lernt zunächst A. In der Anwendungssituation braucht man die Fähigkeiten B, die zwar Ähnlichkeit mit A aufweist, aber eben doch anders ist. Durch Transfer – was immer das ist – wird A dann so umgeformt, dass irgendwie B herauskommt.

Dieser Abstand zwischen Lernen und Anwenden, bei Kinderbildung strukturbedingt unumgänglich, ist bei Erwachsenenbildung strukturbedingt geringer: Die Anwendung liegt näher, die Erwachsenen können in vielen Fällen selbst über die Brauchbarkeit von Zielen entscheiden. Wenn ein Kursleiter A lehrt, obwohl B erreicht werden soll und dann Transfer beschwört (am einfachsten, indem man eindrücklich sagt: »Mitdenken müssen sie schon selber! Schließlich kenne ich Ihre Anwendungssituation nicht!«), dann überlässt man den Schwächsten in der Kette – den Lernern – die schwierigste Aufgabe. Wenn die Fähigkeit B Ziel ist, warum bringt man dann A bei und hofft auf einen ominösen Transfer? Hier ist in der Weiterbildung zu fordern, dass von vornherein Inhalte und Ziele so ausgewählt und Methoden so angelegt werden, dass sie bei der Anwendung auf die »ernsthafte« Situation möglichst wenig Transfer verlangen.

Beispiele für die mangelnde Abstimmung zwischen Bildungsangeboten und den Bedürfnissen der Abnehmer lassen sich in schlechter Weiterbildungspraxis leicht finden:

- Der Englischkurs für Sekretärinnen, der Urlaubswortschatz übt – nur bleiben die Rechtschreibfehler in den Briefen die selben (das englische Rechtschreibprüfprogramm für die Textverarbeitung wäre für das Lernziel »englische Korrespondenz abwickeln« billiger und erfolgreicher gewesen).
- Die Einführung in Theorie und Praxis von Themenzentrierter Interaktion für Führungskräfte (war ganz amüsant, aber kann der Teilnehmer jetzt besser Mitarbeiter anleiten?).
- Die Abhandlung und Diskussion und das Miterleben teilnehmeraktiver Lernformen in einem Kurs »Train the Trainer« – nur weiß ich nicht, wie ich das auf meinen Buchhaltungs- oder Computerkurs übertrage.

- Die Vorlesung über »Wahrheit und Wahrscheinlichkeit« für künftige Evaluatoren in der Erwachsenenbildung – ein bisschen mitdenken müssen Sie schon, dann schaffen Sie auch den Transfer auf eine Fragebogenkonstruktion!

Bedeutung der Lern-»Outcomes«

Evaluation richtet den Blick auf die Früchte von Bildungsarbeit. Die Frage »Was ist das beabsichtigte Ergebnis dieser Bildungsmaßnahme?« muss Evaluation stellen, um zu wissen, mittels welcher Daten Erfolg oder Misserfolg beurteilt werden können. Mit dieser Frage legt Evaluation auch einen veränderten didaktischen Blick auf die Inhalte nahe, wenn die Zielanalyse den Blick nicht auf zu vermittelnden Stoff einschränkt, sondern nach der Bedeutung des zu lernenden Inhalts für das Leben fragt.

> Evaluation zwingt zur Klärung der Ziele von Bildungsmaßnahmen. Und trägt damit zu einer besseren – der Lern- und Lebenssituation von Erwachsenen angemesseneren – Inhaltsauswahl bei.

14.2 Lernen im Regelkreis

Didaktisches Denken und Handeln ist kein linearer Prozess. Der eben dargestellte Gedankengang ist ein Beispiel dafür: Am Anfang einer Bildungsmaßnahme geht man gedanklich ans Ende und fragt nach den Ergebnissen, um damit den Anfang zu gestalten. Didaktisches Denken und Handeln erfolgt vernetzt oder in Regelkreisform. Evaluation unterstützt dieses didaktische Prinzip.

Evaluation bietet einen weiteren didaktischen Regelkreis: Ist man tatsächlich am Ende angelangt, dann stellt Evaluation fest, ob die gesteckten Ziele erreicht wurden. Diese Prüfung hat didaktische Konsequenzen. Der Kursleiter erfährt, ob das didaktische Arrangement die gesteckten Ziele ermöglicht oder ob Schwachstellen eine Änderung notwendig machen. Der Lerner erfährt, in welchem Ausmaß er das Ziel erreicht hat und wie sein weiteres Lernen zu verlaufen hat. Die anbietende Institution erfährt, ob makrodidaktische Entscheidungen durch eine solche Kontrolle spiralförmig verbessert werden können.

Gerade für die Erwachsenenbildung ist diese Prüfung der didaktischen Qualität von makro- und mikrodidaktischen Angeboten von besonderer Bedeutung. Dabei steht nicht der Lerner, sondern **die didaktische Maßnahme auf dem Prüfstand**. Es geht in der Erwachsenenbildung nicht darum, festzustellen, ob jemand gescheit oder dumm ist, es geht darum, wie gemeinsame Ziele möglichst gut erreicht werden. Und dazu bedarf es der Kontrolle von Ergebnissen zur Steuerung des Lernens.

Evaluation verbessert didaktisches Handeln, indem konkrete Angebote gezielt verbessert werden. Und didaktisches Denken, indem zunehmend empirisch geprüftes didaktisches Wissen zur Verfügung steht. Und das Nachdenken über Didaktik, indem ein lineares Denken aufgegeben wird zugunsten einer Regelkreis- und Netzwerkvorstellung.

14.3 Lernen miteinander

Prüfungen und Kontrollen – und Evaluation baut darauf auf – haben im traditionellen Lernen einen schlechten Ruf: Sie sind zumeist abgespeichert unter der Erinnerung »Druck, Strafe, Vorgeführt-Werden«. Werden solche Kontrollen von außen übergestülpt, ist man Opfer oder Täter: Es wird einem etwas angetan, oder man tut jemandem etwas an.

In einem solchen Kontext wird für andere, wird gegeneinander gelernt – wahrlich kein Lernen, das andragogischen Vorstellungen entspricht! **Evaluation kann deshalb auch als Prüfstein für unsere Vorstellungen über Lernen dienen.** Evaluation ist sicherlich zunächst etwas, was ein Evaluator im stillen Kämmerlein plant – ähnlich wie dies auch bei vielen anderen didaktischen Maßnahmen der Fall ist. Dennoch müssen Wege gesucht werden, Evaluation als ein gemeinsames Bemühen um gemeinsame Ziele zu verstehen und zu gestalten. *Patton* schlägt dazu beispielsweise vor, eine »evaluation task force« aus Beteiligten zu bilden mit dem Effekt: »An environment of openness can be established to reduce suspicions and fears about the evaluation ... This increases the possibility of conducting an evaluation that is respectful of and responsive to different interests and values ... A sense of shared responsibility for the evaluation can be engendered ...« (*Patton* 1997, S. 353). Es muss die Haltung »Lasst uns anschauen, wo wir stehen, und dann gemeinsam und miteinander überlegen, wie wir am besten weitermachen« auch im Evaluationshandeln vermittelt werden. Dann bleibt Evaluation nichts, dem ein Untersuchter ausgeliefert ist, sondern etwas, was in gemeinsamem Interesse und gemeinsamer Bemühung erfolgt.

Die Vorstellung von gemeinsamem Lernen erwachsener Menschen hat für Evaluation sowohl Ziel- als auch Methodendimension. Gerade Evaluation ist ein fruchtbarer Anlass, über gemeinsames Lernen nachzudenken und den Fallen nachzuspüren, die wir aus unserer Kinder- und Schullernerfahrung unreflektiert mit uns herumtragen.

Intentionen und Methoden von geplanten Evaluationsprojekten sollte man unter die Zielfrage stellen: Trägt die geplante Evaluation und tragen die angewendeten Methoden zur Förderung erwachsenengerechten Lernens bei? Nicht jeder (Evaluations-) Zweck ist heilig und heiligt schon gar nicht jedes Mittel!

14.4 Evaluation und Didaktik

Ich hoffe, es ist mir gelungen zu zeigen, dass Evaluation nicht ein zur Bedrohung an Bildungsmaßnahmen angehängtes Donnerwetter ist, sondern Teil der andragogisch-didaktischen Planung und Durchführung. Und dass unter der Perspektive der Erwachsenenbildung der Selbstentscheidung und Selbstbewertung des Lerners grundlegende Bedeutung auch bei der Evaluation zukommt.

Didaktik befasst sich – plakativ ausgedrückt – mit dem mitteilenswerten Vermitteln von Mitteilenswertem. Mitteilenswertes: Das ist der inhaltliche Aspekt. Evaluation kann nicht darüber entscheiden, welche Inhalte und Gehalte wert sind, mitgeteilt zu werden. Aber mit dem Blick auf erwartete Ergebnisse und der Formulierung von Zielen zwingt Evaluation zur Klärung, Präzisierung, Diskussion. Bei diesem Setzen von Soll-Werten, diesem Festlegen von Zielen wird eine Didaktik der Erwachsenenbildung auch zeigen müssen, ob und wie sie die Selbstentscheidung von Erwachsenen berücksichtigt. Mitteilenswert vermitteln: Das ist der methodische Aspekt. Evaluation kann keine Vermittlungsmethoden vorgeben. Aber sie kann überprüfen, wie die eingeschlagenen Wege, die angebotenen Methoden, bei den Lernern ankommen. Und auch hierbei spielt es eine besondere Rolle, dass die Lernenden selbst zu ihrem Lernen Stellung beziehen können – eine Forderung gleichermaßen an die Didaktik wie an die Evaluation.

Wird Evaluation in einen andragogisch-didaktischen Kontext gestellt, wie es in diesem Buch versucht wurde, dann beantworten sich damit viele Fragen über Sinn, Zweck, Intentionen, Methoden, Verwertungsmöglichkeiten und Grenzen von Evaluation. Die Serie von Standards, die das »*Joint Committee …*« (1999) als Qualitätsmerkmale für Evaluationsuntersuchungen formuliert hat, könnten mit diesem Kontext über eine pragmatische, konsensuelle oder normative Begründung hinaus auch in einen theoretischen Rahmen gestellt werden. Hier liegt ein Potenzial für eine auch theoretisch begründete Evaluation, das es in Zukunft zu entwickeln und zu erproben gilt.

15. An Stelle eines Schlusswortes: Aktiver Rückblick

Damit sind Sie am Ende dieses Lehrbuchs zur Weiterbildungsevaluation angekommen. Sie haben eine erhebliche Menge Text bewältigt. Ich hoffe, dass es mir gelungen ist, Sie (siehe »Ziele von Teil I«) »bei der Stange zu halten«. Ich würde mich freuen, wenn dieses Lehrbuch hilft, dass Evaluation in der Erwachsenenbildung öfter und besser praktiziert wird. Werden Sie dazu beitragen?

Am Ende einer solchen umfangreichen Lernarbeit würde man am liebsten alles fallen lassen und schnell aufhören. Lerntechnisch ist das falsch! Wichtig ist jetzt noch einmal der Rückblick: Wo stand ich damals, wo stehe ich heute? Was habe ich an Inhalten kennen gelernt, was an Wissen und Können hinzugewonnen? Geben Sie sich dazu noch ein paar Minuten Zeit, indem Sie dieses Buch nochmals durchblättern und schauen, was Sie alles erarbeitet haben. Kreuzen Sie an, wie Sie die jeweiligen Kapitel einschätzen.

	War mir überwiegend neu	Wesentliche Sachverhalte sind klar	Habe ich angewendet
Definition Evaluation (Kap. 1)	❍	❍	
Funktionen von Evaluation (Kap. 1)	❍	❍	
Praxismethoden für Evaluation (Kap.2)	❍	❍	❍
Andragogische Intentionen von Evaluation (Kap. 3)	❍	❍	
Warum ist Evaluation selten? (Kap.4)	❍	❍	
Unterschiedliche Typen von Evaluation (Kap.5)	❍	❍	❍
Beispiele (Kap. 6)	❍	❍	
Datenerhebungsverfahren (Kap. 7)	❍	❍	❍
Gütekriterien (Kap. 8)	❍	❍	❍
Zielanalyse (Kap. 9)	❍	❍	❍
Konstruktion von Fragen (Kap. 10)	❍	❍	❍
Auswertung qualitativer Daten (Kap.11)	❍	❍	❍
Sicherung der internen Validität (Kap.12)	❍	❍	❍
Das Schreiben des Evaluationsberichtes (Kap. 13)	❍	❍	❍
Evaluation als didaktisches Handeln (Kap. 14)	❍	❍	

Diese vorgeschlagene Art des Rückblicks verfolgte drei didaktische Absichten: Zunächst sollte das Blättern und lernfördernde Wiederholen angeregt werden. Es ging also um höheren Lernerfolg durch Wiederholen und »Überlernen«. Zum Zweiten ging es darum, den Unterschied zwischen »vorher« und »jetzt« vor Augen zu führen. Dies ist die evaluative Funktion; dieses Vergleichen und Dokumentieren von Veränderung, dieses sich immer wieder Zwingen zur Vergewisserung, was tatsächlich erreicht wurde, ist, wie vielfach in diesem Buch betont, Grundlage von Evaluation. Damit war dies auch die letzte Evaluationsübung dieses Lehrbuchs. Indem die Dokumentation des Vorher-Nachher-Unterschieds verhindert, dass der erfolgte Lernfortschritt zu schnell unsichtbar, zu schnell selbstverständlich wird, beabsichtigte dieser aktive Rückblick noch ein Drittes: Da Sie bis hier durchgehalten haben, haben Sie ein Pensum geschafft, auf das Sie stolz sein können! Dies ist die motivationale Funktion dieses evaluativen Rückblicks. Auch dieses Lob ist das Ergebnis von Evaluation.

Folgende Geschichte stellt *Michael Q. Patton* an den Anfang seines höchst lesenswerten Buches »Utilization-Focused Evaluation«. Sie gefällt mit so gut, dass ich sie dem Leser dieses Buches am Ende noch mit auf den Weg geben möchte ...

»In the beginning, God created the heaven and the earth.

And God saw everything that he made. ›Behold,‹ God said, ›it is very good.‹ And the evening and the morning were the sixth day.

On the seventh day God rested from all His work. His archangel came then unto Him asking, ›God, how do you know that what you have created is 'very good'? What are your criteria? On what data you base your judgment? Just exactly what results were you expecting to attain? And aren't you a little close to the situation to make a fair and unbiased evaluation?‹

God thought about these questions all that day and His rest was greatly disturbed. On the eighth day God said, ›Lucifer, go to hell.‹

Thus was evaluation born in a blaze of glory ...«

(*Patton* 1997, S. 1)

Teil IV: Anhang

16. Lösungen zu den Übungsaufgaben

Übungsaufgabe 1

a) und b) Wenn man am Ende eines Kurses miteinander über den Kurs redet oder wenn man Meinungen über die Stärken und Schwächen eines Volkshochschulprogramms austauscht, dann ist das keine Evaluation: Weder das Kriterium »methodisch organisiert« noch »schwarz auf weiß« trifft zu.

c) Ebenfalls keine Evaluation ist der Stapel »Fragebogen zur Kursbewertung«, der unausgewertet im Schrank liegt (obwohl methodisch-explizite Handlung), solange seine Ergebnisse nicht ausgewertet und schwarz auf weiß formuliert vorliegen. Selbst wenn die Fragebogen ausgezählt und verschiedene Durchschnittswerte berechnet wären, würde dies nach der vorgeschlagenen Definition streng genommen auch noch nicht Evaluation sein, da eine explizite Bewertung der Ergebnisse damit noch nicht vorliegt.

d) Die an der Pinwand systematisch geordneten Moderationskärtchen aller Teilnehmer zur Frage »Was hat der Kurs mir gebracht (grüne Kärtchen), was hat mir gefehlt (rote Kärtchen)?« sind eine methodisch-explizite Handlung und sind auch »schwarz auf grün/rot«. Aber: Wandern sie am Kursende in den Papierkorb, dann ist das Kriterium »festhalten« nicht erfüllt; es wäre wichtig, diese Pinwände zu fotografieren oder abzuschreiben, damit sie dokumentierbar bleiben. Und auch hier wäre noch eine wertende Zusammenfassung nötig.

Übungsaufgabe 2

a) Dass jemand ein Programm betrieblicher Weiterbildung durchblättert und dann meint, »es sei so nicht ausreichend«, ist sicherlich eine Bewertung, hat aber mit Evaluation nichts zu tun: Es fehlen sowohl die Datensammlung als auch die Angabe und Begründung der Kriterien für diese Bewertung.

b) In einem von allen Teilnehmern am Kursende ausgefüllten Fragebogen wird der Lernerfolg auf einer Skala von 1 bis 5 mit dem Durchschnittswert 2,2 angegeben, das Kursklima mit 2,8. Auch dies ist noch keine Evaluation: Zwar werden Daten methodisch erhoben, aber zur Evaluation gehört dann auch die mutige und explizite Auseinandersetzung damit, was erreicht werden sollte und ob das Erreichte dem entspricht – und warum (nicht).

c) Anhand der Teilnehmerstatistik des Bildungswerks seines Kreises meint ein Pfarrer, 15 % »unter 25-Jährige« sei viel zu wenig, das müssten mindestens 30 % sein – und erklärt seiner verdutzen Bildungswerkleiterin, sie hätte erheblich das Ziel verfehlt. Hier werden zwar explizite Daten verwendet, und auch ein Urteil liegt vor. Doch war offenbar diese Zielvorgabe nicht von vornherein klar – was nicht nur schlechter Stil ist, sondern auch den Soll-Wert im Dunkeln lässt. Zudem ist nicht klar, wo dieser Soll-Wert herkommt, wie er begründet ist, ob er bloßes Wunschdenken ist, ob er überhaupt eine realistische Größe ist. Eine Evaluation müsste auch die Reflexion des Soll-Wertes umfassen, gerade dabei ergeben sich oft wichtige Erkenntnisse.

Übungsaufgabe 3

Prüfen Sie, welche der drei Elemente »methodisch erfasst (= ME)«, »begründet bewertet (= BB)« und »Praxisbezug(= PB)« Sie in folgenden Evaluationsdefinitionen identifizieren können. Schreiben Sie die Kürzel ME, BB und PB an die entsprechenden Textstellen.

a) »Im Allgemeinen bedeutet Evaluation die Gewinnung von Informationen durch formale Mittel wie Kriterien, Messungen und statistische Verfahren mit dem Ziel, eine rationale Grundlage für das Fällen von Urteilen in Entscheidungssituationen zu erhalten« (*Stufflebeam* 1972, S. 124).

   »Methodisch erfasst ME« ist durch »formale Mittel ...« abgedeckt, »Praxisbezug PB« wohl durch »Urteilen in Entscheidungsbezug«, BB findet sich hier nicht.

b) Evaluation ist »die systematische Anwendung von Verfahren der Sozialforschung mit dem Ziel, die Konzeptualisierung und das Design, die Implementation und die Nützlichkeit sozialer Interventionsprogramme einzuschätzen« (*Rossi/Freedman* 1982, S. 20).

   »Methodisch erfasst ME« findet sich ausführliche in »systematische Anwendung ...«, »Praxisbezug PB« im Einschätzen von Interventionsprogrammen; »begründet bewerten BB« ist nur vage angedeutet in »einschätzen«.

c) »We define evaluation as a process for describing an evaluand and judging its merit and worth« (*Guba/Lincoln* 1981, S. 303).

   »Methodisch erfasst ME« ist mit »describing« minimal angedeutet, expliziter Praxisbezug ist nicht zu finden, »begründet bewerten BB« steckt wohl in »judging its merit and worth«.

d) »Evaluation zielt auf die Verbesserung gesellschaftlicher Praxis, indem sie Programme, Maßnahmenbündel oder Materialien systematisch, d.h. methodisch angeleitet und an Gütekriterien überprüfbar, beschreibt und bewertet« (*Beywl* 1998, S. 1).

Praxisbezug ist klar, methodisch-systematische Erfassung auch, »bewertet« wird zwar genannt, bleibt aber nicht präzisiert.

Übungsaufgabe 4

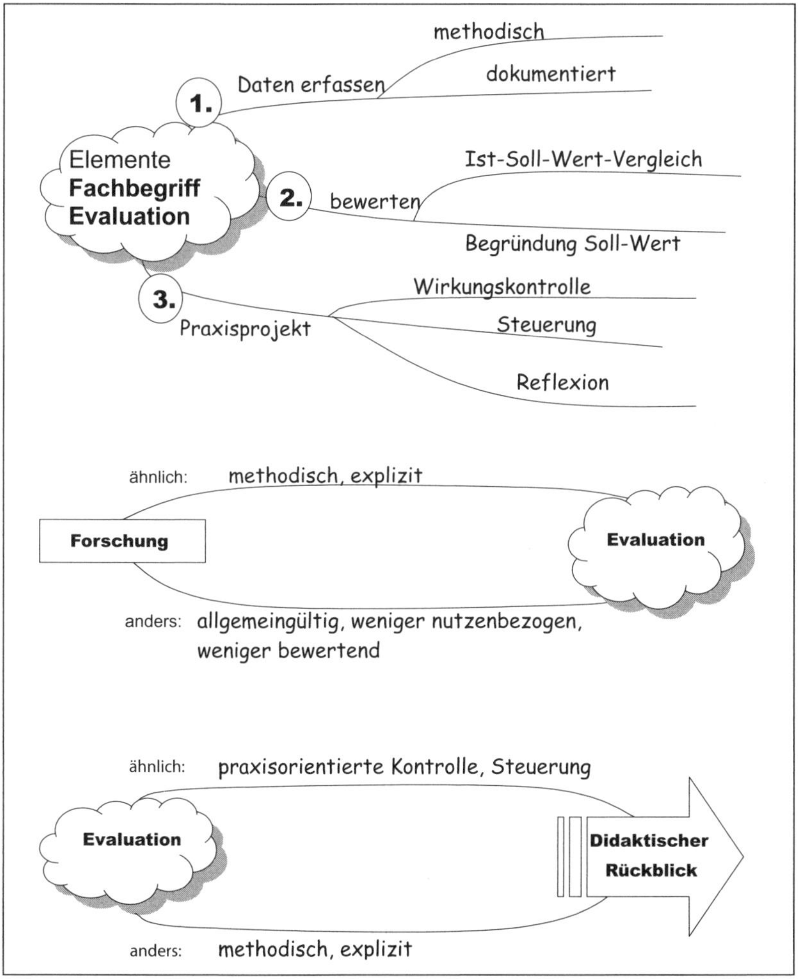

Übungsaufgabe 5 und 6

Werden im unmittelbar nachfolgenden Text beantwortet.

Übungsaufgabe 7

Soll die Ihnen individuell wichtigen Gründe enthalten.

Übungsaufgabe 8

Individuelle Beispiele!

Übungsaufgabe 9

Die Lösungen finden Sie auf den in der Aufgabe angegebenen Seiten.

Übungsaufgabe 10

Fehler in der Aufgabenstellung: Wer Aufgabe 1 nicht beantworten kann, wird durch Aufgabe 2 auf die Lösung hingelenkt! In einer »richtigen« Prüfung müsste dies unbedingt vermieden werde, beispielweise durch eine Durchmischung der Aufgaben. Darauf wird in Kapitel 10 noch ausführlich eingegangen.

Ein weiterer Fehler: Die Aufgaben sind nicht unabhängig voneinander. Wer 2 nicht lösen kann, kann auch 3 (und 5) nicht lösen.

Übungsaufgabe 11

Eine Musterlösung kann hier nicht vorgegeben werden, aber meistens kommen etwa die 10-fachen Kosten beim geliehenen Buch heraus. So eindrucksvoll der Vergleich ist: Meine Studenten lachen immer darüber, und leihen sich weiterhin die Bücher!

Übungsaufgabe 12

Sie sehen: Oft sind die indirekten Kosten wie die ausgefallene Arbeitszeit besonders kostenintensiv. Dies ist oft das erschreckende Ergebnis einer Kostenevaluation – und kann auch manchmal durchaus ein Argument sein, eine auf vage Erfolgshoffnung gegründete Maßnahme zu kippen.

Übungsaufgabe 13

Zur Berechnung von unsicheren Posten: Wenn Sie die Wahrscheinlichkeit mit 50 % einschätzen, dann bleiben von 3.000,– € für erhoffte zusätzliche Aufträge nur noch 1.500,– € für die Gesamtbilanz.

Interessant: Welchen Betrag haben Sie für das »bessere Gefühl« eingesetzt?

Übungsaufgabe 14

1) (b) = Oben und unten herstellen, gute und schlechte Noten produzieren.
2) (f) = Abhängig machen vom Lehrer, Machtposition.
3) (c) oder (a) = Kann disziplinieren, aber auch blamieren, bloßstellen, nur nach einer Dimension beurteilen, kein Respekt, sondern eindimensional.
4) (c) = Misstrauen
5) (e) = Keine Gemeinsamkeit

Übungsaufgabe 15 / 16 / 17

Dies sind Aufgaben, die Sie aus Ihrer Situation heraus individuell zu beantworten haben.

Übungsaufgabe 18 / 19

Individuell zu beantwortende Aufgaben.

Übungsaufgabe 20

a) Ergebnisse auch dann sammeln, wenn sie jetzt gerade allen Beteiligten selbstverständlich erscheinen. Protokolle, Zeitungsartikel, Fotos ... sammeln, kurz zusammenschreiben, verteilen.
b) Bildungs- / Schulungs- / Trainingsmaßnahmen aufschreiben. Chaos, Gejammer, Schaden »vorher« festhalten.
c) Sowohl subjektiven als auch objektiven Erfolg erfassen und beschreiben, nicht in die Lücke («Indikatorenschaukel«) fallen: Einmal gilt das eine nicht, einmal das andere nicht. Beim konkreten Einzelfall bleiben.
d) Zusätzlich zu »engen« Wirkungen auch Aussagen von Teilnehmern zu komplexen Wirkungen sammeln und dokumentieren.

Übungsaufgabe 21

Vergleichen Sie mit Ihren Beispielen:

- Gut klingt z.B. (und ist auch wichtig): Selbstständigkeit fördern, kritisches Bewusstsein entwickeln, den Computer beherrschen, Kurse mit modernen Methoden gestalten …
- Versprechen kann man z. B.: mit den vorgegebenen Gütekriterien Untersuchungen beurteilen, einen Kursbeurteilungsbogen einsetzen können, Gruppenarbeit vorbereiten und anleiten, Disketten formatieren und kopieren ...

Übungsaufgabe 22

a) Große Richtziele konkretisieren in einer Liste erreichbarer Einzelziele.

b) Die Indikatorenschaukel lässt sich vermeiden durch vorherige schriftliche gemeinsame Festlegung dessen, was erreicht werden soll.

c) Als Hilfe und Rückmeldung gedacht. Vertrauensvolles miteinander betrachten, gemeinsame Suche nach Verbesserung. Verfahren mit Kursleitern vorher besprechen.

   Vermeiden: Misstrauen und Kontrolle. Bei größeren Bedenken lieber sein lassen.

d) Hier haben Sie hoffentlich eingetragen, dass Sie zu denjenigen gehören werden, die diese Kompetenz haben!

e) Zwei Möglichkeiten: Eigene Evaluationen so anlegen, dass die Ergebnisse davon überzeugen, dass Evaluation etwas nutzt. Und: Meta-Evaluation betreiben: Evaluationsuntersuchungen zusammenstellen und auf Effekte untersuchen.

Übungsaufgabe 23

Summative Evaluation – beschreibt und bewertet ein Endergebnis.

Formative Evaluation = will Schwächen und Fehler aufdecken und Verbesserungen vorschlagen.

Übungsaufgabe 24

Kosten-Nutzen-Evaluation, insbesondere bei der Berechnung alternativer Kosten.

Übungsaufgabe 25

Breitenevaluation ist ein qualitatives, KBB ein quantitatives Verfahren.

Übungsaufgabe 26

Schlagen Sie in den vorausgegangenen Kapiteln nach!

Übungsaufgabe 27

Summativ, vergleichend, Selbstevaluation, Ergebnisevaluation, quantitativ, hypothesenprüfend.

Übungsaufgabe 28

Bei allen außer 2.1.c, 2.4.

Übungsaufgabe 29

Vorteile: schnelle Durchführung, unabhängig vom Kursinhalt, verschiedene Kurse vergleichbar, leichte Auswertung, kaum Materialaufwand, leichte Zusammenfassung / Dokumentation.

Nachteile: kein Nachweis tatsächlichen Könnens, abhängig vom Anspruchsniveau der Teilnehmer, durch Stimmungen beeinflussbar.

Übungsaufgabe 30

Z.B.: Schreibmaschine schreiben, Tauchen, Maschine/Gerät bedienen, Zeitmanagement, Präsentationstechniken, Fahrschule ...

Z.B.: Wo steht unser Unternehmen in fünf Jahren? Kunstwerke der Toskana. Großeltern, Eltern, Kinder – Leben miteinander.

Übungsaufgabe 31

Vorab-Einschätzung: Welche Hinweise finden wir im Angebot, dass es das leistet, was wir brauchen?

Meinung: Wie fanden Sie den Kurs?

Können: Können Sie das Gelernte demonstrieren?

Anwendung: Wird das Gelernte in der Praxis angewendet?

Wirkung: Hat sich die erhoffte Wirkung eingestellt?

Übungsaufgabe 32

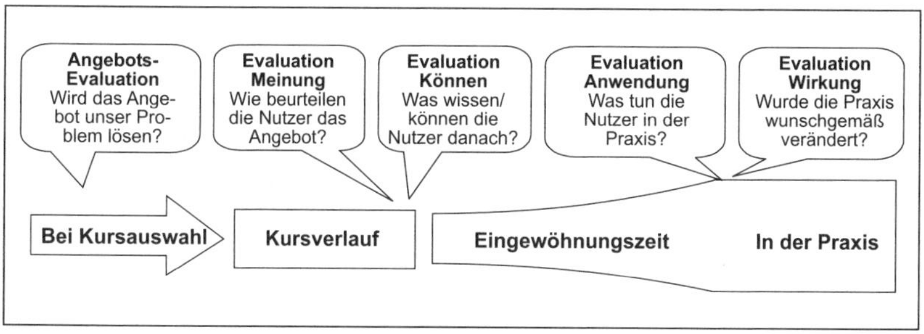

Übungsaufgabe 33

Diese Aufgabe ist eine individuelle Arbeitsaufgabe und hat keine Musterlösung.

Übungsaufgabe 34

Strukturiert und geschlossen = Sicht des Befragers
Offen = Sicht der Befragten

Übungsaufgabe 35

Alle diese vier Kriterien treffen auch auf Befragung als Forschungsinstrument zu – und auch auf die in diesem Kapitel noch folgenden Verfahren.

Übungsaufgabe 36

Vorteile z. B.: erfolgt kontextbezogen im Feld, nicht von Erinnerungen abhängig, Unmittelbarkeit, nicht von Mitteilungsbereitschaft anderer abhängig, nicht betriebsblind, Anwesenheit im Feld macht zumeist Spaß, begrenzter Vorbereitungsaufwand ...

Nachteile z. B.: man interpretiert etwas in Dinge hinein, was die Beteiligten anders sehen, manchmal kein Zugang zu wichtigen Situationen, Vertraulichkeit, persönliche Anwesenheit erforderlich, Eindrücke sind flüchtig ...

Übungsaufgabe 37

Individuell zu lösende Aufgabe.

Übungsaufgabe 38

Geeignet z. B. Sprachkurse, Computerkurse, handwerkliche und kaufmännische Fähigkeiten.

Weniger geeignet z. B. Kunstwerke der Toskana, Eltern und Kinder, Batik.

Übungsaufgabe 39

Befragung, Beobachtung, Test.

Übungsaufgabe 40

Individuell zu lösende Aufgabe.

Übungsaufgabe 41

Lösung unmittelbar im Anschluss an die Aufgabe.

Übungsaufgabe 42

Individuell zu lösende Aufgabe.

Übungsaufgabe 43

a) = 3: Wenn die Ergebnisse niemanden interessieren, dann sind sie offenbar auch für nichts didaktisch nützlich.

b) = 1: Kommen unterschiedliche Subjekte bei der gleichen Sache zu unterschiedlichen Urteilen, dann liegt der Unterschied nicht in der Sache, sondern im unterschiedlichen Maßstab innerhalb der urteilenden Subjekte. Hier mangelt es an Objektivität.

c) = 4: Ein verlässliches, reliables Instrument führt, so lange sich die Sache nicht ändert, zum gleichen Ergebnis.

d) = 2: Offenbar misst der Test nicht, was er zu messen vorgibt: späteren Praxiserfolg. Dies ist ein Validitätsproblem.

Übungsaufgabe 44

Richtig sind (a) und (c).

Übungsaufgabe 45

Richtig ist (d).

Übungsaufgabe 46

Richtig sind (b) und (e).

Übungsaufgabe 47

Richtig sind (a), (b) und (e).

Übungsaufgabe 48

Reliabilität: Sie können sich bei einem einmaligen Wiegen nicht darauf verlassen, dass das angezeigte Gewicht stimmt.

Übungsaufgabe 49

Validität: Das Instrument gibt vor, in Kilogrammeinheiten zu messen, misst aber in Wirklichkeit in 909-Gramm-Einheiten – das allerdings sehr reliabel.

Übungsaufgabe 50

Die Beispiele (a), (b) und (c) beschreiben makrodidaktische Inhalte, (d), (e) und (f) mikrodidaktische.

Übungsaufgabe 51

Ziele z.B.:

a) Bildung soll erschwinglich sein. Einstellung kompetenter Kursleiter. Eine Evaluation durchführen. Gemeinderäte sollen mehr Verständnis für die Bedeutung von Bildung haben …
b) Handlungsfähigkeit fördern. Eindruck machen. Lernen durch Feedback ermöglichen. Technikängste abbauen …
c) Mehr Abwechslung im Alltag. Entlastung des Personals. Nachwuchsmitarbeiter gewinnen …
d) Evaluationen durchführen. Evaluation definieren. Untersuchungen beurteilen können …
e) Folgendes beherrschen: Computer einschalten, Betriebssystem laden, Anwendungen/Programme starten …
f) Gestärkte Selbstverantwortung. Besseres Merken durch Anwendung. Teilnehmer kommen gern. Kurs ist kurzweiliger …

Übungsaufgabe 52

Alle diese Ziele sind wichtig. Aber operationalisiert («Was *tut* …«) sind nur (b), (c) und (f).

Übungsaufgabe 53

(a) = V, B, M. (b) = V. (c) = V, B. (d) = nichts. (e) = V, M. (f) = V, M. (g) = V, M. (h) = würde auch das Verhalten »Der Student wirft ihn aus dem Fenster« enthalten – was kaum gemeint sein dürfte!

Übungsaufgabe 54

Alle diese Inhalte und Ziele sind Vagheiten: Sie beschreiben kein konkretes Verhalten, das man sehen und damit beurteilen kann.

Übungsaufgabe 55

»Zunächst schreibt (!) man sofort (!) bei der ersten Planung von Bildungsmaßnahmen auf, was man alles durch diese Maßnahme erzielen will.«

Übungsaufgabe 56a+b

Dies ist wie leider üblich eine Inhaltsbeschreibung: Sie erfahren, welcher Inhalt durchgenommen wird, aber nicht, was Sie hinterher können sollen. Aber achten Sie auf den nächsten Absatz! Dort finden Sie die Zielbeschreibung.

Übungsaufgabe 57

1. = (c) Denn: Kann ein Teilnehmer dies überhaupt beurteilen, oder wird hier eher Arroganz und unverständliche Hochgestochenheit beurteilt?
2. = (e) Wird hier mit »Nein« geantwortet, dann schließt man daraus, dass der Kurs schlecht war. Was ist aber, wenn das Nein dadurch zustande kam, dass die Befragten gar keine Praxismöglichkeit haben – wofür der Kursleiter nichts kann?
3. = (f) Nahegelegt wird: Der Kursleiter ist schuld, wenn es zu theoretisch war. Aber die Ursache für diese Einschätzung kann auch sein, dass die »falschen« Teilnehmer geschickt wurden bzw. kamen. Und dafür kann der Kursleiter nichts.
4. = (b) – Die Aufgabe spricht wohl für sich!
5. = (d) Stellen Sie sich vor: Sie hatten Schwierigkeiten. Versuchen Sie, diese Frage mit Ja oder Nein zu beantworten.
6. = (a) – Haben wir das nicht schön kompliziert formuliert?
7. = (g) Ist Verunsicherung gut oder schlecht? Wenn Sie dies nicht eindeutig beantworten können, lassen Sie die Frage besser weg.

Übungsaufgabe 58

Das Informationsfeld umfasst die beiden ersten Absätze sowie den zweispaltigen Text. Fragefeld und Anweisungsfeld sind vermischt im dritten Absatz »Suchen Sie ...«. Antwortfeld: Die Zeilen »Frage X müsste ...«.

Übungsaufgabe 59

Bei uns wurde wie folgt codiert:

Nach Zeile 3: TOL-5, EMO-11

Nach Zeile 15: MME-18

Nach Zeile 22: REF-25, EMO-25

Nach Zeile 28: REF-33, REL-36

Nach Zeile 29: EMO-30

Übungsaufgabe 60

Sie können am Ende eines Kurses nur noch 70 Prozent der Teilnehmer befragen, weil die anderen ausgestiegen sind. Lösung: Mortality = Es könnte sein, dass die Ergebnisse deswegen besser werden, weil die Unzufriedenen wegbleiben.

Sie wollen feststellen, ob eine bestimmte Kursmethode das selbstständige Lernen fördert. Sie befragen die Teilnehmer vor Beginn nach ihrer Meinung über selbstständiges Lernen. Lösung: Testing = Durch die Vorher-Befragung wird möglicherweise die Aufmerksamkeit der Teilnehmer auf die Art des Lernens gerichtet und sie antworten jetzt anders als wäre diese Befragung nicht gewesen.

Sie wollen feststellen, ob bestimmte Maßnahmen in Arbeitslosenkursen die Vermittlungschance erhöhen. Während der Kurse verändert sich der Arbeitsmarkt. Lösung: History = Möglicherweise hat nicht Ihr Kurs, sondern der veränderte Arbeitsmarkt die Vermittlungschancen verändert.

Übungsaufgabe 61

Der Autor ist *Robert Mager*, dieser Satz stellt eine operationalisierte Zielformulierung dar, und damit befasste sich Kapitel 9.

Übungsaufgabe 62

Evaluationsuntersuchungen bringen Ergebnisse auf der Sach-/Inhaltsebene, auf der Konzeptebene und hinsichtlich der Untersuchungsmethode bzw. den Untersuchungsinstrumenten.

17. Glossar

Andragogik; andragogisch
Wissenschaft von der Bildung Erwachsener; gemäß dem Stand dieser Wissenschaft begründetes / reflektiertes Denken und Handeln.

Breitenevaluation
Breitenevaluation bezeichnet ein Verfahren, bei dem zugleich nach intendierten Wirkungen, nach begleitenden sonstigen, assoziierten Kenntnissen / Fertigkeiten sowie nach Einsichten über sich, den Lernstoff und Andere gesucht wird (s. 2.3).

Codierung
Übertragung qualitativer Daten in Kategorien, zumeist in Form von Kennziffern.

databased description
Beschreibung von Vorgängen und Ergebnissen, die auf erhobenen Daten beruhen.

Dependability, (auch: Consistency)
In der qualitativen Forschung verwendete Bezeichnung für die Verlässlichkeit und Konsistenz von Ergebnissen (s. 8.3).

didaktische Nützlichkeit
Überlegungen zur andragogisch-didaktischen Funktion von Evaluationsmaßnahmen. Dazu wird sowohl nach dem Zweck, der Angemessenheit, dem Ziel, dem Aufwand, den Nebenwirkungen und möglichen Gefahren gefragt (s. 8.1).

didaktische Rückmeldeformen
Seminarrückblick, Seminarkritik, Nachbereitung, Feed-backs, Manöverkritik und ähnliche Rückmeldeformen stehen zumeist am Seminarende; sie unterscheiden sich von der Evaluation dadurch, dass der Zugriff wenig methodisch erfolgt und keine »Daten« dokumentiert werden.

Distraktor
Falschantwort bei Antwortauswahlaufgaben, die von der richtigen Antwort ablenken soll.

Entwicklungsevaluation
Bei diesem Verfahren wird die Entwicklung eines didaktischen Projektes im Entstehen begleitet, dokumentiert und beurteilt. Besonderes Gewicht wird dabei auf die Entstehungszusammenhänge gelegt, auch und gerade wenn sich dabei Abweichungen vom ursprünglichen Plan ergeben.

Ergebnisevaluation, (auch: Output-Evaluation)
Dokumentiert und bewertet, was bei Maßnahmen als Ergebnis herauskommt (s. 5.1.4).

Evaluation
Meint (1) das Erfassen und (2) das Bewerten von Prozessen und Ergebnissen zur (3) Wirkungskontrolle, Steuerung und Reflexion im Bildungsbereich (s. 1.1).

Field-Note, Feld-Notiz
Spontane und subjektive Notizen, in denen der Forscher seine unmittelbaren Beobachtungen und seine wertenden Kommentare unmittelbar im Beobachtungsfeld oder gleich danach festhält. Oft auch in Form eines Forschungstagebuchs. Wird später zur Auswertung herangezogen.

formative Evaluation
Evaluation dient als Informationsquelle für die effektive Formung des Weiterlernens (Gegensatz: summative Evaluation) (s. 1.2).

Fotoprotokoll
Visualisierte Ergebnisse (Kartenabfragen, Punktabfragen) oder Produkte werden fotografiert und in dieser Form dokumentiert.

Fremdevaluation
Die Evaluation wird von Außenstehenden durchgeführt (s. 5.1.3).

geschlossene Frage/Aufgabe
Mit der Frage werden zugleich Antwortmöglichkeiten angeboten, die durch Ankreuzen/Ausstreichen o.ä. zu kennzeichnen sind (s. 10.3.2).

Gütekriterien
Kriterien, an denen die Güte von Instrumenten und Verfahren geprüft werden kann: Didaktische Nützlichkeit, Objektivität, Reliabilität (Dependability, Consistency), Validität, Ökonomie, Normierung (s. 8).

halboffene Frage/Aufgabe
Der Befragte formuliert seine Antwort selbst; der Auswerter hat aber einen Auswertungsschlüssel, mit dem die Antworten klassifiziert und eingeordnet werden (s. 10.3.2).

Hawthorne-Effekt
Durch die Tatsache der Beobachtung werden Effekte produziert, die ohne Beobachtung nicht aufgetreten wären (s. 12.1).

heimlicher Lehrplan
Macht darauf aufmerksam, dass nicht nur das gelernt wird, was bewusst als Lerninhalt beabsichtigt wird, sondern auch das, was als Nebeninhalt durch die Form von Lernangebote mittransportiert wird.

History
Äußeres Geschehen zwischen Beginn und Ende einer Beobachtung, das unabhängig von der didaktischen Maßnahme das Ergebnis beeinflusst/verfälscht (s. 12.1).

hypothesenprüfende / hypothesengenerierende Evaluation
Hypothesenprüfend sind Forschungsstrategien, die vor Forschungsbeginn Fragen formulieren, die durch die Evaluation beantwortet werden sollen. Soll die Evaluation aber erst Zusammenhänge, Kategorien, Fragen oder Dimensionen klären und bewusst machen, spricht man von hypothesengenerierender Evaluation (s. 5.1.6).

Indikatoren
Abstrakte Lernziele (z. B. Selbstständigkeit, Kreativität) kann man nicht direkt beobachten; man schließt von bestimmten Indikatoren aus, dass sie (nicht) erreicht wurden.

Indikatorenschaukel
Werden Weiterbildungswirkungen festgestellt, dann ist es ein leichtes, zu reklamieren, man hätte ganz andere Indikatoren heranziehen müssen: Sie haben A untersucht, aber – so wird Ihnen vorgehalten – B wäre doch viel wichtiger gewesen. Damit kann jede Wirkungsforschung ad absurdum geführt werden (s. 1.3).

interne / externe Validität
Eine Untersuchung hat dann interne (oder: innere) Validität, wenn die beobachteten Effekte tatsächlich auf die behaupteten Ursachen zurückgeführt werden können (und nicht durch verfälschende Faktoren wie History, Maturation ... zustande kamen). Externe (äußere) Validität bezieht sich auf die Generalisierbarkeit der beobachteten Effekte: Wie weit lässt sich das mit einem speziellen Untersuchungsdesign gewonnene Ergebnis auf andere Situationen verallgemeinern (s. 12.1).

Instrumentation
Verfälschender Effekt durch Wechsel des Beobachtungsinstrumentes (s. 12.1).

intrinsische Evaluation
Dokumentiert und bewertet eine Bildungsmaßnahme nicht von den Ergebnissen her, sondern von ihren erklärten Ansprüchen aus. Es wird geprüft, ob etwas so ist, wie es sein sollte. Zielevaluation prüft Zielangaben auf ihre logische Stimmigkeit, Vollständigkeit, Genauigkeit und Überprüfbarkeit, Prozessevaluation vergleicht den Ablauf von Prozessen innerlich an den eigenen Ansprüchen, Produktevaluation prüft, ob ein didaktisches Produkt den gestellten Ansprüchen entspricht. Mit dieser Evaluationsstrategie werden didaktische Maßnahmen überprüft, bevor sie in der Realität eingesetzt werden und Ergebnisse für eine Ergebnis-/Outputevaluation vorliegen (s. 5.1.4).

Item
Einzelaufgabe in einem Test, Einzelfrage in einem Fragebogen.

Maturation
Bezeichnung für einen verfälschenden Effekt: Durch das Verstreichen der Zeit entstehen bei den Beobachteten Effekte, die nicht ursächlich auf die untersuchte didaktische Maßnahme zurückzuführen sind (s. 12.1).

Mind-Maps
Mind-Maps sind gezeichnete Strukturen, in die man die entscheidenden Stichworte einträgt; sie erlauben einen schnellen Überblick und wirken merkfördernd.

Mortality, (auch: Sustainability)
Der Ausfall von Teilnehmern bzw. Beobachtungen im Verlauf einer Untersuchung (z. B. nur die Zufriedenen bleiben dabei) spiegelt ein falsches Ergebnis vor (s. 12.1).

narrative Befragung
Schriftliche oder mündliche Befragung, die wenig Struktur vorgibt und den Befragten zu einer subjektiv-erzählenden Darstellung veranlasst.

Normierung
Bei Instrumenten werden Tabellen oder Vergleichswerte angegeben, die den Vergleich mit einer Normstichprobe erlauben (s. 8.5).

Objektivität
Unabhängigkeit der Instrumente und Verfahren vom Untersucher: Verschiedene Untersucher müssen bei der gleichen Sache zum gleichen Ergebnis kommen (s. 8.2).

offene Frage/Aufgabe
Bei dieser Frageform gibt es keine bestimmte, vorhersehbare Antwort. Diese Frageform wird eingesetzt, wenn sich der Untersucher qualitative Information erhofft, die nicht vorhergesehen werden kann (s. 10.3.2).

Ökonomie
Gütekriterium für Instrumente oder Verfahren: Ein Verfahren ist dann ökonomisch, wenn die Durchführungszeit kurz ist, wenig Material beansprucht wird, es einfach zu handhaben ist sowie schnell und bequem ausgewertet werden kann (s. 8.6).

Operationalisierung
Allgemeine Bildungsziele, Konzepte, Absichten werden durch eine Reihe konkreter Verhaltensweisen umschrieben, konkretisiert und damit intersubjektiv kritisier- und beobachtbar gemacht (s. 9.2).

Output-Evaluation
Siehe Ergebnis-Evaluation.

Produktevaluation
Siehe intrinsische Evaluation.

Prozessevaluation
Siehe intrinsische Evaluation.

qualitative Evaluation
Qualitative Evaluation ist eine zumeist von Worten (z. B. aus Interviews) ausgehende Forschungsstrategie, in der Ganzheitlichkeit und subjektive Interpretationen der Befragten im Mittelpunkt stehen (»wie«, »warum« sind die zentralen Fragen). Fokussiert wird in der Regel auf induktives Vorgehen, Deskription, Prozessorientierung, Verstehen und Interpretation. Das reine Auszählen oder »als Beispiel zitieren« ist damit weniger gemeint; zumeist wird darauf abgehoben, dass der Auswerter sich durch die Aussagen auf qualitativ neue Ideen bringen lässt (»Offenheit«), nicht nur seine alten Vorannahmen bestätigt.

quantitative Evaluation
Wertet als Datenbasis in Zahlenform nummerisch aus (s. 5.1.5).

Rating
Schätzskala; nach dem Prinzip »mehr – weniger« wird eine vorgegebene Frage durch Markieren eines angebotenen Kontinuums (zwischen drei bis sieben Abstufungen) quantitativ beantwortet.

Reaktanz, reaktanzfreie Verfahren
Viele Evaluationsverfahren und -instrumente verändern oder verfälschen die untersuchte Situation: Menschen, die sich beobachtet wissen, verhalten sich anders, Befragte denken über Dinge nach, die ihnen sonst nicht in den Sinn gekommen wären. Reaktanz ist die Rückwirkung der Untersuchung auf den Untersuchungsgegenstand. Reaktanzfrei nennt man Verfahren, bei denen eine solche Verfälschung nicht stattfindet, beispielsweise bei der nachträglichen Analyse von Dokumenten (s. 12.1).

Reliabilität
Unter Reliabilität versteht man den Grad der Genauigkeit oder Zuverlässigkeit, mit der ein Instrument oder Verfahren misst (s. 8.3).

Selbstevaluation
Die Evaluation wird von Beteiligten selbst durchgeführt (s. 5.1.3).

Selektion
Unterschiedliche Zusammensetzung von Vergleichsgruppen spiegeln scheinbare Effekte vor (s. 12.1).

subjektiver/objektiver Erfolg
Erfolg kann definiert sein durch Vorgaben von außen (objektiver Erfolg: »Der erfolgreiche Teilnehmer muss folgendes können ...«) oder vom Teilnehmer selbst (subjektiver Erfolg: »Ich bin zufrieden mit dem, was ich erreicht habe – gemessen an meinem eigenen Maßstab«) (s. 1.4.3).

summative Evaluation
Am Ende einer Maßnahme wird der Erfolg aufsummiert, gewissermaßen als Ergebnis, Schlussstrich und Endurteil (Gegenbegriff: formative Evaluation) (s. 12.1).

Testing
Verfälschung eines Ergebnisses durch die Anwendung eines Vortests oder einer Vorbefragung (s. 12.1).

Tests, standardisierte / informelle
Messverfahren, insbesondere zur Leistungsmessung. Standardisierte Tests haben ein Prüfverfahren hinter sich, so dass die Messqualität bekannt ist. Informelle Tests werden nach den Prinzipien standardisierter Tests entworfen, werden dann aber erst nachträglich auf ihre Messqualität geprüft (s. 7.3).

Transfer-Erfolg
Prüft, ob das Gelernte auf den realen Anwendungsbereich übertragen wird (s. 5.2.3).

Validität
Gütekriterium von Instrumenten und Verfahren, das den Inhalt des tatsächlich Untersuchten daraufhin prüft, ob bzw. inwieweit er mit dem behaupteten oder gewünschten Inhalt übereinstimmt (s. 8.4).

vergleichende / nichtvergleichende Evaluation
Vergleichende Evaluation erfasst Merkmale gezielt und explizit bei einer anderen Personengruppe oder zu einem anderen Messzeitpunkt und vergleicht sie mit den eigenen. Nichtvergleichende Evaluation hat keine solche direkte Vergleichsgröße (s. 5.1.2).

Wirkungsbreite, Wirkungskette
Diese Begriffe machen darauf aufmerksam, dass die Bildung Erwachsener wenn sie sinnvoll in Lebensbezüge eingebettet ist, Wirkungsketten in Gang setzt, die möglicherweise über lange Zeiträume Wirkung zeigen und die niemand vorhersehen kann – und das in einer Wirkungsbreite, die über das ursprüngliche Lernfeld hinausreicht (s. 4.4).

Zielanalyse
Von *Robert Mager* entwickeltes Verfahren, vage Zielformulierungen in einer Liste durch beobachtbares Verhalten zu konkretisieren (s. 9).

Zielevaluation
Siehe intrinsische Evaluation.

18. Die DeGEval-Standards für Evaluation

Im Oktober 2001 hat die Mitgliederversammlung der Deutschen Gesellschaft für Evaluation (DeGEval) auf ihrer vierten Jahrestagung einstimmig die »Standards für Evaluation« verabschiedet. In einer Zeit wachsenden öffentlichen Interesses an Evaluation stellt die DeGEval damit eine fachliche Grundlage bereit, die durch die Mitglieder der Gesellschaft formuliert, entwickelt und schließlich verabschiedet worden ist. Sie erhofft sich davon eine Verbreitung methodischen und professionellen Wissens über Evaluation und eine Verstetigung des Dialogs über Qualität und Nutzen von Evaluationen.

Die DeGEval-Standards sollen die Qualität von Evaluationen sichern und entwickeln helfen und den öffentlichen und professionellen Dialog darüber fördern. Die Standards geben auch konkrete Hinweise für die Planung und Durchführung von Evaluationen. Darüber hinaus können sie als Orientierungsgrundlage für die Aus- und Weiterbildung in Evaluation genutzt werden und Bezugsrahmen sein für die Evaluation von Evaluationen (Meta-Evaluation).

Vertiefende Erläuterungen zu den Standards lassen sich auf der Internetseite der DeGEval (www.degeval.de/standards/erlaeuterungen.htm) abrufen.

Standards für Evaluation vorgelegt von der Deutschen Gesellschaft für Evaluation (DeGEval-Standards)*

Evaluationen sollen vier grundlegende Eigenschaften aufweisen:
Nützlichkeit – Durchführbarkeit – Fairness – Genauigkeit.

N Nützlichkeit

Die Nützlichkeitsstandards sollen sicher stellen, dass die Evaluation sich an den geklärten Evaluationszwecken sowie am Informationsbedarf der vorgesehenen Nutzer und Nutzerinnen ausrichtet.

N1 Identifizierung der Beteiligten und Betroffenen

Die am Evaluationsgegenstand beteiligten oder von ihm betroffenen Personen bzw. Personengruppen sollen identifiziert werden, damit deren

* Eine Überarbeitung der Standards ist bis spätestens Ende 2004 vorgesehen.

Interessen geklärt und so weit wie möglich bei der Anlage der Evaluation berücksichtigt werden können.

N2 Klärung der Evaluationszwecke

Es soll deutlich bestimmt sein, welche Zwecke mit der Evaluation verfolgt werden, so dass die Beteiligten und Betroffenen Position dazu beziehen können und das Evaluationsteam einen klaren Arbeitsauftrag verfolgen kann.

N3 Glaubwürdigkeit und Kompetenz des Evaluators / der Evaluatorin

Wer Evaluationen durchführt, soll persönlich glaubwürdig sowie methodisch und fachlich kompetent sein, damit bei den Evaluationsergebnissen ein Höchstmaß an Glaubwürdigkeit und Akzeptanz erreicht wird.

N4 Auswahl und Umfang der Informationen

Auswahl und Umfang der erfassten Informationen sollen die Behandlung der zu untersuchenden Fragestellungen zum Evaluationsgegenstand ermöglichen und gleichzeitig den Informationsbedarf des Auftraggebers und anderer Adressaten und Adressatinnen berücksichtigen.

N5 Transparenz von Werten

Die Perspektiven und Annahmen der Beteiligten und Betroffenen, auf denen die Evaluation und die Interpretation der Ergebnisse beruhen, sollen so beschrieben werden, dass die Grundlagen der Bewertungen klar ersichtlich sind.

N6 Vollständigkeit und Klarheit der Berichterstattung

Evaluationsberichte sollen alle wesentlichen Informationen zur Verfügung stellen, leicht zu verstehen und nachvollziehbar sein.

N7 Rechtzeitigkeit der Evaluation

Evaluationsvorhaben sollen so rechtzeitig begonnen und abgeschlossen werden, dass ihre Ergebnisse in anstehende Entscheidungsprozesse bzw. Verbesserungsprozesse einfließen können.

N8 Nutzung und Nutzen der Evaluation

Planung, Durchführung und Berichterstattung einer Evaluation sollen die Beteiligten und Betroffenen dazu ermuntern, die Evaluation aufmerksam zur Kenntnis zu nehmen und ihre Ergebnisse zu nutzen.

D Durchführbarkeit

Die Durchführbarkeitsstandards sollen sicher stellen, dass eine Evaluation realistisch, gut durchdacht, diplomatisch und kostenbewusst geplant und ausgeführt wird.

D1 Angemessene Verfahren

Evaluationsverfahren, einschließlich der Verfahren zur Beschaffung notwendiger Informationen, sollen so gewählt werden, dass Belastungen des Evaluationsgegenstandes bzw. der Beteiligten und Betroffenen in einem angemessenen Verhältnis zum erwarteten Nutzen der Evaluation stehen.

D2 Diplomatisches Vorgehen

Evaluationen sollen so geplant und durchgeführt werden, dass eine möglichst hohe Akzeptanz der verschiedenen Beteiligten und Betroffenen in Bezug auf Vorgehen und Ergebnisse der Evaluation erreicht werden kann.

D3 Effizienz von Evaluation

Der Aufwand für Evaluation soll in einem angemessenen Verhältnis zum Nutzen der Evaluation stehen.

F Fairness

Die Fairnessstandards sollen sicher stellen, dass in einer Evaluation respektvoll und fair mit den betroffenen Personen und Gruppen umgegangen wird.

F1 Formale Vereinbarungen

Die Pflichten der Vertragsparteien einer Evaluation (was, wie, von wem, wann getan werden soll) sollen schriftlich festgehalten werden, damit die Parteien verpflichtet sind, alle Bedingungen dieser Vereinbarung zu erfüllen oder aber diese neu auszuhandeln.

F2 Schutz individueller Rechte

Evaluationen sollen so geplant und durchgeführt werden, dass Sicherheit, Würde und Rechte der in eine Evaluation einbezogenen Personen geschützt werden.

F3 Vollständige und faire Überprüfung

Evaluationen sollen die Stärken und die Schwächen des Evaluationsgegenstandes möglichst vollständig und fair überprüfen und darstellen, so dass die Stärken weiter ausgebaut und die Schwachpunkte behandelt werden können.

F4 Unparteiische Durchführung und Berichterstattung

Die Evaluation soll unterschiedliche Sichtweisen von Beteiligten und Betroffenen auf Gegenstand und Ergebnisse der Evaluation in Rechnung stellen. Berichte sollen ebenso wie der gesamte Evaluationsprozess die unparteiische Position des Evaluationsteams erkennen lassen. Bewertungen sollen fair und möglichst frei von persönlichen Gefühlen getroffen werden.

F5 Offenlegung der Ergebnisse

Die Evaluationsergebnisse sollen allen Beteiligten und Betroffenen soweit wie möglich zugänglich gemacht werden.

G Genauigkeit

Die Genauigkeitsstandards sollen sicher stellen, dass eine Evaluation gültige Informationen und Ergebnisse zu dem jeweiligen Evaluationsgegenstand und den Evaluationsfragestellungen hervor bringt und vermittelt.

G1 Beschreibung des Evaluationsgegenstandes

Der Evaluationsgegenstand soll klar und genau beschrieben und dokumentiert werden, so dass er eindeutig identifiziert werden kann.

G2 Kontextanalyse

Der Kontext des Evaluationsgegenstandes soll ausreichend detailliert untersucht und analysiert werden.

G3 Beschreibung von Zwecken und Vorgehen

Gegenstand, Zwecke, Fragestellungen und Vorgehen der Evaluation, einschließlich der angewandten Methoden, sollen genau dokumentiert und beschrieben werden, so dass sie identifiziert und eingeschätzt werden können.

G4 Angabe von Informationsquellen

Die im Rahmen einer Evaluation genutzten Informationsquellen sollen hinreichend genau dokumentiert werden, damit die Verlässlichkeit und Angemessenheit der Informationen eingeschätzt werden können.

G5 Valide und reliable Informationen

Die Verfahren zur Gewinnung von Daten sollen so gewählt oder entwickelt und dann eingesetzt werden, dass die Zuverlässigkeit der gewonnenen Daten und ihre Gültigkeit bezogen auf die Beantwortung der Evaluationsfragestellungen nach fachlichen Maßstäben sichergestellt sind. Die fachlichen Maßstäbe sollen sich an den Gütekriterien quantitativer und qualitativer Sozialforschung orientieren.

G6 Systematische Fehlerprüfung

Die in einer Evaluation gesammelten, aufbereiteten, analysierten und präsentierten Informationen sollen systematisch auf Fehler geprüft werden.

G7 Analyse qualitativer und quantitativer Informationen

Qualitative und quantitative Informationen einer Evaluation sollen nach fachlichen Maßstäben angemessen und systematisch analysiert werden, damit die Fragestellungen der Evaluation effektiv beantwortet werden können.

G8 Begründete Schlussfolgerungen

Die in einer Evaluation gezogenen Folgerungen sollen ausdrücklich begründet werden, damit die Adressatinnen und Adressaten diese einschätzen können.

G9 Meta-Evaluation

Um Meta-Evaluationen zu ermöglichen, sollen Evaluationen in geeigneter Form dokumentiert und archiviert werden.

19. Internet-Adressen zu Evaluation

Im Internet wächst die Zahl der Seiten, die sich mit dem Thema Evaluation befassen. Allerdings ist die Entwicklung von Internetseiten so dynamisch, dass solche Angaben schnell überholt sein können. Deshalb werden im Folgenden nur zentrale Seiten angegeben, die in der Regel gepflegte weiterführende Link-Listen enthalten.

Institutionen

http://www.degeval.de: Homepage der Deutschen Gesellschaft für Evaluation. Nicht nur interessant für Mitglieder. Hinweise auf Konferenzen, Tagungen, Aktivitäten, Publikationen sowie die wachsende Zahl der Arbeitskreise der DeGEval: Aus- und Weiterbildung in Evaluation, Evaluation an Hochschulen, Evaluation an Schulen, Evaluation im Umweltbereich, Evaluation in der beruflichen und betrieblichen Bildung, Evaluation von Entwicklungspolitik, Evaluation von Forschungs-, Technologie- und Innovationspolitik, Gesundheitswesen, Medienevaluation, Soziale Dienstleistungen, Stadt- und Regionalentwicklung, Strukturpolitik, Verwaltung und Evaluation. Interessant auch die Link-Liste der ca. 30 institutionellen Mitglieder der DeGEval sowie zu Evaluationsgesellschaften in vielen Ländern.

http://www.eval.org: Amerikanische Gesellschaft für Evaluation (AEA) mit vielen Weiterverweisen auf englischsprachiges Material. Besonders ertragreich ist das Webangebot mancher der insgesamt 31 »Topical Interest Groups« (TIGs) der AEA, z. B. »Collaborative, Participatory, and Empowerment Evaluation«.

http://www.ioce.net: Die »International Organization for Cooperation in Evaluation (IOCE)« ist eine lose Gruppe von vielen regionalen und nationalen Evaluationsgesellschaften. Schwerpunkte sind die Entwicklung von Evaluationskonzepten für die Entwicklungspolitik sowie die Förderung eines stärker globalen Zugangs für die Evaluation. Die Homepage enthält vor allem Links zu nationalen und internationalen Evaluationsorganisationen sowie Konferenzberichte.

http://www.univation.de: Homepage des Instituts für Evalution Dr. Bewyl & Ass. Vielfältige aktuelle und dauerhafte Information. Unbedingt wichtig: Unter „Werkzeuge für die Evaluation“ das „Evalutionsglossar“ (dieses wird möglicherweise das Referenzglossar, auf das sich Evaluatoren beziehen werden und das manche Definition in diesem Buch präzisieren bzw. überholen wird).

Ressourcen

http://www.grafstat.de: Hier finden Sie ein Programm, mit dem Sie Fragebogen einfach und schnell erstellen und auswerten können.

http://www.arbeitsblaetter.stangl-taller.at/index.shtml: Evaluatoren und Studenten, die sich über Forschungsmethoden wie Beobachtung, Befragung, Experiment, Fragebogenkonstruktion ... im Internet informieren wollen, sollten hier beginnen. Neben Forschungsmethoden findet sich auch eine reichhaltige Online-Kurzbibliothek zu vielfältigen Fragen der Pädagogik/Psychologie. Blättern auf diesen Seiten lohnt sich!

http://www.qualitative-forschung.de: Interessant für qualitative Evaluationsansätze. Hier werden Informations- und Kommunikationsangebote für qualitative Sozialforschung systematisch gesammelt, bereitgestellt, weiterentwickelt, evaluiert und dauerhaft implementiert. Hilfreich: Volltexte der Zeitschrift FQS zu Themen und Problemen qualitativer Forschung.

http://www.evaluieren.de: Diese private Homepage hat eine Reihe von Aspekten, Definitionen, Verweisen usw. zusammengestellt – auch über den auf der Eingangsseite im Titel genannten Bereich digitalcr Medien hinaus. Vielfältig, wenn auch nicht sehr systematisch.

http://evi.sagepub.com: Führt zu der in London erscheinenden Zeitschrift »Evaluation – The International Journal of Theory, Research and Practice«. Hier sind die Inhaltsverzeichnisse sowie Abstracts der Artikel zu finden. »Sage Publication« ist der international führende Verlag für Fachliteratur zur Evaluation. Das „American Journal of Evalution" findet sich unter http://aje.sagepub.com

http://www.wmich.edu/evalctr/checklists: Suchen Sie Checklists zum direkten Gebrauch (nach Übersetzung) oder als Ideengeber für eigene Entwicklungen? Am Evaluation Center der Western Michigan University haben die »Klassiker« der Evaluation, *Daniel Stufflebeam* und *Michael Scriven* eine Reihe von Checklists ins Netz gestellt. Und mindestens genauso wichtig: Es sind Richtlinien für die Entwicklung von Checklists und grundlegende theoretische und methodische Überlegungen für den Checklist-Ansatz abrufbar. Zum Beispiel:

The Logic and Methodology of Checklists *(Michael Scriven)*
Key Evaluation Checklist *(Michael Scriven)*
Product Evaluation Checklist *(Michael Scriven)*
Duties of the Teacher Checklist *(Michael Scriven)*

Evaluation Contracts Checklist *(Daniel Stufflebeam)*
Evaluation Plans and Operations Checklist *(Daniel Stufflebeam)*
Program Metaevaluation Checklist – based on The Program Evaluation Standards *(Daniel Stufflebeam)*
Personnel Evaluation System Metaevaluation Checklist – based on The Personnel Evaluation Standards *(Daniel Stufflebeam)*
Personnel Evaluation System Metaevaluation Checklist – based on The Program Evaluation Standards *(Daniel Stufflebeam)*

http://www.policy-evaluation.org/: Englischsprachiges Portal der WWW Virtual Library zum Thema Evaluation. Zugriff auf eine Unzahl von Texten, Diskussionsgruppen, Lehrmaterial, Quellen, Forschungszentren, Ressourcen …

Schule, Hochschule, Weiterbildung

http://www.quassu.net: QuaSSU ist ein von der Deutschen Forschungsgemeinschaft im Rahmen des Schwerpunktprogramms »Die Bildungsqualität von Schule (BIQUA)« gefördertes Projekt an der Universität München. Hilfreich: Fragebogen, einige Links.

http://www.kes.bildung-lsa.de/ berichtet über den BLK-Modellversuch «Kriterien zur Entwicklung, Evaluation und Fortschreibung von Schulprogrammen (KES)« und bietet darüber hinaus weitere Links zu Schulevaluation.

http://evanet.his.de: Das EvaNet informiert über die Evaluation und Qualitätssicherung von Studium und Lehre an deutschen Hochschulen. Das Angebot wird von HIS im Auftrag der Hochschul-Rektorenkonferenz bereitgestellt. Links zu weiteren Adressen der (Hochschul-) Evaluation und Qualitätssicherung.

http://www.mh-hannover.de/100.html: Evaluation von Hochschullehre? Hinweise, Beispiele und weiterführende Links.

http://www.bibb.de/de/checkliste.htm: Wer die Qualität eines Weiterbildungsangebotes prüfen will, kann dies mit Hilfe einer Checkliste des Bundesinstituts für Berufsbildung (BIBB) tun – oder sich durch diese Checkliste inspirieren lassen. Die Checkliste kann als pdf-Datei heruntergeladen werden

20. Literaturverzeichnis

Arnold, Rolf (Hg.): Qualitätssicherung in der Erwachsenenbildung. Opladen 1997.

Arnold, Rolf / Krämer, Antje: Erfolgskontrolle – Thema professioneller Weiterbildung. In: Zeitschrift für Berufs- und Wirtschaftspädagogik. 89. Bd. 1993, H. 4, S. 406–420.

Balzer, Lars / Frey, Andreas / Nenniger, Peter: Was ist und wie funktioniert Evaluation? In: Empirische Pädagogik. 13. Jg. 1999, H. 4, S. 393–413.

Benner, Dieterich: Experiment, pädagogisches. In: *Haft, Henning / Kordes, Hagen* (Hg.): Methoden der Erziehungs- und Bildungsforschung. (Enzyklopädie Erziehungswissenschaft Bd. 2. Hg. *Dieter Lenzen*). Stuttgart 1984, S. 376–385.

Berthold, Christian / Hortschansky, Klaus: Evaluation – mehr als ein Zauberwort? Qualitätssicherung am Beispiel einer Philosophischen Fakultät. In: Forschung & Lehre. 4. Jg. 1997, H. 3, S. 122–125.

Beywl, Wolfgang: Zur Weiterentwicklung der Evaluationsmethodologie. Grundlegung, Konzeption und Anwendung eines Modells responsiver Evaluation. Frankfurt 1988 / 1998.

Beywl, Wolfgang: Entwicklung und Perspektiven praxiszentrierter Evaluation. In: Sozialwissenschaften und Berufspraxis. 14. Jg. 1991, H. 3, S. 265–279.

Beywl, Wolfgang: Programmevaluation in pädagogischen Praxisfeldern – begriffliche und konzeptionelle Grundlagen. In: Internationales Jahrbuch für Erwachsenenbildung. Bd. 27. Köln 1999.

Beywl, Wolfgang: Konfliktfähigkeit der Evaluation und die »Standards für Evaluation«. In: Sozialwissenschaften und Berufspraxis. 24. Jg. 2001, H. 2, S. 151–164.

Beywl, Wolfgang / Schobert, Berthold: Evaluation – Controlling – Qualitätsmanagement in der betrieblichen Weiterbildung. Kommentierte Auswahlbibliographie. 3. aktualisierte und überarbeitete Auflage. Bielefeld 2000.

Beywl, Wolfgang u.a. (Hg.): Evaluation im Alltag. Jugendverbände untersuchen ihre Wirkungen. Münster 2001.

Biller, Karlheinz: Pädagogische Kasuistik. Eine Einführung. Baltmannsweiler 1988.

Binneberg, Karl: Pädagogische Fallstudien. Ein Plädoyer für das Verfahren der Kasuistik in der Pädagogik. In: Zeitschrift für Pädagogik. 25. Jg. 1979, S. 395–402.

Binneberg, Karl: Grundlagen der pädagogischen Kasuistik. Überlegungen zur Logik der kasuistischen Forschung. In: Zeitschrift für Pädagogik. 31. Jg. 1985, S. 773–788.

Bronner, Ralf/Schröder, Wolfgang: Weiterbildungserfolg. Modelle und Beispiele systematischer Erfolgssteuerung. München 1983.

Brügelmann, Hans: Fallstudien in der Pädagogik. In: Zeitschrift für Pädagogik. 28. Jg. 1982, S. 609–623.

Burkard, Christoph/Eikenbusch, Gerhard: Praxishandbuch Evaluation in der Schule. Berlin 2000.

Campbell, Donald T./Stanley, Julian C.: Experimental and Quasi-Experimental Designs for Research on Teaching. In: *Gage, N. L.* (Hg.): Handbook on Research on Teaching. Chicago 1967, S. 171–246.

Charters Alexander N./Ronald J. Hilton (Hg.): Landmarks in International Adult Education. A Comparative Analysis. London 1989.

Cronbach, Lee J.: Evaluation zur Verbesserung von Curricula. In: *Wulf, Christoph* (Hg.): Evaluation. München 1972, S. 41–59.

Dahms, Wolfram/Herl, Herbert: Evaluation und Transfer in der betrieblichen Weiterbildung. In: *Arnold, Rolf* (Hg.): Taschenbuch der betrieblichen Weiterbildung. Baltmannsweiler 1991, S. 234–245.

Daniel, Hans Dieter: Folgenschwere Urteile. Der Einfluss der SPIEGEL-Rangliste auf Abiturienten. 2000. In: http://www.spiegel.de/unispiegel/studium/0,1518,72560,00.html 30.9.2001.

Deutsche Gesellschaft für Evaluation: Standards für Evaluation. Beschlussvorlage für die Mitgliederversammlung 2001.

Deutsche Gesellschaft für Evaluation: Evaluation. Reformmotor oder Reformbremse? (Dokumentation der Jahrestagung 2000). Köln 2001.

Fischer, Dietlind (Hg.): Fallstudien in der Pädagogik. Aufgaben, Methoden, Wirkungen. Konstanz 1982.

Fischer, Dietlind (Hg.): Lernen am Fall. Konstanz 1983.

Glass, Gene V.: Die Entwicklung einer Methodologie der Evaluation. In: *Wulf, Christoph* (Hg.): Evaluation. München 1972, S. 166–206.

Geißler, Harald: Bildungscontrolling als Lernhilfe auf dem Weg zur «lernenden Organisation«. In: Grundlagen der Weiterbildung – Zeitschrift. 3. Jg. 1991, H. 1, S.47–54.

Gerl, Herbert: Zur Systematik der Evaluation in der Erwachsenenbildung und ihre Anwendung in Grundqualifikationsseminaren. In: AUE-Informationen, Hannover 1977.

Gerl, Herbert/Pehl, Klaus: Evaluation in der Erwachsenenbildung. Bad Heilbrunn 1983.

Gieseke, Wiltrud: Die Qualitätsdiskussion aus pädagogischer Sicht. In: *Arnold, Rolf* (Hg.): Qualitätssicherung in der Erwachsenenbildung. Opladen 1997, S. 29–47.

Glaser, Barney G./Strauss, Anselm: The Discovery of Grounded Theory: Strategies for Qualitative Research. In: The American Behavioral Scientist. Bd. 8 1965, S. 5–7. Hier zitiert nach: Die Entdeckung gegenstandsbezogener Theorie: Eine Grundstrategie qualitativer Sozialforschung. In: *Hopf, Christel/Weingarten, Elmar* (Hg.): Qualitative Sozialforschung. Stuttgart 1979, S. 91–111.

Götz, Klaus: Zur Evaluierung betrieblicher Weiterbildung. Bd. 1. Theoretische Grundlagen. München und Mering 2001.

Götz, Klaus: Zur Evaluierung betrieblicher Weiterbildung. Bd. 2. Empirische Untersuchungen. München und Mering 2001.

Götz, Klaus: Zur Evaluierung betrieblicher Weiterbildung. Bd. 3. Beispiele aus der Praxis. München und Mering 2001.

Gralki, Hein: »Professor Mustermann hat es nicht leicht …«. Evaluation der Lehre an der Freien Universität Berlin. In: Forschung & Lehre. 6. Jg. 1999, H. 3, S. 128–129.

Guba, Egon G./Lincoln, Yonna S.: Effective Evaluation. Improving the Usefulness of Evaluation Results through Responsive and Naturalistic Approaches. San Francisco 1981.

Haft, Henning/Kordes, Hagen: Methoden der Erziehungs- und Bildungsforschung. (Enzyklopädie Erziehungswissenschaft Bd. 2. Hg. *Dieter Lenzen*). Stuttgart 1984.

Hager, Willi/Patry, Jean-Luc/Brezing, Hermann (Hg.): Evaluation psychologischer Interventionsmaßnahmen. Bern u.a. 2000.

Hameyer, Uwe: Interventive Erziehungsforschung. In: *Haft, Henning/Kordes, Hagen* (Hg.): Methoden der Erziehungs- und Bildungsforschung. (Enzyklopädie Erziehungswissenschaft Bd. 2. Hg. *Dieter Lenzen*). Stuttgart 1984, S. 145–184.

Heiner, Maja (Hg.): Selbstevaluation in der sozialen Arbeit. Freiburg 1988.

Heiner, Maja (Hg.): Qualitätsentwicklung durch Evaluation. Freiburg 1996.

Heiner, Maja (Hg.): Experimentierende Evaluation: Ansätze zur Entwicklung lernender Organisationen. Weinheim, München 1998.

Heiner, Maja/Beywl, Wolfgang/Spreyermann, Christine: Lessons Learned – Ergebnisse und Anregungen aus dem Forschungs- und Weiterbildungsprojekt »Selbstevaluation in der Kinder- und Jugendhilfe«. In: *Lichtenberg, Karl-Heinz* (Hg.): Selbstevaluation in der Praxis. Ein Tagungsbericht. Akademie Remscheid 1999, S. 28–32.

Holling, Heinz/Merkens, Hans: Anwendungsorientierte Erziehungsforschung. In: *Haft, Henning/Kordes, Hagen* (Hg.): Methoden der Erziehungs- und Bildungsforschung. (Enzyklopädie Erziehungswissenschaft Bd. 2. Hg. *Dieter Lenzen*). Stuttgart 1984, S. 109–144.

Hopf, Christel: Soziologie und qualitative Sozialforschung. In: *Hopf, Christel/Weingarten, Elmar* (Hg.): Qualitative Sozialforschung. Stuttgart 1979, S. 11–37.

Hopf, Christel/Weingarten, Elmar (Hg.): Qualitative Sozialforschung. Stuttgart 1979.

Illich, Ivan: Die Entschulung der Gesellschaft. Entwurf eines demokratischen Bildungssystems. Reinbek b. Hamburg 1973.

Ingenkamp, Karlheinz (Hg.): Die Fragwürdigkeit der Zensurengebung. Weinheim 1971.

Jagenlauf, Michael: Strategien der Informationsgewinnung im Pädagogischen Feld. Kurseinheit 02. Evaluation im Pädagogischen Feld der Weiterbildung. Fernuniversität – Gesamthochschule – Fachbereich Erziehungs- und Sozialwissenschaften. Hagen 1982.

Jagenlauf, Michael: Erfolgskontrolle und Evaluation. In: Grundlagen der Weiterbildung – Praxishilfen. 7.90.10, 1989, S. 1–65.

Kaiser, Franz-Josef (Hg.): Die Fallstudie. Theorie und Praxis der Fallstudiendidaktik. Bad Heilbrunn 1983.

Kirkpatrick, Donald L.: Techniques for Evaluating Training Programs. In: *Kirkpatrick, Donald L.* (Hg.): More Evaluating Training Programs. (A collection of articles from Training and Development Journal). Alexandria, VA 22313 (USA): American Society for Training and Development, 1987, S. 4–22.

Klatt, Hans-Gerhard: Sichert oder gefährdet ein Qualitätssystem die Qualität der Erwachsenenbildung? Erste Erfahrungen mit dem »Bremer Modell«. In: forumEB. H. 4, 1999, S. 38–41.

Klauer, Karl Josef (Hg.): Handbuch der Pädagogischen Diagnostik. Düsseldorf 1978.

Kleining, Gerhard: Umrisse zu einer Methodologie qualitativer Sozialforschung. In: KZfSS. 34. Jg. 1982, S. 224–253.

Kleiter, Ekkehard F.: Lehrbuch der Statistik in KMSS. Weinheim 1988.

König, Joachim: Einführung in die Selbstevaluation. Ein Leitfaden zur Bewertung der Praxis Sozialer Arbeit. Freiburg 2000.

König, Judith/Kappler, Christoph: Kursauswertung. Hinweise und Methoden. Zürich 1981.

Kordes, Hagen: Pädagogische Aktionsforschung. In: *Haft, Henning/Kordes, Hagen* (Hg.): Methoden der Erziehungs- und Bildungsforschung. (Enzyklopädie Erziehungswissenschaft Bd. 2. Hg. *Dieter Lenzen*). Stuttgart 1984, S. 185–222.

Lamnek, Siegfried: Qualitative Sozialforschung. Bd. 2. Methoden und Techniken. München 1989.

Langer, Inghard/Schulz von Thun, Friedemann: Messung komplexer Merkmale in Psychologie und Pädagogik. Ratingverfahren. München 1974.

Lee, Barbara: Theories of Evaluation. In: *Stockmann, Reinhardt* (Hg.): Evaluationsforschung. Grundlagen und ausgewählte Forschungsfelder. Opladen 2000, S. 127–164.

Liebald, Christiane: Leitfaden für Selbstevaluation und Qualitätssicherung. Materialien zur Qualitätssicherung in der Kinder- und Jugendhilfe Nr. 19. Hg.: Bundessministerium für Familie, Senioren, Frauen und Jugend. Bonn 1998.

Lienert, Gustav A.: Testaufbau und Testanalyse. Weinheim 1969.

Long, Hue B.: Holistic Evaluation. Manuskript 1990.

Mager, Robert F.: Lernziele und Programmierter Unterricht. Weinheim 1969.

Mager, Robert F.: Zielanalyse. Weinheim 1973.

Mager, Robert: Lernziele und Unterricht. Weinheim 1994.

Mayring, Phillip: Qualitative Inhaltsanalyse: Grundlagen und Techniken. Weinheim 1997.

Mayring, Philipp: Einführung in die qualitative Sozialforschung, München 1999.

Merriam, Sharan B.: Case Study Research in Education. A Qualitative Approach. San Francisco 1988.

Miles, Matthew B./Hubermann, A. Michael: Qualitative Data Analysis. A Sourcebook of New Methods. Beverly Hills 1984.

Mittag, Waldemar/Hager, Willi: Ein Rahmenkonzept zur Evaluation psychologischer Interventionsmaßnahmen. In: *Hager, Willi/Patry, Jean-Luc/Brezing, Hermann* (Hg.): Evaluation psychologischer Interventionsmaßnahmen. Bern u.a. 2000, S. 102–128.

Mittag, Waldemar/Jerusalem, M.: Evaluation von Präventionsprogrammen. In: *Schwarzer, Ralf* (Hg.): Gesundheitspsychologie. Göttingen 1997, S. 595–611.

Patton, Michael Quinn: Utilization-Focused Evaluation. Thousand Oaks u.a. 1997.

Reischmann, Jost: Unterrichtskontrolle durch Tests. Bad Heilbrunn 1974.

Reischmann, Jost: Verfahren zur Erstellung eines informellen Tests. In: *Marz, Fritz/Arnold, Rolf/Reischmann, Jost*: Lernkontrollen im politischen Unterricht. Stuttgart 1978, S. 100–169.

Reischmann, Jost: Offenes Lernen von Erwachsenen. Grundlagen und Erprobung im Zeitungskolleg. Bad Heilbrunn 1988.

Reischmann, Jost: Wie mißt man »pädagogische Kompetenz«? In: Hessische Blätter für Volksbildung. 40. Jg. 1990a, H. 4, S. 330–337.

Reischmann, Jost: Internationale Gemeinsamkeiten der Weiterbildung und die Methodologie vergleichender Erwachsenenbildung. In: *Knoll, Joachim H.* (Hg.): Internationales Jahrbuch der Erwachsenenbildung. Bd. 18. Köln 1990b, S. 107–129.

Reischmann, Jost: Lernerfolg – Wer trägt die Verantwortung? In: *Gieseke, Wiltrud/Meueler, Erhard/Nuissl, Ekkehard* (Hg.): Ethische Prinzipien in der Erwachsenenbildung. Kassel: Kommission Erwachsenenbildung der DGfE 1991a, S. 38–42.

Reischmann, Jost: Amerikanische Erwachsenenbildungskonferenz. Selbstkritischer Tenor unter den Experten. In: Grundlagen der Weiterbildung – Zeitschrift. 2. Jg. 1991b, H. 6, S. 304–305.

Reischmann, Jost: Erfassung von Weiterbildungs-Wirkungen: Probleme und Möglichkeiten. In: Grundlagen der Weiterbildung – Zeitschrift. 4. Jg. 1993, H. 4, S. 199-206. Und in: *Arnold, Rolf* (Hg.): Qualitätssicherung in der Erwachsenenbildung. Opladen 1997, S. 119–132.

Reischmann, Jost: Kursbeurteilungsbogen KBB. Beiheft – Kopiervorlagen – Auswertungsprogramme. Tübingen 1996.

Reischmann, Jost: Evaluation als didaktische Hilfe zum Transfer. In: *Schwuchow, Karlheinz/Gutmann, Joachim* (Hg.): Jahrbuch Personalentwicklung und Weiterbildung 1998/99. Neuwied 1988, S. 256–261.

Reischmann, Jost: Lernen hoch zehn – wer bietet mehr? Von »Lernen en passant« zu »kompositionellem Lernen« und »lebensbreiter Bildung«. In: KBE (Hg.): Lernen 2000+ – Initiative für eine neue Lernkultur. In Druck 2002.

Rogers, Carl: Lernen in Freiheit. München 1974.

Rossi, Peter H./Freeman, Howard E.: Evaluation. A Systematic Approach. Beverly Hills 1982.

Rost, Jürgen: Allgemeine Standards für die Evaluationsforschung. In: *Hager, Willi/Patry, Jean-Luc/Brezing, Hermann* (Hg.) (2000): Evaluation psychologischer Interventionsmaßnahmen. Bern u.a. 2000, S. 129–140.

Rütter, Theodor: Formen der Testaufgabe. Eine Einführung für didaktische Zwecke. München 1973.

Saterdag, Hermann: Zielsetzungen und Ergebnisse im Bereich der beruflichen Weiterbildung. In: *Sarges, Werner* (Hg.): Engpässe in der beruflichen Weiterbildung. München 1984, S. 9–24.

Schiffler, Angelina/Hübner, Sigrid: Allgemeine Standards für die Evaluationspraxis. In: *Hager, Willi/Patry, Jean-Luc/Brezing, Hermann* (Hg.): Evaluation psychologischer Interventionsmaßnahmen. Bern u.a. 2000, S. 141–151.

Schratz, Michael/Iby, Manfred/Radnitzky, Edwin: Qualitätsentwicklung – Verfahren, Methoden, Instrumente. Weinheim 2000.

Scriven, Michael: Die Methodologie der Evaluation. In: *Wulf, Christoph* (Hg.): Evaluation. München 1972, S. 60–91.

Scriven, Michael: New Frontiers of Evaluation. In: Evaluation Practice. Vol. 1 1986, S. 7–44.

Siebert, Horst: Qualitätssicherung in der Erwachsenenbildung. Historischer Rückblick und Bewertung aus pädagogischer Sicht. In: PÄD Forum. 9. Jg. 1996, H. 3, S. 283–286.

Stake, Robert E.: Verschiedene Aspekte pädagogischer Evaluation. In: *Wulf, Christoph* (Hg.): Evaluation. München 1972, S. 92–112.

Stake, Robert E.: The Art Of Case Study Research. Thousand Oaks 1995.

Stockmann, Reinhardt (Hg.): Evaluationsforschung. Grundlagen und ausgewählte Forschungsfelder. Opladen 2000.

Stufflebeam, Daniel: Evaluation als Entscheidungshilfe. In: *Wulf, Christoph* (Hg.): Evaluation. München 1972 S. 113–145.

Suchmann, Edward A.: Evaluative Research: Principle and Practice in Public Service and Social Action Programs. New York 1967.

Süllwold, Fritz: Fehler und Fallen. Anmerkungen zur Evaluation von Forschung und Lehre. In: Forschung & Lehre. 4.Jg. 1997, H. 4, S. 185–188.

Terhard, E.: Das Einzelne und das Allgemeine. Über den Umgang mit Fällen im Rahmen der erziehungswissenschaftlichen Forschung. In: Zeitschrift für erziehungs- und sozialwissenschaftliche Forschung, 1985, S. 283–312.

Thorndike, Robert L./Hagen, Elisabeth: Measurement and Evaluation in Psychology and Education. New York 1964.

Vedung, Evert: Evaluation Research and Fundamental Research. In: *Stockmann, Reinhardt* (Hg.): Evaluationsforschung. Grundlagen und ausgewählte Forschungsfelder. Opladen 2000, S. 103–126.

Widmer, Thomas: Qualität der Evaluation – Wenn Wissenschaft zur praktischen Kunst wird. In: *Stockmann, Reinhardt* (Hg.): Evaluationsforschung. Grundlagen und ausgewählte Forschungsfelder. Opladen 2000, S. 77–102.

Wieczerkowski, Wilhelm / Quintanilla, S. Antonio Ruiz: Aufgabenanalyse, Testanalyse und Normierung auf der Basis der klassischen Testtheorie. In: *Klauer, Karl Josef* (Hg.): Handbuch der Pädagogischen Diagnostik. (Bd.1). Düsseldorf 1978, S. 281–300.

Wolf, Jörg: Selbstverpflichtung zum Denken. Über Lehre und Hochschuldidaktik an der Universität. In: Forschung & Lehre. 5. Jg. 1998, H. 9, S. 478–480.

Wosnitza, Marold u.a.: Daten erfassen und auswerten – aber wie? Eine elementare Einführung in sozialwissenschaftliche Forschungsmethoden. Landau 1999.

Wottawa, Heinrich / Thierau, Heike: Lehrbuch Evaluation. Bern u.a. 1998.

Wulf, Christoph (Hg.): Evaluation. München 1972.

21. Stichwortverzeichnis

Die *kursiv* gedruckten Stichworte sind zusätzlich im »Glossar« (Kapitel 17) erläutert. Bei den **fett** gedruckten Seitenzahlen handelt es ich um Überschriften zum jeweiligen Thema.

ziel

Grundlagen der Weiterbildung

Neu bei ZIEL: Die Reihe Grundlagen der Weiterbildung! (vormals bei Luchterhand)
Hier finden Sie einen kleinen Auszug aus dem umfangreichen Reihenprogramm:

Ulrich Dauscher

Moderationsmethode und Zukunftswerkstatt

3. überarbeitete, erweiterte Auflage
254 Seiten, Format 14 x 21 cm
81 Abb. / Graf. / Tab.
24,90 € / 44,– sFr (Softcover)
ISBN-10: 3-937 210-52-0
ISBN-13: 978-3-937 210-52-0

Manuel Schulz, Heinz Glump (Hrsg.)

Fernausbildung ist mehr ...

Auf dem Weg vom technologischen Potenzial zur didaktischen Innovation
448 Seiten, Format 14 x 21 cm
11 Abb. / Graf. / Tab.
39,80 € / 68,– sFr (Softcover)
ISBN-10: 3-937 210-57-1
ISBN-13: 978-3-937 210-57-5

Horst Siebert

Didakt. Handeln in der Erwachsenenbildung

Didaktik aus konstruktivistischer Sicht
5. überarbeitete Auflage
336 Seiten, Format 14 x 21 cm
99 Abb. / Graf. / Tab.
19,90 € / 39,80 sFr (Softcover)
ISBN-10: 3-937 210-76-8
ISBN-13: 978-3-937 210-76-6

Tilly Miller

Sozialarbeitsorientierte Erwachsenenbildung

Theoretische Begründung und Praxis
192 Seiten, Format 14 x 21 cm
25 Abb. / Graf. / Tab.
20,– € / 40,– sFr (Softcover)
ISBN-10: 3-937 210-34-2
ISBN-13: 978-3-937 210-34-6
(Alte ISBN: 3-472 052-30-9)

Horst Siebert

Vernetztes Lernen

Systemisch-konstruktivistische Methoden der Bildungsarbeit
216 Seiten, Format 14 x 21 cm
103 Abb. / Graf. / Tab.
19,90 € / 39,80 sFr (Softcover)
ISBN-10: 3-937 210-36-9
ISBN-13: 978-3-937 210-36-0
(Alte ISBN: 3-472 052-54-6)

Heidi Behrens-Cobet, Norbert Reichling

Biographische Kommunikation

Lebensgeschichten im Repertoire der Erwachsenenbildung
128 Seiten, Format 14 x 21 cm
17,90 € / 35,80 sFr (Softcover)
ISBN-10: 3-937 210-19-9
ISBN-13: 978-3-937 210-19-3
(Alte ISBN: 3-472 028-97-1)

Wolfgang Wittwer, Steffen Kirchhof (Hrsg.)

Informelles Lernen und Weiterbildung

Neue Wege zur Kompetenzentwicklung
248 Seiten, Format 14 x 21 cm
54 Abb. / Graf. / Tab.
22,50 € / 45,– sFr (Softcover)
ISBN-10: 3-937 210-37-7
ISBN-13: 978-3-937 210-37-7
(Alte ISBN: 3-472 052-57-0)

Wuppertaler Kreis e.V., CERTQUA

Qualitätsmanagement und Zertifizierung in Bildungsorganisationen

auf der Basis des internationalen Standards DIN EN ISO 9001:2000
2. überarbeitete Auflage
112 Seiten, Format 14 x 21 cm, 26 Abb.
17,90 € / 35,80 sFr (Softcover)
ISBN-10: 3-937 210-77-6
ISBN-13: 978-3-937 210-77-3

Rolf Arnold, Wiltrud Gieseke (Hrsg.)

Die Weiterbildungsgesellschaft, Band I

Bildungstheoretische Grundlagen und Analysen
222 Seiten, Format 14 x 21 cm
zahlreiche Grafiken und Tabellen
19,90 € / 39,80 sFr (Softcover)
ISBN-10: 3-937 210-24-5
ISBN-13: 978-3-937 210-24-7

Rolf Arnold, Wiltrud Gieseke (Hrsg.)

Die Weiterbildungsgesellschaft, Band II

Bildungspolitische Konsequenzen
261 Seiten, Format 14 x 21 cm
zahlreiche Grafiken
18,– € / 36,– sFr (Softcover)
ISBN-10: 3-937 210-25-3
ISBN-13: 978-3-937 210-25-4

Herausgeber:
RA Jörg E. Feuchthofen
Prof. Dr. Michael Jagenlauf MA
Prof. Dr. Arnim Kaiser

Die Bücher der Reihe „Grundlagen der Weiterbildung" geben Raum für Theorien, die das berufliche Handeln anregen und vertiefen und bieten praktische Grundlagen und Tools. Konkurrierende Theorien, Praxen, Modelle und Ansätze werden gedanklich und empirisch weitergeführt.

ziel